西藏农牧民安居工程的效益评价及后续问题研究

魏 刚 著

科学出版社

北京

内 容 简 介

西藏农牧民安居工程的实施，基本解决了长期以来人畜共饮、共居的问题，但定居以后仍有诸多问题亟须解决。本书主要以西藏社会主义新农村建设为背景，基于农牧民满意度，通过对安居工程进行效益评价，揭示定居后续问题，设计解决问题的理论方案，让藏区广大农牧民切实享受到这项工程带来的实质利益。本书分为 9 章，主要内容包括对西藏农牧民安居工程进行经济属性阐释，对安居工程实施效益进行实证分析，对农牧民安居工程后续产业发展问题、增收问题、社区治理问题及如何实现西藏城乡统筹发展等问题进行理论研究。

本书可供经济学、社会学等专业的研究生及相关政府部门和社会团体的工作人员阅读参考。

图书在版编目(CIP)数据

西藏农牧民安居工程的效益评价及后续问题研究 / 魏刚著. —北京：科学出版社, 2017.12

ISBN 978-7-03-055784-1

Ⅰ.①西⋯ Ⅱ.①魏⋯ Ⅲ.①农民-保障性住房-住宅建设-项目评价-研究-西藏 ②牧民-保障性住房-住宅建设-项目评价-研究-西藏 Ⅳ.①D632.1

中国版本图书馆 CIP 数据核字 (2017) 第 298690 号

责任编辑：张　展　杨悦蕾 / 责任校对：黄　嘉
责任印制：罗　科 / 封面设计：墨创文化

科 学 出 版 社 出版

北京东黄城根北街16 号
邮政编码：100717
http://www.sciencep.com

成都锦瑞印刷有限责任公司印刷

科学出版社发行　各地新华书店经销

*

2017 年 12 月第　一　版　开本：B5 (720×1000)
2017 年 12 月第一次印刷　印张：14 1/4
字数：287 千字

定价：90.00 元
(如有印装质量问题,我社负责调换)

本书系教育部人文社会科学青年项目(项目编号13YJC790156)

"新形势下西藏安居工程建设的优化研究"阶段性成果

序

　　西藏自治区位于青藏高原，地处中国西南边疆，是少数民族聚居地区之一。中央历来高度重视西藏工作，从战略全局的高度提出做好西藏工作的路线方针和政策。西藏和平解放几十年来尤其是新时期以来，西藏经济社会发生了天翻地覆的变化。面对西藏发生的一系列巨变，学界从各个方面进行了考察研究，对各个方面的现象予以阐释。其中，对新时期以来西藏安居工程的研究近年不断增多，魏刚博士的《西藏农牧民安居工程的效益评价及后续问题研究》是近期研究中较为深入和全面的，其阐述的观点和研究的逻辑框架符合经济学大师提出的一般认识，即在对一个时段的经济发展做研究时不仅需要考察现象，而且要研究其内涵的演化。

　　著名经济学家约瑟夫·熊彼特(Joseph Alois Schumpeter)指出："'科学的'经济学家和其他一切对经济课题进行思考、谈论与著述的人们的区别，在于掌握了技巧或技术，而这些技术可分为三类：历史、统计和'理论'。三者结合起来构成我们所谓的'经济分析'。"西蒙·库兹涅茨(Simon Smith Kuznets)在1971年接受诺贝尔经济学奖时发表的演讲题目是"现代经济增长：研究结果和意见"，在演讲中他给经济增长下了一个定义：一个国家的经济增长，可以定义为"不断扩大地供应它的人民所需的各种各样的经济商品的生产能力有着长期的提高，而生产能力的提高是建筑在先进基础之上，并且进行先进技术所需要的制度和意识形态上的调整。"库兹涅茨认为，这个定义的三个部分是相互联系、相互制约的。持续扩大商品的供应是经济增长的结果，这种丰裕情况应该是由于应用各种先进的现代化技术实现的，然而先进技术只是潜在和必要的条件，而不是充分条件，若要保证先进技术充分发挥作用，则必须有相应的制度和意识形态的调整。对两位大师早就提出的观点和认识，本人深以为然。

　　毋庸讳言，即使是今天研究西藏经济社会发展的学者，都不可能单纯地截取一个断面，以"技术"的方式靠着建立模型就可以作出判定，而是要在切实考察的基础上才有可能进行实证研究，提出符合实际的令人信服的结论。换言之，任何试图对西藏在发展问题上所做的学术研究，必须要对三十多年来的历史背景有一个清晰的了解，并且从中认识到这个大背景的历史意义，认识到这里面的历史脉络。

　　1978年12月，中国共产党十一届三中全会确立新的路线和方针政策，指导西藏实现工作重心的转移，使西藏进入改革开放和现代化建设的新时期。中央十分关心西藏，先后召开了第一、第二次西藏工作座谈会，并安排援建西藏43项工程。43项工程的建成投入使用，为西藏提供了一批促进经济和社会发展的基础设施，改变了工程项目所在地的城镇面貌，使西藏各族人民更加体会到中央对西藏的特殊关怀，进一步感受到祖国大家庭的温暖，看到了社会主义现代化建设的美好前景。

1989年6月，中国共产党十三届四中全会召开以后，西藏历经"一个转折点，两个里程碑"取得了举世瞩目的成就。中央对西藏的社会稳定和经济发展高度关心和重视，1989年10月，中央召开中国共产党中央政治局常务委员会，专门研究涉藏问题，对西藏工作的一系列重大问题作出了决策和部署。这次会议实现了新时期西藏工作的历史性转折。

1994年7月，中央召开第三次西藏工作座谈会，深刻指出全党必须从战略全局的高度关心、重视和支持西藏工作。指出从当时到20世纪末，是西藏经济社会发展的关键时期。要以这次西藏工作座谈会为契机，抓住机遇，迎接挑战，深化改革，扩大开放，坚持以经济建设为中心，抓好发展和稳定两件大事，确保西藏经济的发展，确保社会的全面进步和长治久安，确保人民生活水平的不断提高。

2001年6月，中央召开了第四次西藏工作座谈会。这次会议把"一个中心、两件大事、三个确保"明确为21世纪初西藏工作的指导思想，提出了21世纪初西藏"一加强、两促进"的历史任务，制定了更加优惠的政策措施，加大了对口支援力度，为西藏在21世纪实现跨越式发展和长治久安提供了有力保证。中央第四次西藏工作座谈会是21世纪西藏工作的一个重要里程碑。西藏进入了发展和稳定的最好历史时期。

2010年1月，中央第五次西藏工作座谈会提出，推进西藏跨越式发展，要更加注重改善农牧民生产生活条件，更加注重经济社会协调发展，更加注重增强自我发展能力，更加注重提高基本公共服务能力和均等化水平，更加注重保护高原生态环境，更加注重扩大同内地的交流合作，更加注重建立促进经济社会发展的体制机制，实现经济增长、生活宽裕、生态良好、社会稳定、文明进步的统一，使西藏成为重要的国家安全屏障、重要的生态安全屏障、重要的战略资源储备基地、重要的高原特色农产品基地、重要的中华民族特色文化保护地、重要的世界旅游目的地。

2016年3月，习近平总书记在中央第六次西藏工作座谈会上明确了新形势下西藏工作的指导思想和目标任务，提出了依法治藏、富民兴藏、长期建藏、凝聚人心、夯实基础的重要原则，确定了把维护祖国统一、加强民族团结作为西藏工作的着眼点和着力点，把深入开展对境外反动势力的斗争、实现社会局势的持续稳定、长期稳定、全面稳定作为首要政治任务，把改善民生、凝聚人心作为经济社会发展的出发点和落脚点。会议对西藏全面建成小康社会提出了新标准，即在经济指标上，到 2020 年西藏人民生活水平全面提升，城乡居民人均可支配收入比 2010 年翻一番以上，接近全国平均水平，城乡居民经济上更加殷实。在基本公共服务上，主要指标接近或达到西部地区平均水平。在新农村建设上，国家将加大政策和资金支持，加快农村改革，加强农牧业基础设施建设，改善人居环境。理论界认为，这次会议开辟了西藏工作的"新纪元"。

我们将这三十多年来的历史背景进行简溯后，就能够比较清晰地看到，中央始终站在历史和全局的高度认识涉藏问题，作出符合西藏实际的决策，指导西藏工作。我们也就能够清晰地认识到，改善西藏民生的各项政策与举措，一直是中央和西藏自治区围绕全局而关注的一个重点，其中，实施农牧民安居工程建设成为国家部委及西藏各级党政组织常抓不懈的工作，也成为全国支援西藏的一个内容。西藏农牧民安居工程不仅是惠及广大农牧民生产生活的基础工程，更是西藏经济社会发展的一项全局性的战略工程，具有重大的战略意义。总体上来讲，这项工程改变了农牧民居住状况，促进了西藏社会的文明进步，对西藏经济发展和农牧民就业带来了新的机遇，是深得人心的民生工程。

正如魏刚博士认识到的那样，西藏农牧民安居工程自实施以来，时间跨度大、涉及人数多、社会影响大，这项重大民生工程到底产生了多大的经济效益和社会效益，尤其受到关注。据了解，魏刚博士的这一课题起始于 2013 年，而对这一课题所涉及的材料收集则在 2010 年就开始了。经过多年的研究，最终将课题研究集结为专著。呈现于读者面前的这本专著，通过运用科学的评价方法，立足于一手材料的论证分析，对安居工程的实施进行定性和定量分析，揭示了农牧民安居工程取得成功的基本要素和经验。

《西藏农牧民安居工程的效益评价及后续问题研究》对西藏三十多年的历史脉络予以点题，指出在改革开放后，特别是中央第三、四次西藏工作座谈会后，西藏制定了《西藏自治区扶贫攻坚计划》，以此开始了有计划、有组织、有规模、有目标的人居工程建设。在 2005 年中央提出建设社会主义新农村的重大战略任务之后，西藏从推进现代化进程、全面建设小康西藏的战略高度，深入调研、科学分析经济发展过程中重大的、基本的社会矛盾，清醒认识西藏区情，始终坚持走"中国特色、西藏特点"的发展之路。2006 年，西藏正式开始实施农牧民安居工程，西藏自治区政府决定以此为突破口，全面启动西藏的社会主义新农村建设，力图通过五年的时间解决广大农牧民的住房问题，彻底改变农牧民的游牧生活状态，实现农牧民的全面"安居"。

本书作者通过查阅资料和实地考察，将西藏农牧民安居工程的主线和概况展示出来，其中所涉及的一些情况在以往的同类研究中尚未揭示过，在"历史、统计和'理论'"结合的基础上可谓另辟蹊径，综合社会、经济、历史、文化、管理等学科的基本理论，以大视小，以小见大，近乎全面地考察和分析问题，得出了令人信服的结论。而问题并未到此而止，作者进一步指出，改善西藏农牧民的民生问题是一个系统工程，并非简单解决就业问题即可，需要从产业结构、农牧民观念、国家的帮扶政策等各个方面来考虑。其后，通过对安居工程进行效益评价，揭示出仍需要解决的后续问题，设计出解决问题的理论方案，为精准扶贫时代背景下更好地发挥安居工程效益提出对策建议，让藏区广大农牧民切实享受到这项民生政策带来的实质利益，更好地维护已经取得的成果。

对于后续工作，作者魏刚清醒地认识到，"十三五"时期是西藏新农村建设的关键时期，也是实现西藏与全国同步跨入小康社会的关键时期，继续深入推进西藏农村地区不断发展，把工作重点、资金投入等集中到改善农牧民生产生活条件这个首要任务上，加强农村地区基础设施建设，推进教育、卫生、文化事业发展，推动农牧区生产生活条件和整体面貌的改善。同时把对农牧民思想政治教育、普法宣传教育和科技文化教育作为新农村建设的关键环节来抓，解决农牧民素质较低、生产生活方式落后的问题，对于推动西藏经济社会从加快发展进入跨越式发展的快车道，实现到2020年建设和谐西藏与小康西藏并与全国一道进入全面小康社会的目标，是完全符合西藏新时期总任务根本要求的。其实，在西藏农牧民安居工程实施之初，西藏自治区就提出了"生产发展、生活宽裕、乡风文明、村容整洁、管理民主"的社会主义新农村建设目标，当安居工程基本覆盖并完成之后，是否也实现了这一目标，并为西藏的可持续发展奠定更为坚实的基础，应是在新形势下后续研究的课题之一。

由此，《西藏农牧民安居工程的效益评价及后续问题研究》顺理成章地引申出以下内容：

后续问题一是定居后续产业发展问题。西藏传统的农牧业占整个三大产业的比重最大，吸引劳动力最多，产生经济效益最低，尽管多年来，在援藏机制的影响下，三大产业结构发生了巨大变化，但是，镶嵌的第二产业、无序发展的第三产业与农牧业的融合度不高，存在诸多不协调的地方。在产业转型发展的战略选择上，还存在着一些错误的导向，建议应该立足西藏实际，重新优化产业布局，调整政府规划思路，放弃追求国内生产总值(gross domestic product，GDP)增速，变经济快速增长为跨越式发展。

后续问题二是农牧民定居后续增收问题。农牧民选择游牧的生活状态是由于从事游牧业所致。政府通过外力改变了农牧民的生活状态之后，迫切需要考虑的就是重新创造适宜定居生活的就业岗位，以确保农牧民定居后能有不低于过去的收入来源，能确保生活质量不降低，这样才可能真正实现农牧民定居又定心。

后续问题三是定居点社区治理问题。政府通过规划形成的若干定居点，除了必要的生活配套设施建设，还应该考虑基层民主发展和精神文化需求，可以借鉴全国其他地区社区治理模式来推动农牧民定居点的政治、文化建设，让农牧民不仅享受到现代物质文明，还能充分感受到现代政治文明和精神文明。

后续问题四是城乡统筹发展问题。在城乡二元结构的社会制度下，原本发展滞后的西藏农牧区，与极个别发展迅速的西藏主要市区之间的发展差距更大。实现农牧民定居，推进农牧区的现代社区治理仅仅只是一个手段，最终要达到的目标还是要实现西藏城乡统筹发展，缩小农牧区域中心城镇的发展差距和农牧民收入水平，均衡推进基础设施建设和公共服务供给。

可以说，对已经取得巨大成绩的西藏农牧民安居工程提出后续问题，也是在同类研究中未曾见到的，由此可见魏刚博士对这一研究的洞见。

总之，魏刚博士的《西藏农牧民安居工程的效益评价及后续问题研究》一书，是同类研究中比较突出的成果，可喜可贺，值得学界和政界关注西藏研究的人一读。

是为序。

孙　勇

（中共西藏自治区党委原副秘书长、党史办主任）

2017 年 3 月

前　言

西藏地处我国西南边疆，是少数民族人口占压倒优势的民族自治地区，是祖国大陆解放最晚、实行社会主义制度最迟的地区，无论在政治、经济上，还是军事、生态上，都处于极其重要的战略地位。西藏民生改善、社会进步是西藏各族人民的利益所在、福祉所系。西藏民生问题系国家的核心利益，事关国家统一、民族团结、经济发展和国家形象。进一步做好西藏民生发展工作，对于全面建设小康社会的宏伟目标、维护祖国统一和国家安全、推动我国各族人民共同团结奋斗、共同繁荣，具有重要的意义。但是，由于自然、历史、社会、宗教等诸多原因，相对我国其他少数民族地区来讲，西藏地区是我国少数民族和民族地区经济社会发展较为落后也最为艰巨的区域，其经济社会发展面临的复杂性更高，难度更大。

长期以来，党和政府高度重视西藏民生改善，尤其是解决农牧民的定居问题。传统落后的生产生活方式，独特的地理、气候条件，使西藏地区农牧民选择了逐水而居、逐草而牧的游牧生活，广大农牧民没有固定的居所。这不仅不利于国家的有效管理，也不利于改善和提高农牧民的生活水平。早在 2001 年，为了解决西藏丁青、索县、改则和嘉黎四地退化草场重建问题，西藏自治区党委政府首次启动了以农房改造为主的安居工程。2006 年，在党中央提出建设社会主义新农村的时代背景下，西藏以全面实施农牧民安居工程为突破口，启动了西藏新农村建设，力图通过五年的时间解决农牧民住房问题，结束游牧生活，实现"定居"。通过七年多的努力，该项民生工程于 2013 年底全部完工。

西藏农牧民安居工程不仅切实解决了农牧民人畜共饮、人畜共居的基本矛盾，有效地改善了农牧民的居住条件，还为西藏产业发展、农牧区民主治理和增加农牧民收入创造了条件。当然，任何一项政策都会受到时间、空间等诸多因素制约。农牧民安居工程实施期间，出现了许多事先没有充分预料的新情况、新问题和新矛盾，这些都直接影响此项民生政策的政治、经济和社会效益。鉴于国内外对西藏安居工程方面的研究著述较少，已有文献中也多是分散地对安居工程进行政策诠释、现象描述、成绩汇总，缺乏对安居工程的效益评价及后续问题系统完整的研究报告。在安居工程实施之初，西藏社科院曾组织专家学者撰写了一部安居工程报告，但该报告主要视角是西藏新农村建设，而且当时距离实施安居工程仅一年多，很多问题没有暴露和显现，加之数据也比较陈旧，整个报告需要进一步完善和修正。因此本书从第三方视角，以公共产品理论为基本理论架构，运用层次分析法和模糊综合评价法对农牧民安居工程进行定性和定量分析，通过深入系统和跟踪式的实地调查，全面阐释该项民生政策的实施情况，并对其后续问题进行理论研究，为更好地推进西藏经济社会发展和民生改善提出对策建议。同时，也希望本书能成为经济学、社会学等专业研究生或喜欢研究藏区经济社会发展人员的有价值的参考读物。

本书共分为 9 章：第 1 章主要论述此书研究背景、研究价值、国内外已有的研究观点、研究思路和框架结构、研究方法、研究的重难点、研究的创新之处和不足之处等；第 2 章主要对西藏农牧民安居工程进行经济属性分析；第 3 章主要对西藏农牧民安居工程进行历史和现实性考察；第 4 章主要对安居工程进行实证分析；第 5 到第 8 章主要对农牧民安居工程后续的产业发展问题、农牧民就业与增收问题、定居点的社区化治理问题及西藏城乡统筹发展问题进行理论研究；第 9 章是结论与展望。

在本书的撰写过程中，四川大学的杨明洪教授、孙勇研究员、罗绒战堆研究员、杨少垒副教授、杨峰副教授，四川师范大学的杜伟教授、黄善明教授、肖明辉研究员、郑涛副教授、彭亮副教授，西南民族大学的刘毅教授、郑洲副教授等提出了许多宝贵意见，并给予了大力支持和帮助。科学出版社在编辑出版过程中也给予了许多帮助，在此一并表示衷心感谢。

由于著述本书所引用的参考文献众多，未能一一列出，在此向原作者致谢。由于本人学术水平和视野所限，书中难免存在不妥之处，恳请广大读者批评指正。

目　录

第 1 章　导　　论

1.1　研究背景及意义

1.1.1　研究背景

定居的生活方式和居住环境的逐步改善是人类发展与社会进步的客观产物，也是区别人类与动物的主要标志。住房既是人类最基本的生存需求，也是维护社会稳定、实现人类定居生活的重要载体。一方面，作为最基本的生活资料，住房满足了人们的居住需求；另一方面，作为保值增值的固定资产，房屋又具有较强的价值属性和增值保障，是人们的重要财产。党的十八大报告指出，要努力形成完善的住房保障体系，保障社会和谐稳定，要让每一个人都能住有所居。我国完善住房保障体系的本意就是针对涵盖了西藏在内的全国所有地区，包括西藏农牧民在内的全国所有公民都能住有所居。在西藏，和平解放后经济社会发生了深刻变化，广大农牧民的居住条件也随之有所改善，但由于西藏的历史沿袭和产业结构制约，在西藏很多地区，尤其是县级以下地区的绝大多数农牧民依旧过着原始落后的游牧生活。改革开放后，特别是中央第三、四次西藏工作座谈会后，西藏制定了《西藏自治区扶贫攻坚计划》，以此开始了有计划、有组织、有规模、有目标的人居工程建设。在 2005 年中央提出建设社会主义新农村的重大战略任务之后，西藏从推进现代化进程、全面建设小康西藏的战略高度，深入调研、科学分析经济发展过程中的重大而基本的社会矛盾，清醒认识西藏区情，始终坚持走"中国特色、西藏特点"的发展之路。2006 年，西藏正式开始实施农牧民安居工程，西藏自治区政府决定以此为突破口，全面启动西藏的社会主义新农村建设，力图通过五年时间解决广大农牧民的住房问题，彻底改变农牧民的游牧生活状态，实现农牧民的全面"安居"。

扶贫需要先安居，安居才能乐业，这也是中央提出精准扶贫的应有之义。这项被誉为"德政工程""民心工程"的农牧民安居工程，自 2006 年实施以来，到 2013 年结束之时，我们可以看到，整个安居工程极大地改善了农牧民的生活条件，基本解决了长期以来的人畜共饮、人畜共居问题，"安居乐业"的"安居"问题得到了一定程度解决。但安居工程仍存在诸多后续问题需要加以解决，如产业发展问题、农牧民增收问题和社区治理问题。有些问题已经有学者进行了研究和著述，但也有个别问题至今还未有任何针对性的研究。本书认为，改善西藏农牧民的民生问题是一个系统工程，并非简单解决就业问题即可，需要从产业结构、农牧民观念、国家的帮扶政策等各个方面来考虑。尽管西藏各级政府把改善民生贯穿到安居工程建设的各个环节，努力做到相互协调、相互促进，但就效果来讲，还不尽如人意。对于农牧民安居工程的后续问题，如果不能得到及时解决或优化，不仅将影响这项民生工程的社会效益，还会造成一定程度的资金、物质和人力浪费，甚至个别地区还有可能引起民族矛盾，破坏社会稳定。本书力图通过对安居工程进行效益评价，揭示出仍需要解决的后续问题，设计出解决问题的理论方案，为精准扶贫时代背景下更好地发挥安居工程效益提出对策建议，让藏区广大农牧民切实享受到这项民生政策带来的实质利益，更好地维护已经取得的成果。

1.1.2 研究的理论意义

住房具有较强的竞争性和排他性，被经济学理论界定为私人产品。学界对于公共产品和私人产品的划分本身就存在争议，作为保障民生类的私人产品可能也会由于国家的需要而转化为公共产品或准公共产品。杨明洪曾提出，在一定特殊区域内的一群人，如果能为国家产生特殊的社会效益，那么房屋就有可能作为一种特殊的公共产品被提供。正是由于西藏政治、军事和生态的特殊性，民生发展严重滞后，加之农牧民个体生产生活能力存在较大差异，农牧民收入普遍偏低，绝大多数的农牧民没有能力创造和改善自身居住条件。历史上西藏的产业结构中，农牧业占比较大，整个西藏从事农牧业的人口最多，因而多数农牧民长期处于人畜共居、人畜共饮的生存状态。在中央提出建设社会主义新农村的重大战略任务以后，2006 年，西藏以实施农牧民安居工程为突破口启动了社会主义新农村建设。西藏政府通过财政补贴和金融支持，帮助农牧民新建和改建房屋，实现农牧民定居。依据全球经验来看，住房问题不仅是狭义的商品房市场，"衣食住行"是人民生活的基础保障，因此住房必须首先用来解决社会各阶层的生存问题，而不是单单满足有市场支付能力的人的居住要求。国家为了促进西藏发展和维护社会稳定，将民生类的私人物品公共化或准公共化，这既是西方经济学公共产品理论的一个创新，又丰富了现有的关于西藏公共产品供给的理论和实践研究。考虑到西藏地区独特的历史文化、民族文化、宗教文化、地域文化等因素，研究西藏地区的安居工程是一个复杂的课题，不单单是经济学知识就能解决的，本书的研究有利于实现多门学科知识的交叉融合，具有重要的理论意义。

1.1.3　研究的现实意义

西藏地处我国西南边陲，战略地位重要，是南亚和东南亚通向中亚的要塞，边境线较长。该地区经济发展严重滞后，是我国建设小康社会最为艰巨的区域之一；社会发育度不高，历史上长期的政教合一制度抑制了社会活力和群众的创造力；生态环境极其脆弱，西藏许多地区属于限制性开发区域，个别地区属于禁止开发区域。考虑到西藏的政治、军事和生态敏感特性，政府承担了大量的公共事务，如边界国防安全、民族团结、经济发展、民生改善等，一直力图为西藏提供更多更好的公共服务。伴随着新一轮的西部大开发战略部署和中央第六次西藏工作座谈会的召开，西藏进入了由经济增长向跨越式发展的转型阶段，此时的公共政策和民生服务变得尤为关键和敏感，其效率高低、质量好坏，直接关系着边疆稳定、民族团结、人心稳定、社会和谐等一系列问题，对统筹全国的区域协调发展和国家安全有着重要的战略意义。

西藏人居环境面临的现状主要是：从纵向看，农牧业的特性，使广大农牧民形成了长期逐草而牧、逐水而居的游牧生活方式，大都是以帐篷生活为主要居住方式，即使在纯农区，农民虽有房屋但也早已破旧不堪，人畜共居、人畜共饮，居住条件极差。到了 2006 年，西藏启动了以安居工程为突破口的新农村建设，有效改善了广大农牧民的居住条件，但这其中出现了很多事先估计不充分的问题和矛盾，如果不充分掌握产生这些情况的原因，拟定解决思路和对策，将直接导致安居工程不能取得预想的社会效益。从横向看，由于地理位置和资源禀赋的差异，以及相关的政策体制，西藏各地经济发展程度不一，这必然造成安居工程建设进度、完成效果、配套设施等差距较大，如靠近拉萨的城镇地区比偏远农牧区建设得好，靠近主干道路的地区比交通不便地区建设得好，财政收入较高地区比贫困地区建设得好，等等，这些差异性也会影响安居工程的实施效果。因而，科学评价西藏农牧民安居工程效益及后续问题研究，对于实现地区之间、城乡之间的统筹协调，都具有重要的现实意义。

1.2　国内外研究文献综述

1.2.1　国外学术界有关研究综述

1. 国外学者对民生的研究思想

1) 马克思和恩格斯关于民生思想的主要观点

马克思对于民生的关注起于青年时期，当时他就立志要为全人类谋幸福。后来在学术研究中，马克思和恩格斯关于民生问题的思考也慢慢地形成体系和代表观点。马克思和恩格斯认为，保障民生的关键就是解决人的需要，实现人的自由全面发展，假如离开了人的发展也就无所谓民生的改善，更谈不上社会的进步。[①]马克思曾说，"我们的出发点是从事实际活动的人"，恩格斯也强调，"必须把这些人作为在历史中行动的人去考察"。[②]

马克思和恩格斯提出，社会的公平与正义是人们幸福的基础，对于公平正义的价值判断标准就是要符合生产力的发展和最广大人民群众的根本利益。而具体在生产实践活动中，存在着人与自然、人与社会两类生产关系。马克思和恩格斯认为，"要解决民生问题，生产力是前提条件，社会关系(生产关系)是现实条件"，要切实解决民生问题必须使二者达到协调统一，"无论哪一个社会形态，在它所容纳的全部生产力没有发挥出来以前，是决不会灭亡的，而新的更高的生产关系，在它的物质存在条件在旧社会的胞胎里成熟以前，是决不会出现的。"[③] 可以看出，生产关系在解决民生问题上发挥着重要作用，因此，解决人的生存和发展问题，必须发展生产力、完善生产关系，推动生产关系不断匹配生产力的发展。

2) 列宁关于民生思想的主要观点

列宁十分关心俄国的民生问题，马克思和恩格斯的民生思想对他的影响也非常大。列宁把民生问题作为无产阶级政党的重要职责，提出无产阶级政党要始终以改善无产阶级和广大劳动人民的民生状况为奋斗目标，他指出："采取一系列的措施，竭力改善工人的生活状况，减轻他们的困苦。"[④] 在战争时期，俄国人民生活困难，列宁看到了时局的艰难，他要求必须尽快改善无产阶级和劳动人民

---

① 中共中央马克思、恩格斯、列宁、斯大林著作编译局. 马克思恩格斯选集：第1卷[M]. 北京：人民出版社，1995：73.

② 中共中央马克思、恩格斯、列宁、斯大林著作编译局. 马克思恩格斯选集：第4卷[M]. 北京：人民出版社，1995：241.

③ 中共中央马克思、恩格斯、列宁、斯大林著作编译局. 马克思恩格斯选集：第2卷[M]. 北京：人民出版社，1995：33.

④ 中共中央马克思、恩格斯、列宁、斯大林著作编译局. 列宁全集：第41卷[M]. 北京：人民出版社，1986：76.

的生活状况，并且告诫全党："如果我们不能使工人们活下去，不能供给他们粮食，不能准备好大量食盐来正常地组织商品交换，而是给农民花花绿绿的票子作为补偿(靠票子是不能长久维持的)，那么，不管我们怎样忠心耿耿，怎样忘我牺牲，都救不了我们自己。"[①] 列宁还提出，"小资产阶级和半无产阶级群众的情绪就表现出特别严重的动摇，这种动摇的结果就只能是资本家和地主的政权及私有制的复辟恢复"，[②] 这会危及苏维埃政权的稳固。列宁领导下的布尔什维克党和苏维埃政权，在当时特定的历史时期明显地改善了俄国的民生状况，也起到巩固了苏维埃政权的现实作用。

3) 西方学术界的民生思想

西方学术界并不使用"民生"一词，西方很多学者对民生问题的研究都侧重于人道主义精神的研究，多是从人的幸福、社会公平与正义等方面展开研究。在西方社会，特别是第二次世界大战后，人们非常重视幸福，大家开始从对幸福观的纯理论探讨，转化为从实证的角度对幸福进行分析，即生活质量、心理健康和心理发展。学者阿玛蒂亚·森认为，公平正义与实质平等之间的关系，主要探讨了在现实社会中应当怎样实现公平正义的具体程序，而不是试图揭示社会中导致不公平正义的根源。[③]

当代西方学者越来越关注社会福利问题，这也是民生建设的一个方面。英国学者吉登斯提倡建立"福利国家"，即人们从生到死都能得到全方位的生活保障；[④] 庇古认为国家应该建立失业救助制度和养老金制度，通过提高穷人收入来实现社会福利；[⑤] 凯恩斯则认为，国家宏观调控下制定合理有效的财政政策，通过财政支出与收入来影响民众消费需求；卡尔多等则对社会福利思想进行了进一步的发展，表现出对社会弱势群体生活状况的重视。

2. 国外学者对西藏民生发展的研究观点

具体到拥有"世界屋脊"之称的西藏来说，它凭借独特的地理位置和宗教、民族文化，深深地吸引了西方各类学科的众多学者关注，国外学界对于西藏的研究较多，但缺乏具体探讨农牧民居住状况的理论文献。加之西藏政治、军事的特殊性，国外学界总会受到一些意识形态的影响，郑洲指出，国外学者对于西藏的研究观点不外乎以下两类。

一类是比较理性地评价中国政府对西藏经济社会进步、经济发展、民生改善做出的努力，比较客观地看待西藏经济社会发生的翻天覆地的变化，这类学者一

①　中共中央马克思、恩格斯、列宁、斯大林著作编译局. 列宁全集：第 41 卷[M]. 北京：人民出版社，1986：240.
②　中共中央马克思、恩格斯、列宁、斯大林著作编译局. 列宁全集第 41 卷[M]. 北京：人民出版社，1986：87.
③　阿玛蒂亚·森. 以自由看待发展[M]. 任赜，于真，译. 北京：中国人民大学出版社，2002：7.
④　安东尼·吉登斯. 社会学[M]. 赵旭东，等，译. 北京：北京大学出版社，2015：10.
⑤　庇古. 福利经济学[M]. 金镝，译. 北京：华夏出版社，2007：7.

般不受意识形态偏见的影响，代表人物是美国的人类学家、藏学家梅·戈尔斯坦（Melvyn.C.Goldstein），他运用田野调查法对西藏多个县村进行实地调研，通过获取的大量第一手资料完成了多部著作。

另一类则是因为某种意识形态或政治立场的左右，部分学者带着偏见在研究西藏，其目的自然是寻找更多与中央政府不和谐的因素，歪曲中国对西藏实施的一系列政策，制造所谓的"西藏问题"。以加拿大学者安德鲁·马丁·费舍尔（Andrew Fischer）为典型代表，他的观点没有站在正确的视角看待中央政府为西藏发展做出的客观努力，也忽视了西藏农牧民生活面貌的彻底改变。2003 年，他在英国西藏信息网上还发表了一系列的署名文章，对西藏农牧民的教育、就业、医疗、生活状况等方面做了片面、消极的解读。当然，西方学者中也还是有一批能够摒弃意识形态的约束，通过实地取证、客观分析西藏地区的公共产品供给情况，正确看待西藏地区的经济社会发展和民生改善，如爱德华（Edward J.Kormondy）[1]、杰德勒（Gerard A. Postiglione.）[2] 等。

1.2.2　国内学术界有关研究综述

1. 国内学界关于西藏民生问题的研究观点

早期国内学界对于西藏地区的公共产品研究甚少。进入 21 世纪，中国藏学研究中心、四川大学社会发展和西部开发研究院、西南民族大学、西藏大学、西藏自治区社会科学院等科研院所的部分学者开始重视对西藏地区的民生改善进行理论分析和实地调研。

通过对现有文献的梳理发现，部分学者选择从不同角度对西藏民生进行理论研究。如安七一等选择从公共产品与社会和谐的关联性切入，分析了西藏公共产品供给的重要性。[3] 张志英从政府财政供给角度切入，分析了公共产品供给的财政困境。[4] 朱玲认为西藏基层的公共服务供给的最大制约因素不仅是财政实力薄弱，也取决于基层政府的政治意愿。[5] 李锦从公共产品供给对于西藏农牧业发展、农牧民增收带来的正面效应展开论述，指出了西藏农牧区的公共产品供给水平较低的现状，呼吁政府继续加大投入。[6]

另一些学者从公共产品的不同类别进行研究。如周炜选择西藏基础教育为切

---

[1] Kormondy E J. Minority education in inner Mongolia and Tibet[J]. International Review of Education，2002（5）.

[2] Postiglione G A，Jiao B，Gyatso S. Education in rural Tibet: development，problems and adaptations[J]. An International Journal，2005，3（1）: 1-23.

[3] 安七一，杨明洪. 公共产品供给与西藏农村和谐社会建设[J]. 财经科学，2007（4）: 18-124.

[4] 张志英. 西藏农村公共产品供给多元途径的探索[J]. 西南民族大学学报，2008（3）: 14-17.

[5] 朱玲. 西藏农牧区基层公共服务供给与减少贫困[J]. 管理世界，2004（4）: 41-50.

[6] 李锦. 公共品供给: 西藏农牧民增收的社区环境改善[J]. 中国藏学，2006（3）: 17-24.

入点，指出资金不足严重制约了西藏的教育发展。① 白玛次仁认为西藏教育结构单一，很难适应农牧民的教育需求。② 杨明洪等则以农牧民居住条件改善为着眼点，深入分析了西藏实施安居工程的模式、效果，针对存在的问题提出了对策建议。③ 郑洲拓宽了西藏公共产品的内容，将基础设施、基础教育、基本医疗卫生服务、基本社会保障服务概括为"四基"问题，对"四基"问题进行了系统研究。④ 邓燕云等就西藏卫生条件进行了分析，指出了存在的不足。⑤ 边巴从农牧区文化建设着手研究，指出文化服务供给严重不足。⑥

国内学者更多的是从制度经济学、产权经济学出发，形成一定的成果，其中对于公共产品供给主体、供给模式的研究，给了本书一定的启发。尤其是杨明洪、倪邦贵、安七一、罗绒战堆、郑洲等学者关于安居工程的论述，为本书提供了重要的理论指引。

2. 国内学界关于西藏农牧民安居工程的主要观点

1) 关于实施藏区安居工程的必要性的主要观点

杨明洪等认为农牧民生产生活条件仍比较差，自我发展能力还比较弱，生产生活面临巨大压力，农牧民纯收入偏低，农村资金短缺，加之农牧民人口基数大，居住条件差，致使西藏农牧区新农村建设难度增大，因此在这种现实环境和历史条件下，必须找到西藏社会主义新农村建设的突破口。考虑到农牧民居住较为分散，不便于农村公共物品供给，因此迫切需要将农牧民的游牧生活方式进行转变，西藏以实施安居工程为突破口，力图通过为农牧民修建房屋实现"安居"，进而推进整个西藏地区的新农村建设。

郑洲提出，我国农牧民人口基数大，居住条件差，大部分农牧民的住房比较简陋，严重威胁着农牧民的生命财产安全，而且农牧民自身劳动技能差，缺乏知识和技术，自我发展能力弱，如果依靠政府提供安居住房建设，那么农牧民生存状况将长久得不到解决，同时农牧民居住不集中，也会致使整个西藏社会事业发展滞后。⑦

毕华看到了西藏地广人稀和公共服务设施相对不足的特点，认为实施安居工程后，政府可以在农牧民定居点配套安排如建村委会、学校、卫生站、文化站等，

① 周炜. 西藏农村基础教育的现状调查[J]. 西藏研究, 2001(1)122-130.
② 白玛次仁. 谈谈西藏的农村教育[J]. 西藏研究, 1993(2)：34-38.
③ 杨明洪, 安七一, 郑洲. 西藏"安居工程"建设：基于公共产品视觉的分析[J]. 中国藏学, 2007(2)：25-34.
④ 郑洲. 西藏农村公共产品供给研究——以农牧区"四基"供给为例[M]. 成都：四川大学出版社, 2009.
⑤ 邓燕云, 杨明洪. 西藏自治区农牧区医疗实践与模式分析[J]. 成都行政学院学报, 2007(5)：65-68.
⑥ 边巴. 西藏农村文化建设现状及发展试析[J]. 西藏科技, 2008(2)：26-28.
⑦ 郑洲. 安居工程与西藏社会主义新农村建设[J]. 黑龙江民族丛刊, 2007(5)：56-62.

实现对饮水、电、路等设施和农田、牧场等资源的有效管理和使用。[①]

徐平等从维护民族团结和社会稳定、巩固边防的角度指出，实施农牧民安居工程，在政府帮扶下为农牧民改善安居环境，不仅有利于推动农牧区的经济社会事业发展，还有利于巩固和发展藏族和其他民族的平等友好关系，增强中华民族的凝聚力，维护国家长治久安。[②]

从游牧民区域经济发展角度来看，丁恒杰等认为安居工程有利于缩小与发达地区的发展差距，切实推动农牧区经济社会跨越式发展，同时也是西部大开发、生态建设和扶贫工作的有机结合点。安居工程的实施也有利于保护当地生态环境，建设生态屏障，帮助农牧民尽快脱贫致富。[③]

杜莉等通过对西藏山南市错那县南部的勒布门巴民族四乡的实地调研，发现游牧民定居有利于三大产业的均衡协调发展和小城镇建设。[④]

巴合提娜孜·比克什从历史发展规律进行分析，认为仅仅依靠游牧业的国家和民族是无法实现现代化的，让广大游牧民定居是一个民族走向文明的重要标志，不仅有助于发展游牧经济，还有利于实现游牧民族现代化。[⑤]

2）关于藏区安居工程政策成效的主要观点

安居工程实施初期的第一个年头，该政策就取得了立竿见影的显著成效："十五"期间，西藏农牧部门实现定居 8000 户牧民、4 万多人，修建牲畜棚圈 168 万平方米，打造人畜饮水井 1106 眼，草地建设 116 万亩（1 亩≈666.67 平方米）；四省藏区之一的青海省在实施农牧民安居工程过程中，注重政府的组织引导和牧民主体作用的发挥，把游牧民定居工程与生态畜牧业建设结合起来，利用游牧民定居工程促进牧业发展方式的转变和城乡统筹发展。

杨明洪等认为，在广大农牧民群众定居后，整个农牧区的基础设施建设也更加完善，实现了水、电、光纤电视、网络通信等全覆盖。同时，安居工程制约和影响西藏的产业结构，促进了农牧民观念转变，切实增加了农牧民的收入，改善了草原的生态环境。[⑥]

安居工程的实施不仅解决的是外在的、有形的硬件条件，更关键的是在农牧民思想意识方面也产生了很深的触动。毕华着重分析了定居后的农牧民，他们住进宽敞干净的房子，尝到了现代生活方式的甜头，逐步开始强化自己的市场经济观念和商品经济意识，各地充分利用当地资源禀赋和人口红利，千方百计增加农

① 毕华. 西藏社会主义新农村建设的新进展[J]. 中国藏学, 2008（1）：145-150.
② 徐平, 顾安才, 庄文伟. 游牧民定居推进工作中存在的问题及建议[J]. 新疆金融, 2009（6）：18-22.
③ 丁恒杰, 绽永芳. 游牧民定居推动甘南牧区社会经济跨越式发展[J]. 草业与畜牧, 2010（10）：44-46.
④ 杜莉, 李亚娟. 西藏勒布乡以"安居工程"为突破口的新农村建设调研报告[J]. 西藏发展论坛, 2008（5）：52-54.
⑤ 巴合提娜孜·比克什. 游牧民定居是实现草原畜牧业现代化的保障[J]. 商品与质量, 2011（4）：68.
⑥ 杨明洪, 安七一, 郑洲. 西藏"安居工程"建设：基于公共产品视觉的分析[J]. 中国藏学, 2007（2）：25-34.

牧民收入。[①] 实际上，安居工程对农牧民意识上的触动所产生的意义要远远大于单纯改变他们的住宿环境所产生的社会效益。

3）关于藏区安居工程实施过程中存在的问题的主要观点

在工程用地方面，陈国栋提出了几个问题：第一，安居工程用地供应形式问题，这涉及城市的规划问题，如果采用集中供应保障房用地，虽然比较省事，但由于各种配套设施和服务管理不完善，将来极可能埋下较大隐患，形成难以根治的"城市病"；第二，安居工程用地供应方式问题，根据国家的有关规定，廉租房、经济适用房和棚户区改造用地基本上都是划拨用地，限价商品房用地则是附加条件的招拍挂出让，而安居工程用地到底应该是划拨还是出让，在我国仍存在争议；第三，保障房供地力度加大与土地出让金相对减少之间存在矛盾。由于保障房建设资金来源大多依赖于土地出让金，所以土地出让金直接影响保障房建设进度，一旦土地出让金减少了，则可能导致保障房建设搁浅。[②]

在工程质量方面，麦麦提亚森·赛丁和米娜瓦·斯拉木指出，牧民定居是一项系统工程，涉及诸多方面，同时，改变农牧民的生活方式也是一项挑战工程，涉及打破传统观念的束缚。[③]

在工程资金和施工方面，西加端智从工程实施的地理位置、资金状况和施工细节进行了分析，指出由于项目区海拔高、气候恶劣、工期短，加之牧户居住相对分散、交通不便、资金下达较迟，影响了工程进度；部分项目户处在山大沟深处、交通不便的地区，建设成本高，建议适当增加省级配套用于调剂部分贫困户自筹困难的问题。[④] 万建国从建材、人工费上涨对"富民安居工程"和"定居兴牧工程"造成的影响进行了分析，指出建材、人工费用的上涨直接致使安居工程的成本上升，使原本就有融资压力和资金不足的建设者雪上加霜，最后这些增加的成本还是会摊到农牧民身上，进一步加大农牧民的经济压力，也会影响安居工程实施的社会效益。[⑤]

在工程定位方面，熊卫国认为，牧区社会经济发展水平导致牧民定居发展不平衡，特别是牧民定居工作发展不均衡，接近盆地的牧区，定居工程开展较早，牧民群众普遍接受，定居率较高，反之，远离市区的则进展缓慢，效率低，定居率较低。[⑥]

---

① 毕华. 西藏社会主义新农村建设的新进展[J]. 中国藏学，2008(1)：145-150.

② 陈国栋. 保障性安居工程供地的战略思考[J]. 中国地产市场，2011(11)：42-45.

③ 麦麦提亚森·赛丁，米娜瓦·斯拉木. 喀什地区牧民定居现状及其对策[J]. 草业与畜牧，2012(5)：60-62.

④ 西加端智. 高度重视民生工程狠抓游牧民定居建设——尖扎县游牧民定居工程实施体会[J]. 青海农牧业，2011(2)：24-25.

⑤ 万建国. 建材人工费上涨对巴州"富民安居工程""定居兴牧工程"建设的影响及对策建议[J]. 巴音郭楞职业技术学院学报，2011(2)：17-18.

⑥ 熊卫国. 青海省格尔木市游牧民定居工程对策及建议[J]. 宁夏农林科技，2011，52(8)：40-42，54.

　　徐平等总结出许多安居工程实施的不足之处，居而不定，部分农牧民尽管住进了新住所，但还是钟情于住毡房，个别地方还出现了农牧民又搬回原居所继续游牧生活的情况；定居质量不高，定居后的生产生活发展缓慢；由于投入不足，基础设施落后，物质基础薄弱，定居区域的城镇化发展滞后；定居使牧民的传统文化传承受到影响，民族特色的东西逐渐消失。[①]

4) 关于藏区安居工程制度优化的主要观点

　　资金方面，杨明洪等强调必须建立金融风险防控机制，形成多元化的投资机制，要积极利用扶贫贷款、财政贴息、农房改造等优惠政策，政府出面引导和鼓励信贷资金及民间资本参与到农牧民安居工程建设中来。[②]

　　组织管理方面，郭春明分析了自治区、地(市)、县三级农牧民安居工程领导小组，采用召开联席会议来制定规划、筹措资金、部署进度和督促检查。[③] 张舒婷提出要强化基层社会管理，夯实定居区域的基层党组织建设，优化定居点的民主自治和服务功能。[④] 毕华则认为要区别对待农区与牧区的安居工程建设，要认真分析各地区游牧户的基本情况，如住户数、劳动力状况、建房能力等，从而做出科学决策，制定出兼顾生产与居住的安居规划。[⑤]

　　配套发展方面，杨明洪等提出必须注重"公平性"，建立有利于安居工程顺利实施的利益平衡机制；[⑥] 丁恒杰等认为，实现游牧民定居后，草原畜牧业的主要生产方式应该坚持定居游牧，应突出游牧民家庭的主体地位；[⑦]杜莉等指出将"安居工程"作为突破口，发展旅游业、打通边境口岸、推进社会事业的进步。[⑧]

1.2.3　对现有研究的评价

　　综上所述，学术界对藏区安居工程的实施问题比较关注，初步形成了一些研究成果，但仍存在以下几方面问题或不足：①研究覆盖面窄，对安居工程的研究多属于政策制度和实施成效的宏观研究，缺乏对安居工程实施过程中所涉及的具体问题的研究；[⑨] ②研究方法不完善，对安居工程的研究成果，多采用宏观研究

① 徐平，顾安才，庄文伟. 游牧民定居推进工作中存在的问题及建议[J]. 经济纵横，2009(6)：18-22.

② 杨明洪，安七一，郑洲. 西藏"安居工程"建设：基于公共产品视觉的分析[J]. 中国藏学，2007(2)：25-34.

③ 郭春明. 西藏农牧区民居工程特征分析[J]. 高原地震，2008，20(2)：45-48.

④ 张舒婷. 四川游牧民定居点社会管理组织模式创新探究[J]. 成都电子机械高等专科学校学报，2011，14(4)：43-46.

⑤ 毕华. 西藏社会主义新农村建设的新进展[J]. 中国藏学，2008(1)：145-150.

⑥ 杨明洪，安七一，郑洲. 西藏"安居工程"建设：基于公共产品视觉的分析[J]. 中国藏学，2007(2)：25-34.

⑦ 丁恒杰，绽永芳. 游牧民定居推动甘南牧区社会经济跨越式发展[J]. 草业与畜牧，2010(10)：44-46.

⑧ 杜莉，李亚娟. 西藏勒布乡以"安居工程"为突破口的新农村建设调研报告[J]. 西藏发展论坛，2008(5)：52-54.

⑨ 魏刚，李霞. 西藏安居工程建设的理论研究综述与改革思考[J]. 西南民族大学学报(人文社会科学版).
　　2013(10)：130-132.

的方法，分析安居工程的全局部署问题，未能从微观研究的角度出发，充分考虑西藏的区域特征，具体分析西藏安居工程各个细微环节所存在的问题；③研究应用价值不强，对安居工程的研究大多采用政策诠释的思路，政策含义与安居工程制度优化之间缺乏衔接机制，众多优秀的理论研究成果无法应用到西藏安居工程的改革和完善当中。

1.3　基本概念界定与相关说明

从传统公共产品理论的争议中不难看出：公共产品与私人产品被生硬地区分开来，严重忽视了二者之间的内在关联。刘太刚以纸张和粮食供给为例，指出当私人产品供给不足或供给不公的时候，会产生强烈的负外部性，因此政府必须进入该类私人产品供给领域，干预市场行为。[①] 刘太刚的观点打破了我们的传统认识，认为私人产品就该市场提供，政府不应介入，而公共产品就该政府全力提供。而本书认为西藏民生必需品分为生存类民生产品、保障类民生产品和发展类民生产品三类。其中生存类民生产品是指保证农牧民最基本的生产生活的公共服务，如住房、粮食、医疗卫生场所、公共安全和基础设施；保障类民生产品是指在满足了农牧民生存必需之后，为了使农牧民生活更加稳定、身体更加健硕而提供的公共服务；发展类民生产品主要是提升农牧民文化素质、知识技能和一系列的精神满足的产品，如文化产品。

房屋是人们的生活起居场所，是遮风挡雨、保护隐私、休息生活的地方，也是人们最为重要和价值最大的固定资产。在消费上具有强烈的供给的竞争性和受益的排他性，是典型的私人产品。但是，房屋也是人们最基本的生存类民生产品。假定在一国或一个地区内，居民的收入和能力连最简陋最低廉的房屋也无法购买的话，那么政府就应该出力予以解决，保障居民最基本的生存条件，这既是政府的职能，也是政府的责任所在。并且，如果这类人群又是生活在一种特殊环境中，所谓特殊，指可能有经济、政治、生态等方面的特殊限制，那么国家为了维护稳定和统一，政府就会主动将住房纳入公共财政支付范围，此时的住房，就已经不再是私人产品属性了。本书的研究对象是西藏农牧民安居工程，简言之就是农牧民的保障性住房。西藏处于政治、军事和生态敏感区，是一个信教民众众多的地区，加之长期以来受国内外分裂势力的影响，那么政府通过公共财政支持住房建设，为农牧民修建、改建、迁建房屋，就具有重大的社会效益。

在这个意义上，西藏农牧民的安居保障房便是私人产品的准公共化，是介于公共产品和私人产品之间的准公共产品。搞清楚研究对象的理论界定，有助

---

① 刘太刚. 公共物品理论的反思——兼论需求溢出理论下的民生政策思路[J]. 中国行政管理，2011(9)：22-27.

于本书运用正确的理论进行分析，也有助于更加清楚地认识研究对象的理论内涵和外延。

诚然，当前西藏实施多年的安居工程取得了显著成果，但是在建设过程中出现了很多没有预料到的新情况、新问题和新矛盾，根据党的十八大和十八届三中、四中、五中全会精神，结合中央第六次西藏工作座谈会的具体部署，本书认为必须及时研究并解决事关农牧民最直接、最现实的利益问题，切实发挥和真正实现在西藏推行农牧民安居工程建设的经济效益和社会效益，构建西藏社会主义新农村。

1.4　研究思路与结构安排

要对西藏农牧民安居工程进行效益评价，首先就需要搞清楚安居工程的经济属性，政府主导实施建设的农牧民安居房，到底是私人产品、公共产品，还是私人产品的准公共化。因此，本书从公共产品的基本理论切入，安排专门章节对安居工程进行了定性分析；接着又从西藏农牧民居住情况的历史变迁引出安居工程推行的必然性，再从农牧民的满意度调查入手，在公共产品供给效率评价指导原则及思路下，制定了评价指标和体系，运用层次分析法和模糊综合分析法对安居工程实施效益进行了科学评价，揭示出农牧民安居工程仍需解决的三大后续问题；最后，本书又用三个章节专门对农牧民安居工程的后续问题进行了理论研究，进而更深入地分析了在西藏推行安居工程建设对产业发展、农牧民增收、社区治理等方面的重要影响和积极作用。

按照本书的研究思路，全书共分为 9 章：

第 1 章主要论述此书研究背景、研究价值、国内外已有的研究观点、研究思路和结构安排、研究方法、研究的重难点、研究的创新之处和不足之处、研究的资料来源等。

第 2 章主要对西藏农牧民安居工程进行经济属性分析。本书以西方公共产品理论为研究基础，揭示西藏农村地区公共产品供给的特殊性，以证明农牧民安居工程在西藏并不单是私人产品的准公共化，而是带有极强的公共产品属性，也是通过对农牧民安居工程进行理论定性分析，更加准确地把握西藏政府在推进农牧民安居工程建设中应该扮演的角色，为更加优化西藏农村地区公共产品供给打下理论基础。

第 3 章主要对西藏农牧民安居工程进行历史和现实性考察。全面、系统地回顾和梳理农牧民居住制度的历史变迁与阶段特征，深入分析西藏启动农牧民安居工程的时代背景，阐释西藏农牧民安居工程的目标机制、推进思路和完成情况，揭示农牧民安居工程与西藏社会主义新农村建设的内在机理，尤其是对西藏农村地区发展所带来的积极影响。

第 4 章主要对西藏农牧民安居工程进行效益评价。本书主要基于农牧民满意度，运用层次分析和模糊综合评价法，对农牧民安居工程实施情况进行效益评价，客观、科学地反映出安居工程实施的积极效果与存在的后续问题。通过实证分析安居工程的现实效益，找出须加快解决的现实问题，以便更好地发挥农牧民安居工程的积极影响。

第 5 章主要对西藏农牧民安居工程后续产业发展问题进行研究。生产与发展始终解决落后地区诸多问题的重要手段。长期以来，西藏经济高速增长，但有增长无发展是西藏经济面临的最大困境。本书认为，西藏是我国生态保护屏障，具有极好的生态资源基础，这也是西藏较之全国其他地区发展的比较优势。从工业文明、农业文明视角来看，西藏的发展是落后的，但从生态文明的视角来看，西藏的发展大有可为。因此，西藏需要调整传统发展思路，立足于自身生态资源的比较优势，尤其是在农牧民选择定居生活方式以后，推动现有产业转型，优化产业布局，探寻新的发展思路，始终围绕发展生态文明，以可持续发展理念为指导，走一条"中国特色、西藏特点"的发展之路。

第 6 章主要对西藏农牧民安居工程后续农牧民增收问题进行研究。西藏是非典型的城乡二元结构形态，刘易斯的传统二元结构理论中关于农业转移人口进入第二、第三产业就业的观点，在西藏就面临着很多现实制约因素，因此，在解决农牧民收入问题上就必须要有不同于全国其他地区的措施和思路，而安居工程对农牧民收入结构的变化产生了重要影响。本章通过对安居前后农牧民收入情况进行比较发现，实施多年的安居工程并没有为农牧民持续增收构建好的体制机制环境，并且在个别地方，无论横向或纵向比较，农牧民收入差距反而扩大了。本书认为，要增加农牧民收入，改变贫困现状是一个系统工程，也涉及"三农"问题的根本，只有发挥政府、农牧民、社会三方联动作用，从制度设计到社会氛围的营造，增强不同民族间的认同感、融合度等多方面来弥补市场缺陷，纠正市场失灵，才能抓住影响农民收入增长的根源，也才能找到解决农民收入问题的治本之策。

第 7 章主要对西藏农牧民定居点社区治理问题进行研究。推动西藏农村地区乡风文明、村容整洁和管理民主是实施安居工程的重要目标。但考虑到西藏实际，如农牧民宗教信仰强烈，普遍文化素质和技能水平较差，市场经济意识淡薄，并且历史上的农牧制扼杀了农牧民民主法制意识。同时，在农牧民安居工程实施前，西藏农村规模较小，居住分散，公共产品供给成本较高，安居工程实施以后，新建了许多定居点，将分散的农牧民集中居住。因此，就要以定居点的社区化治理为基点，大力发展农村地区精神文明、文化事业和民主政治，不断提高西藏农村地区的现代化、民主化、法制化程度，实现西藏农村地区的全面进步。

第 8 章主要对西藏农牧民定居以后如何实现西藏城乡统筹发展问题进行研究。

在我国城乡二元结构体制下，城乡发展出现了过大差距，严重制约了经济社会协调和持续发展，为了缩小城乡发展差距，尤其是乡村居民收入过低的情况，党中央提出要统筹城乡发展，通过统筹城乡发展，使城乡互为市场、互为动力、互相促进；使乡村不再成为落后、贫穷的代名词，而变成我国经济社会发展的推进剂。同全国一样，在城乡二元结构的社会制度下，原本就落后的西藏农牧区，与极个别发展迅速的西藏主要市区之间的发展差距和农牧民收入水平更大。安居工程实现了广大农牧民定居，再通过政府的引导，对定居点进行现代化的社区治理模式，归根结底就是为了实现西藏城乡统筹发展，缩小农牧区与中心城镇在基础设施发展、公共服务供给等方面的差距。

　　第 9 章是结论与展望。西藏农牧民安居工程作为西藏社会主义新农村建设的突破口，推进农牧民安居工程对于西藏乃至全国建设小康社会具有重大意义。通过分析得出四点结论：一是农牧民安居工程具有公共产品的经济属性；二是农牧民安居工程的启动对西藏社会主义新农村建设有着巨大的现实意义；三是通过科学评价农牧民安居工程的现实效益，揭示安居工程的积极影响和存在的不足之处；四是对安居工程后续急需解决的三大主要问题提出对策建议。实施 7 年多的农牧民安居工程取得成就的同时，还存在着一些不足，对于如何更好地发挥安居工程的现实效益，提出四点展望：一是如何提高农村地区公共产品的供给效率，二是如何更好地利用安居工程推进西藏农村建设，三是如何更好地变西藏比较优势为后发优势实现跨越式发展，四是如何更好地优化援藏工作机制的有效性。

　　本书研究的技术路线见图 1.1。

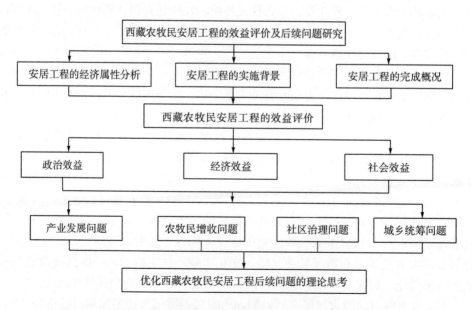

图 1.1　西藏农牧民安居工程的效益评价及后续问题研究的技术路线图

1.5 研究方法

(1) 文献整理与实地调查相结合的方法。目前有关西藏社会主义新农村建设的较多资料散见于文献之中，不仅有出版的地方志、年鉴、文件、统计报告，还有多个科研院所出版的学术刊物，如中国藏学研究中心的《中国藏学》，西藏自治区社会科学院出版的《西藏研究》，西藏大学出版的《西藏大学学报》等，各种有关的文献浩如烟海。随着西藏研究越来越热，国外个别网站也刊登了大量的学术文章，如英国的西藏新闻网。因而对已有的文献资料进行搜集、整理和消化，是本书研究的重要方法之一。前面已多次提到西藏具有明显的特殊性，许多情况对我们来讲都是陌生的，因此，本书力图坚持实事求是的态度，通过在西藏当地进行实地调查和研究，准确掌握第一手材料，再结合有关经济学理论知识，保障本书的观点不脱离西藏实际，具有一定的参考价值。

(2) 一般与特殊相结合的方法。西藏地区实施安居工程，为广大农牧民提供保障性住房是我国保障性住房建设的重要组成部分。西藏的安居工程与我国保障性住房建设是个别与一般的关系。西藏是我国典型的政治、军事和生态敏感区，和全国其他地区相比具有很多特殊性，因此在西藏推行保障性住房建设在动机、目的、方式方法、供给模式、资金筹措、建设方案、施工主体等各方面都具有不同于全国其他地区的独特之处。基于此，本书在研究西藏安居工程时就必须注意将一般性与特殊性紧密结合，深入分析两者的异同。

(3) 比较分析的方法。保障性住房建设不是我国独创，其在美国、日本、加拿大、新加坡等世界多个国家和地区实行。即使在我国境内，西藏地区所实施的安居工程与全国其他城镇地区也有诸多差异。就西藏本地而言，在不同阶段，西藏的人居环境也存在着差异。因此，本书坚持比较分析的方法，以得出西藏安居工程的特殊性。

(4) 个案分析的方法。个案分析是重要的研究方法之一，是对某一个具体的人、某一件具体的事物进行深入剖析，个案研究使我们对研究对象产生更细致、更深刻的认识，确保研究结论更有参考价值。西藏地域辽阔，存在农区、牧区和半农半牧区，不同区域的气候和自然条件不同，经济发展基础不同，农牧民的市场经济意识也不同。加之西藏部分地区海拔较高，气候条件复杂，给实地调研制造了一定的障碍，要想全面掌握西藏农牧民对住房的需求是不可能且不现实的。因此，以期采用个案研究来把握一般性特征。

(5) 定性分析与定量分析相结合。研究西藏农牧民安居工程是一个比较复杂的问题，内涵外延极其丰富，涉及的问题研究较多，尤其是涉及西藏一些特殊性，因此对农牧民安居工程进行定性和定量分析尤为重要，这是全书研究的客观要求，也是力求保证本书研究的准确性所必须采用的研究方法。

1.6　研究的重难点

(1) 对西藏安居工程的经济属性进行界定。本书以公共产品理论为基础，紧密结合西藏特别是农牧区实际情况，对西藏安居工程经济属性进行准确界定，正确掌握为农牧民提供的安居房到底应该属于公共产品、准公共产品还是私人产品。安居工程作为一项民生工程，客观上必须依靠中央政府和地方政府在资金上给予大力支持，现在安居工程形成了"四个一点"的多元化资金投入机制，即政府扶一点、援藏帮一点、银行贷一点、群众筹一点。准确界定安居房的性质是本书研究的重点之一，只有在科学界定本书所研究的安居保障房的性质以后，才能对其进行科学、客观的实证分析。

(2) 安居工程本身是我国在住房商品化改革以后，政府为了确保低收入人群住有所居实施的保障性住房建设项目的内容之一，在西藏更是近些年才开始实施的民生工程。西藏是一个军事、政治和生态敏感区域，加之西藏地处高海拔地区，气候条件极其复杂，缺氧、寒冷等诸多因素给作者实地调研造成了巨大困难。综合以上多种原因，作者收集有关西藏农牧民安居工程的资料和数据变得非常困难，这也是本书研究过程中最大的一个难点问题。

(3) 安居工程是西藏建设新农村的重要突破口和工作主线，必须厘清安居工程与新农村建设的内在机理，这是本书研究中的另一个重点问题。不搞清楚新农村建设与安居工程之间的关系，就无法准确理会西藏自治区党委政府实施安居工程的出发点和落脚点。社区是一个以地缘为纽带、以村民为基础的社会群体，是一个放大了的家庭。要通过实现农牧民的定居生活来推动西藏新农村建设和社区化治理，寻找二者的结合点，因此，一方面在政府主导下推进安居工程建设，另一方面又要通过安居工程实现新农村建设和社区化治理相结合。

(4) 安居工程虽然是改变农牧民的游牧生活状态、实现定居生活的民生工程，但本质上是对以农牧业为主的传统产业结构进行调整的过程，安居工程实施过程中，本身也会创造更多的非农就业机会，这为大量的农牧业剩余劳动力就业提供了可能。解决了农牧民的就业结构和就业方式，随之解决的就是农牧民收入的来源和渠道问题，增加农牧民收入、改善农牧民真实生活状况和质量才是安居工程实施的内在要求。安居与乐业不可分割，只帮助农牧民定居，不解决农牧民就业，那么就无法让广大农牧民定居又定心。因此，分析安居与产业发展、农牧民增收问题的内在关联是本书研究的又一个重难点问题。

1.7　研究的创新之处

(1)选择具有准公共产品属性的安居工程为研究视角,全新认识西藏民生发展问题。对于西藏如此特殊而又复杂的地区,研究其经济社会发展与民生改善具有很大难度,因为它涉及的不仅有经济因素,还包括民族习俗、宗教信仰、自然禀赋等诸多因素。本书以公共产品理论视角切入,对农牧民安居工程进行准公共产品属性分析,通过定性和定量研究,揭示在西藏农村地区应该如何更好地推进民生工程,如何有效解决好一项政策所产生的后续问题,这样才能真正发挥西藏民生工程的应有效益,也才能真正推进西藏农村地区的经济社会发展,这是本书可能的一个创新点。

(2)揭示在游牧民族地区生产方式与生活方式的紧密相关性。资源禀赋和社会制度决定了西藏的生产关系和生产方式,而生产方式决定了农牧民的生活方式,政府主导的安居工程改变了农牧民的生活方式,这就必须要相应地改变过去的生产关系和生产方式,只有这样,才能使农牧民定居又定心。本书以西方公共产品理论为架构,充分结合西藏在自然环境、宗教文化、民族习俗等方面的特殊性,客观分析西藏在推行安居工程过程中和安居工程结束后所面临的后续问题。有些问题在安居工程实施之初并未显现,如社区治理问题,当时还是安居工程建设理论研究的前沿问题。如今安居工程实施结束,曾经的前沿问题变成了今天必须正视和解决的问题。

(3)运用层次分析法与模糊评价法相结合的安居工程效益评价方法。本书除了运用常规经济学理论研究范式,还借鉴和运用层次分析法和模糊综合评价法,基于农牧民满意度,通过问卷调查、文献整理、个别访谈、数据收集等方式,定性和定量分析,科学、客观、真实地反映出农牧民对安居工程产生的社会效果、存在的不足之处和后续问题,对下一步解决这些后续问题提出理论思考。

(4)提出安居工程实施与定居后续产业发展战略选择的新思考。第一,为什么西藏要以农牧民安居工程为突破口,本书坚持认为资源禀赋、社会制度、比较优势等方面决定了西藏传统的生产关系和生产方式,而旧有的生产关系和生产方式又决定了农牧民的生活方式,西藏通过政府介入,改变了农牧民的生活方式,客观上就要求相应地改变生产方式和生产关系,这就为下一步研究西藏产业结构调整和农牧民增收奠定了基础;第二,西藏要实现经济发展,必须抛弃原来一味地迎合全国同步推进工业化、城镇化和农业现代化的发展模式。因为西藏是一个政治、军事、生态的敏感区域,有诸多特殊性制约着西藏的经济发展和社会进步,在中央和兄弟省市的援助下,西藏经济增长速度超过全国平均水平,但是有增长无发展，西藏内生动力不足，自我发展能力和自我造血功能弱化，一味地被国家整体发展战略拖着走，不仅不利于西藏真正实现经济发展和民生改善，反而还会破坏西藏自由发展规律和比较优势。本书认为西藏要充分认识到自身的生态资源优势，选择发展生态文明优于工业文明、农业文明为战略，选择符合西藏实际的发展模式，推动现行产业转型，实现西藏经济社会发展，进而加快推进西藏社会主义新农村建设。

1.8　研究的不足之处

(1)对西藏安居工程建设的数据资料收集不够。前面已经提到，西藏地域辽阔，人烟稀少，农牧民居住分散且流动性极强，西藏的高海拔导致气候条件恶劣，一年四季仅有少数几个月能深入西藏各地调查访问，而且部分农牧区，如阿里地区海拔较高，作者在缺氧的条件下身体极为不适，因而实地调研不够全面和充分，收集到的数据材料也不完整。由于地域宽广，不能在西藏村镇进行深入访谈和广泛了解民意，即使从政府有关部门复制到了一些数据和资料，也无法核实其准确性，这也是长期困扰作者的难题。在今后的研究中，作者将竭力通过多种途径，运用多种方法获取一手资料，继续完善本书的研究内容。

(2)计量分析运用得较少。作者长期主修文科，对于计量经济学的掌握不牢固，不能娴熟运用计量经济学处理收集到的第一手数据，全书更多倾向于文字描述和理论分析，本书最大的遗憾是没有设计出比较科学、准确的评价模型来评估安居工程实施效果。

(3)对西藏的宗教文化、民族文化和历史文化认识不深刻。西藏有着特殊的地理位置、气候条件、历史文化和宗教信仰，是藏族聚居区，信教民众众多。在西藏几乎每一个城镇和村庄都有一座寺庙，大多数家庭都供有佛龛，因此，改变西藏农牧民长期形成的生活习惯和模式，必须要结合西藏的民族文化、历史文化和宗教文化，而作者仅靠短暂时间的调研和大量的文献阅读，无法对西藏这三类文化有深刻认识，在本书的研究中对于此的分析就比较欠缺，作者力图在今后的研究中不断完善。

1.9　研究的资料来源

本书资料的来源主要包括国内外公开发表的各类理论文章和学术专著，中国统计年鉴和西藏统计年鉴，西藏地方志和地方政府提供的数据、资料，中央政府和西藏地方政府发布的各类报告，中国西藏新闻网、西藏农牧业信息网及其他有关网站，国内发行的报纸、杂志，2013～2016 年多次在西藏的实地调研，通过与地方政府、农牧民座谈和访谈所得资料，以及在西藏多地安居工程办公室(简称安居办)所复制的数据和资料。

第2章　西藏农牧民安居工程的经济属性分析

2.1　公共产品的理论研究

2.1.1　国内外关于公共产品理论的主要观点

1. 马克思主义经典理论中的公共产品理论研究

公共产品并不是市场经济的特有产物，早在氏族社会时期，人类就已经开始关注这个问题，恩格斯在分析国家起源的时候就指出了部落议事会讨论公共事务，这里的公共事务就是公共产品的理论萌芽。[①] 马克思主义虽然没有明确对公共产品的理论内涵做出界定，但他从国家政治统治和阶级斗争的角度提出了公共产品的理论思想，对"国家应该考虑整体利益，为广大民众谋福利"给予了肯定。

马克思认为政治统治持续存在的基础是执行了某种社会职能，[②] 无产阶级运动不同于以往的阶级斗争，无产阶级是为实现绝大多数人的利益而奋斗。[③] 马克思主义还认为社会总产品包括个人需求和社会需求，对于社会总产品的分配应先扣除一部分，目的是满足社会公共需求的不同方面，[④] 而扣除的部分主要是用来应对不幸事故和自然灾害，建设学校等基础设施，[⑤] 为民众提供公共住宅和发展交通。[⑥] 由此可见，马克思在看到私人需求的同时，也注意到了整个社会的需求。

列宁提出国家应当充分保障社会成员的个体福利和自由发展，[⑦] 从消费品中扣除一部分用来支付学校、医院和养老的管理费用，[⑧] 对工人建立社会保险

---

① 恩格斯. 家庭、私有制和国家的起源[M]. 中共中央马克思、恩格斯、列宁、斯大林著作编译局，译. 北京：人民出版社，1972：90-93.

② 中共中央马克思、恩格斯、列宁、斯大林著作编译局. 马克思恩格斯选集：第3卷[M]. 北京：人民出版社，1995：253.

③ 中共中央马克思、恩格斯、列宁、斯大林著作编译局. 马克思恩格斯选集：第1卷[M]. 北京：人民出版社，1995：283.

④ 中共中央马克思、恩格斯、列宁、斯大林著作编译局. 马克思恩格斯选集：第1卷[M]. 北京：人民出版社，1995：84.

⑤ 中共中央马克思、恩格斯、列宁、斯大林著作编译局. 马克思恩格斯选集：第3卷[M]. 北京：人民出版社，1995：302-303.

⑥ 中共中央马克思、恩格斯、列宁、斯大林著作编译局. 马克思恩格斯选集：第1卷[M]. 北京：人民出版社，1995：240.

⑦ 中共中央马克思、恩格斯、列宁、斯大林著作编译局. 列宁全集：第6卷[M]. 北京：人民出版社，1986：193.

⑧ 中共中央马克思、恩格斯、列宁、斯大林著作编译局. 列宁全集：第3卷[M]. 北京：人民出版社，1995：249.

制度，[①] 对年老而失去继续劳动能力的人发放养老金，对年幼的儿童一律实行免费的义务教育。[②]

毛泽东认为，政府应当对灾民、难民实行人道主义救济，对工人实行失业救济和社会保险，大力发展人民医药卫生事业。[③] 在农村地区，毛泽东还提出要兴修水利，搞好荒地荒山的绿化建设，扫除文盲，预防疾病等。[④]

2. 西方学界关于公共产品理论的研究

1651 年，霍布斯(T.Hbbes)论述国家的概念中提出：国家是为了保卫和平而运用全体力量和手段的组成体。[⑤] 休谟(D.Hume)在《人性论》中则明确地论述了公共产品思想，他通过讲述两个紧邻的人共同处理共有草地积水的案例，不仅论述了公共产品理论，还侧面指出了搭便车现象。[⑥] 到了 20 世纪初，瑞典经济学家林达尔(E.R.Lindahl)首次使用了公共产品的概念，他最为著名的"林达尔均衡"论断讲述的是 A、B 两个消费者如果能真实表达各自偏好，那么 A、B 之间的讨价还价最终会使供给达到均衡。[⑦] 在随后的三十年间，西方学界对公共产品的理论分歧越来越大，各自对于公共产品的理解也大相径庭。

到 1954 年，美国经济学家萨缪尔森(P.A.Samuelson)给出了比较经典的定义：每一个人的消费增加都不会导致其他人消费的减少，那么该产品就属于公共产品。[⑧] 简言之，公共产品在消费上具有非竞争性。不过多年后萨缪尔森对此观点进行了修正，他更加明确地提出了公共产品应该具备两种属性，即消费上的非竞争性和受益的非排他性。[⑨] 但是经济学家特金森(A.B.Atkinson)和斯蒂格利茨(J.E.Stiglitz)两位学者对萨缪尔森的观点不认同，认为萨氏定义反映的是一种极端情况，社会在一般情况下不可能大量存在纯公共产品，更多的处于私人产品和公共产品之间，[⑩] 即"准公共产品"。

布坎南(J.Buchanan)认为萨缪尔森的两分法过于简单，在他的代表作《俱乐部经济理论》一文中引入了"俱乐部产品"，他认为准公共产品不像纯公共产品那样对任意消费者都具有同等可得性，对不同消费者具有质和量方面的差异性，因

① 中共中央马克思、恩格斯、列宁、斯大林著作编译局. 列宁全集：第 29 卷[M]. 北京：人民出版社，1985：449.
② 中共中央马克思、恩格斯、列宁、斯大林著作编译局. 列宁全集：第 6 卷[M]. 北京：人民出版社，1986：195，196.
③ 毛泽东. 毛泽东选集：第 3 卷[M]. 北京：人民出版社，1991：1063-1082.
④ 毛泽东. 毛泽东选集：第 4 卷[M]. 北京：人民出版社，1991：262，263.
⑤ 霍布斯. 利维坦[M]. 黎思复，等，译. 北京：商务印书馆，1985：132.
⑥ 休谟. 人性论(下册)[M]. 关文运，译. 北京：商务印书馆，1980：578，579.
⑦ 岳书铭. 农村公共品供给均衡机制研究[D]. 泰安：山东农业大学，2007：25，26.
⑧ Samuelson P A. The pure theory of public expenditure[J]. Review of Econmics and Statistics，1954：36.
⑨ Liu M，Huang Y. On the Definition of Public Goods on the Basis of Samuelson's Classic Definition[J]. China Market，2010：49.
⑩ Atkinson A B，Stiglitz J E. Lectures on Public Economics[M]. Shanghai：SDX Joint Publishing Company，1992.

此具有多维特征的准公共产品就应该选择联合配置，这样才会更加有效。[①] 布坎南的观点是从产品的集体供给方式切入研究的，指出了对于公共产品和私人产品之间的混合产品研究不容忽略。而布坎南所指出的混合部分，就是巴泽尔(Y.Barzel)提出的准公共产品概念。[②]

在布坎南的观点基础之上，奥尔森(M.Olson)选择了从受益的非排他性特征入手，提出一个集团中任何一个人能够消费它，它依然能被集团其他人继续消费，也就是那些没有购买公共产品的人不能被排除在对这种产品消费之外，但对与不属于该集团的产品却是能被排除的。[③] 后来美国学者曼昆(N.G.Mankiw)在《经济学原理》一书中进一步发展了公共产品理论，他将产品分为公共产品、私人产品、自然垄断产品和共有产品四大类。[④]

以上梳理的公共产品的有关理论只是一小部分具有代表性的观点，公共产品理论从产生发展到今天，一直在不断修正，从未达成共识。福艾克(Ver Eecke)曾经统计出 13 种关于公共产品理论的种类，最后他认为根本不存在对公共产品分类的客观标准。[⑤] 马莫罗(E.Marmolo)则从宪政经济学角度分析得出，公共产品和私人产品主要是看由政府提供还是由市场提供。[⑥] 后来也有学者认为公共产品更多的是一种社会观念。

西方学界对公共产品理论长期存在争议，对公共产品和私人产品的划分标准至今未有共识。本书认为，划分公共产品和私人产品不能脱离经济社会发展实情，有些民生类的私人产品事关整个社会稳定、经济发展和民生改善，单靠私人提供不是完全可行的，因此就需要政府主动介入，共同创造条件，这不仅是发展中国家的选择，也是发达国家的治国之策。

3. 国内学界关于公共产品理论的研究

国内学界对于公共产品的理论研究是多维的，从不同角度(国家安全和稳定、社会需求、财富分配)、不同层面(政治、经济、社会伦理、制度规范)、不同区域(城镇公共产品、农村公共产品)、效果评价等方面，产生了大量的理论文献。

---

① Buchanan J M. An economic theory of clubs[J]. Conomica, New Series, 1965, 32(125): 1-14.

② Barzel Y. The market for a semipublic good: the case of the American economic review[J]. The American Economic Review, 1969, 41(4): 665-674.

③ Olson M. The Logic of Collective Action: Public Goods and the Theory of Groups[M]. Cambridge: Harvard University Press. 1974.

④ Mankiw N G. Principles of Economics[M]. Boston: Cengage Learning. 2011.

⑤ Eecke W V. The ethical dimension in economic theory and the history of economic thought or the transformation of economics into social-economics[J]. Journal of Socio-Economics, 1998, 27(1): 133-153.

⑥ Maomolo E. A constitutional theory of public goods[J]. Journal of Economic Behavior and Organization, 1999, 38(1): 27-42.

　　在萨缪尔森的经典定义基础上，臧旭恒[①]、吴立武[②]、卢洪友[③]、吕恒立[④]、秦颖[⑤]等认为公共产品的本质属性是非竞争性和非排他性的，但公共产品并非天然形成，而是伴随着国家经济社会发展水平而发展，因而公共产品带有较强的社会属性，受到制度因素的干扰，但公共产品的最终落脚点是满足社会公共需要，实现公平是最终目标。

　　李汉文对公共产品做了更深入的探讨，他通过分析公共产品的生产、分配、交换等不同环节的公共性，提出了公共产品具有强烈的公共性和外部性特征，但有公共性和外部性的产品并不必然是公共产品。[⑥] 这一重要的论断拓宽了学者界定公共产品属性的范围。

　　在公共产品的划分上，国内学界秉承了国际理论界的通行分类标准，即以消费的空间范围、消费的需求属性、消费的物理特征为基本标准，将公共产品分为全国性公共产品、地方性公共产品和世界性公共产品。其中，陈文理还提出了区域性公共产品的概念，他认为区域公共产品的外部性超越了单一主体管辖区。[⑦] 陈文理的观点为本书研究西藏地区的公共产品提供了一个新的思路。

　　另外，有部分国内学者如陶勇[⑧]、叶兴庆[⑨]、刘鸿渊[⑩]、熊巍[⑪]等提出了城市公共产品和农村公共产品。城市公共产品主要是指在城市范围内的具有一般公共产品特征的产品，它包括城市纯公共产品和城市准公共产品，其中，城市纯公共产品包括公共安全、基础教育、文化事业等，城市准公共产品包括医疗卫生、市政设施、高速公路、电影院等。农村公共产品则是专门用来满足农业、农村和农民生产生活需求的。对于农村公共产品的理论研究在我国还是比较成熟，这与我国是一个传统的农业国家有关，而且长期以来农村地区的公共产品供给非常薄弱。林毅夫[⑫]、李燕凌[⑬]、张雪绸[⑭]、王鸿[⑮]等通过调研分析发现，农村地区经济发展缓

① 臧旭恒，曲创. 从客观属性到宪政决策——论公共物品概念的发展与演变[J]. 山东大学学报(人文社会科学版)，2002(2)：37-44.

② 吴立武. 公、私产品界定标准局限性分析[J]. 财经理论与实践，2006，27(2)：7-10.

③ 卢洪友. 中国公共品供给制度变迁与制度创新[J]. 财政研究，2003(3)：9-11.

④ 吕恒立，余斌. 论公共产品的不可逃避性与民主政治[J]. 郑州大学学报(哲学社会科学版)，2007，40(2)：31-34.

⑤ 秦颖. 论公共产品的本质——兼论公共产品理论的局限性[J]. 经济学家，2006(3)：77-82.

⑥ 李汉文. 对公共品性质的理论探讨及启示[J]. 云南行政学院学报，2008(4)：70-72.

⑦ 陈文理. 区域公共产品的界定及分类模型[J]. 广东行政学院学报，2005，17(2)：34-37.

⑧ 陶勇. 农村公共产品供给与农民负担问题探索[J]. 财贸经济，2001(10)：74-77.

⑨ 叶兴庆. 论农村公共产品供给体制的改革[J]. 经济研究，1997(6)：57-62.

⑩ 刘鸿渊. 农村税费改革与农村公共产品供给机制[J]. 求实，2004(2)：92-94.

⑪ 熊巍. 我国农村公共产品供给分析与模式选择[J]. 中国农村经济，2002(7)：36-44.

⑫ 林毅夫. 关于社会主义新农村建设的几点思考[J]. 中国国情国力，2006(4)：5，6.

⑬ 李燕凌，李立清. 农村公共产品供给对农民消费支出的影响[J]. 四川大学学报(哲学社会科学版)，2005(5)：5-11.

⑭ 张雪绸. 农村公共产品供给与农民收入问题研究[J]. 农村经济，2005(10)：62-65.

⑮ 王鸿. 促进农民增收必须突破公共产品资源瓶颈[J]. 农村经济，2006(2)：49-51.

慢，主要源于基础设施和公共服务发展不足，这不仅影响了经济发展动力，还制约了农民的消费需求和结构，致使农民收入增长缓慢，民生滞后。杨明洪则从取消农业税以后的时代背景出发，认为农村税费改革会导致公共产品供给短缺、产出短缺和结构性短缺。① 王丽娅②、周利平③从农村公共产品供给不足的特征入手，进一步深入地分析了导致供给不足的本质原因，他们认为主要是由于农村公共产品供给制度设计不合理所致。贺雪峰针对农村公共产品供给不合理，提出了建立以农民需求为主导的供给制度，实现农村公共产品市场化，通过培育市场主体和民间组织来达到农村公共产品的有效供给。④

2.1.2　概念阐述

公共产品理论最早源于西方国家。著名的经济学家大卫·休谟在《人性论》一书中有过这样一段描述：互为邻居的两户人约定好共同排去他们共有草地上的积水，⑤ 这两户人愿意达成一致意见的根源，是彼此了解对方心思的成本较低，双方都能清楚地看到假如自己不按约定执行，后果就是自身利益也要受到损害。但是如果要同时确保一千户人都接受这样的约定，显然是非常困难的，也是不现实的。要想完全掌握这一千户人的心思其成本较高，而且也是无法实现的，要让一千户人达成一致意见，共同执行这个约定非常困难，每一个人心中都在思考如何让自己做得更少，得到的好处更多。休谟关于处理积水的这段描述让我们看到了在市场配置资源的过程中，市场的功能并不是万能的，理性人的理性会让市场出现失灵，故而需要政府的介入来完成。休谟的观点只是关于公共产品的一种思想萌芽，并未形成理论体系。

目前学界关于公共产品的理论研究，主要还是基于美国学者萨缪尔森在《公共支出的纯理论》中的经典定义：每一个人对此类产品的消费不会致使其他人对此类产品消费的减少。⑥ 无论个人是否愿意购买，都能实现全社会整体受益的产品，而且任何一个人对该产品的消费数量就等于此类产品的总量。⑦ 根据萨缪尔森的论述，公共产品的两大特征就是消费的非竞争性和受益的非排他性。相对于私人产品来讲，公共产品存在如下关系式：

① 杨明洪. 公共产品供给与新农村建设：一个新的理论分析框架[J]. 西南民族大学学报(人文社科版)，2007(1)：124-127.

② 王丽娅. 对农村公共产品供给制度的研究[J]. 金融与经济，2007(1)：32-35.

③ 周利平. 构建农民需求主导型的农村公共产品供给制度[J]. 中共成都市委党校学报，2008(1)：58-60.

④ 贺雪峰. 土地与农村公共品供给[J]. 江西社会科学，2009(1)：19-24.

⑤ 休谟. 人性论(下册)[M]. 关文运，译. 北京：商务印书馆，1980：578，579.

⑥ Samuelson P A，The pure theory of public expenditure[J]. Review of Economics and Statistics，1954，36(4)：387，389.

⑦ 保罗·萨缪尔森，威廉·诺德豪斯. 经济学[M]. 萧琛，等，译. 北京：人民邮电出版社，2004：29.

$$X_{n+j} = X_{n+j}^i$$

这就是说，i 个消费者中的每个人都可按他的意志，消费总量为 X_{n+j} 的公共产品，即公共产品在人之间是不可分的。[①]

斯蒂格利茨将公共产品定义为：纯公共产品最大的特点就是把它提供给另外一个人的边际成本为零，且不能排除别人来享受该公共产品。[②] 大卫.N.海曼认为公共产品是那些不能排除购买者享受其收益并且由大量消费者分享收益的产品。[③]

2.1.3　特性分析

根据萨缪尔森的观点，本书认为，公共产品主要有如下三个特征。

（1）消费的非竞争性。它是指一个消费者对某产品的需求和使用不会减少其他人对该产品的需求和使用，对已提供的公共产品来讲，扩展到额外一个消费者的边际成本为零。同时，增加一个人消费某公共产品不会影响其他人消费该产品的数量和质量，不会因为消费增多而具有竞争性，或者说根本不会产生拥挤成本。这如同公路，额外增加一个使用该条公路的人，不需要扩建公路，至多是人越多道路越拥挤而已。[④] 对于公共产品的供给而言，不会因为增加一个使用者而额外增加投入。如国防，国家已然建立的国防设施，不会因为国内新生一个婴儿，或者迁入一个移民者而提升国防成本。[⑤]

（2）受益的非排他性。它指公共产品一旦被提供以后，不可能排除其他人对其的消费，对于私人产品而言，个人一旦使用某一产品，便对该产品拥有产权，即排除他人对该产品的使用。但是对于公共产品而言，尤其是纯公共产品，很难在技术上排除他人使用，即使能排除其他人使用，也是具有高昂成本的。这种排他也是双向的，从供给者角度看，不能排除拒绝付款的消费者使用该产品，对于消费者来讲，不能通过拒绝付款将不喜欢的产品排除在享用范围之外。[⑥]

（3）效用的不可分性和收益的外溢性。公共产品在消费过程中，具有共同受益和联合消费的特征，它的效用在不同消费者之间是不可分割的，即全体消费者共同享有。那么，公共产品就不能按照谁付款谁受益的原则操作。而且所产生的正向外溢性促使逃避费用享有公共产品的"搭便车"行为。也正是因为"搭便车"现象，在一定程度上抑制了私人提供公共产品的意愿，致使市场提供公共产品失

① C.V. 布朗，P.M. 杰克逊. 公共部门经济学：第4版[M]. 张馨，译. 北京：中国人民出版社，2000：29，30.

② 斯蒂格利茨. 经济学：第2版上册[M]. 梁小民，等，译. 北京：人民出版社，2000：140.

③ 大卫.N. 海曼. 公共财政：现代理论在政策中的应用：第6版[M]. 章彤，译. 北京：中国财政经济出版社，2001：123.

④ 胡庆康，杜莉. 现代公共财政学：第2版[M]. 上海：复旦大学出版社，2001：67，68.

⑤ 约瑟夫.E. 斯蒂格利茨. 公共部门经济学：第3版[M]. 郭庆旺，译. 北京：人民出版社，2005：110.

⑥ 杨明洪，等. 西藏农村公共产品供给及相关问题分析[M]. 成都：四川大学出版社，2009：12.

灵，这迫使政府主动承担供给公共产品的责任。

2.1.4　主要类别

根据不同的分类标准，公共产品有着不同的分类。

（1）以供给主体为标准，分为国家性公共产品和地方性公共产品。国家性公共产品的供给主体是中央政府，资金来源于中央财政，地方性公共产品属于地方政府提供。国家性公共产品最典型的是国防，属于全国范围内的消费者均可享受。地方性公共产品则要根据自身的地理环境、资源禀赋、发展状况和人群结构，选择性地提供某一类公共产品，该类公共产品仅限于某一特定地域内的特定人群才可以消费，如某处公园或广场。

（2）以受益的对象为标准，分为农村公共产品和城市公共产品。因为公共产品在供给过程中，总会有特定的受益群体和区域范围。我国农村地区和城市地区的经济发展存在较大差异，农民群体和城市居民的生活质量、收入状况也不尽相同，因此，将公共产品划分为农村公共产品和城市公共产品是有必要的。其中，农村公共产品主要用于满足农村地区的经济发展、民生改善和生态保护等方面的需要，[①] 如在农村地区开展的新农合医保制度。

（3）以满足的程度为标准，分为纯公共产品、俱乐部产品、准公共产品。纯公共产品是相对于私人产品而言的，完全符合萨缪尔森定义的非竞争性、非排他性和效用不可分割性的特征。现实中纯粹的公共产品是比较少见的，大都是具有公共产品部分特性的产品。俱乐部产品主要是指消费量被约束在一定限度内的产品，没有超越限度的消费具有非竞争性和非排他性，一旦超越了限度即产生了拥挤成本。布坎南在《俱乐部经济理论》一文中，将有消费量限制的产品界定为俱乐部产品。[②] 准公共产品是介于纯粹公共产品和私人产品中间的产品类别，准公共产品的最大特点就是一部分在消费中具有非竞争性和非排他性，另一部分则通过消费定价限制他人"搭便车"行为。本书所研究的农牧民安居工程就属于私人产品准公共化。

2.2　西藏农村公共产品的一般分析

2.2.1　西藏农村公共产品的内涵与特征分析

按照西方公共产品理论，根据不同受益对象和范围，将公共产品划分为农村

---

① 陶勇. 农村公共产品供给与农民负担研究[M]. 上海：上海财经大学出版社，2005：34，35.
② 胡庆康，杜莉. 现代公共财政学：第2版[M]. 上海：复旦大学出版社，2001：81.

公共产品和城市公共产品。西藏农村公共产品不过是农村公共产品的地域范围进一步缩小，局限在西藏地区。西藏是一个集游牧和农耕于一体的地域，西藏的农村主要包括农区和牧区，因此本书所指的西藏农村主要是西藏的农牧区。根据公共产品的定义可以得出，西藏农村的公共产品主要是为了满足农牧区经济发展、农牧民生活改善而提供的非竞争性和非排他性的社会产品和服务。具体而言，西藏农村公共产品包括农牧区的基础设施、基础教育、居住条件、安全保卫、医疗保障、生态环境、农牧业生产服务等。

西藏农村公共产品是公共产品特定地域化后的产物，同样具备公共产品的一般属性，如非竞争性和非排他性两大特征。但由于西藏是军事、政治和生态敏感区，在特殊的地理、自然、气候、政治、经济、文化、军事等前提下，西藏农村公共产品的特征变得更加特殊和复杂。

(1)一般特性：非竞争性和非排他性。西藏农村公共产品的非竞争性，是面向农牧区不特定的人群提供公共产品，不会排斥任何人消费该类产品，也不会随着农牧民人数的增加而致使消费该类产品的供给成本增加，简言之，就是不需要再增加该类产品供给的资金投入。非排他性是指广大农牧民都可以享受到政府提供的这类公共产品。郑洲认为，[①] 西藏农村公共产品的非排他性特征有三层含义：一是任何人不能限制其他人共享该类公共产品，二是任何人不能拒绝已经供给的该类公共产品，三是任何人消费该类公共产品的量和质是均等的。

(2)正向外溢性。西藏地域辽阔，由于特殊的地理和气候，生产方式具有巨大差异性，全区被分为农区、牧区和半农半牧区，农牧民居住分散，尤其是牧民习惯了逐水草而居，过着四处流动的游牧生活。加之西藏境内道路交通不发达，通信等基础设施建设滞后，导致公共产品供给严重不足且严重不均衡，城乡二元供给矛盾突出。因此，一旦为农牧区提供了公共产品，就能体现出巨大的正向外溢性，例如，修建青藏铁路，不仅改变了西藏农牧民的生活面貌和生活质量，而且对推动西藏产业发展、文明进步产生了巨大影响，甚至对国防安全、领土保卫都起到了重要作用。

(3)全国性和地域性。由于西藏地域特征十分明显，所以在满足农牧民公共产品需要的同时，也具有较强的全国影响性，是地域性与全国性的统一。例如，为解决农牧民农业用水问题，新建许多农田水利灌溉方面的基础设施，单从地域性来看，解决了当地农牧民的生产生活需求。但西藏作为国内生态源头，维护好西藏的生态环境，也会让全国其他地区人民享受到更加美好的生态环境。再如，西藏地处我国西南边陲，区内有着较长的边境线，国家投入大量资金巩固和加强西藏区内4000多公里的边境线，维护了国家的安全和稳定。

(4)低经济效益、高社会效益性。公共经济学原理指出政府提供公共产品是为

① 郑洲. 西藏农村公共产品供给研究——以农牧区"四基"供给为例[M]. 成都：四川大学出版社，2009：40.

了解决市场供给不足，从而形成规模效应。但是，西藏地理位置特殊，气候条件复杂，全区地广人稀，农牧民的居住分布散乱，人口密度不到 3 人/平方千米，因此，为西藏农牧区提供公共产品的成本高昂，但真正能享受到的人群却又极少，投入的资金更是无法收回成本，具有典型的非规模性特点。如拉(拉萨)日(日喀则)铁路和拉(拉萨)林(林芝)铁路，投资巨大，修建难度较大，但国家依旧坚持投入巨额资金修建，当铁路真正修好以后，经济效益远远低于社会效益。青藏铁路通车以来，产生的社会效益和影响力却是无法用数字来衡量的。因此，西藏农村公共产品经济效益往往不是主要考虑因素。

2.2.2　西藏农村公共产品的特殊性分析

1. 公共选择理论在西藏的失效

公共产品的非竞争性和非排他性特征构成了公共选择理论存在的基础。公共产品的供给与需求之间的互动构成了公共选择的过程。当市场不能完全提供或不能足量提供公共产品，公共产品的需求大于供给时，人们将不得不选择其他供给方式，即选择政府成为该类产品的供给主体。这也反映出个人的行为选择就是以效用最大化为目标。[①] 传统的公共选择理论就是假定个人在参与社会政治、经济活动中，总是以追求效用最大化为终极目标，这也是我们提到的"经济人"假设理论。他们做出的所有选择都建立在对成本和收益分析比较的基础上，因此，在西方社会里，他们往往通过投票来反映自身偏好。选票则相当于商品市场中握在消费者手里的货币，政治家是政治市场的供给者，用有利于大众的政策来换取更多的政治选票，政治家与选民交易的对象就是公共产品。[②] 在经济市场上，人民通过选票来换取尽可能对自己有利的私人产品，双方在这样的交易状态下达成各种协议，形成均衡状态。[③] 公共选择是西方对公共产品供给的主要方式，但是，公共选择理论并非放之四海而皆准，尤其是在我国西藏地区。

公共选择理论认为，人们要享受政府提供的公共产品和服务就必须承担相应税收份额，政府提供的公共产品成本需要由选民提交的税收来埋单，这也是政府与选民之间的一份协议。简言之，一个地区的人们要想享受政府提供的公共产品，就必须按时足额地向政府缴纳税收，当出现对当地政府供给的公共产品不满意时，还可以选择用足投票的方式来进行新的选择。倘若将这种观点运用到西藏地区，公共选择就失去了现实基础和可操作性。《西藏统计年鉴》的数据分析表明，多年来西藏的财政收入极少，自给率极低，从西藏和平解放至今，西藏的财政自给

① 布坎南. 自由、市场和国家[M]. 吴良健，等，译. 北京：北京经济学院出版社，1988.
② 许云霄. 公共选择理论[M]. 北京：北京大学出版社，2006：11.
③ 杨明洪，等. 西藏农村公共产品供给及相关问题分析[M]. 成都：四川大学出版社，2009：23.

能力从未超过 0.1%，1970～1988 年，西藏财政收入出现了负值，中央财政补贴长期维持在整个西藏财政总收入的 9 成以上，而西藏的财政自给能力系数为 5%～9%，大量财政支出需要中央财政补贴。① 可见，西藏完全依靠中央财政补贴在提升财政自给能力。面对西藏地区微薄的财政收入，农牧民微薄的纳税份额，是无法承担公共产品的供给成本的。同时，通过马戎的调研分析发现，农牧区的商品经济发展滞后，人口迁移率很低，即使出现的迁移，占比最大的仍是汉族，而非藏族人群，仅有的藏族人群迁移也是由于读书就业、工作调动、宗教因素或结姻投亲，都并非源于本地区落后的公共产品和服务条件。② 因此，用足投票在西藏也同样不适用。

2. 西藏农村公共产品属性的异化

学界对于公共产品属性的界定，毋庸置疑，对公共产品的供给模式起到了重要指导作用，多年来的实践也充分证明了公共产品的供给模式。但从西藏地区的实际来分析，我们看到公共产品属性特征发生了异化，以安居保障房为例。住房本是私人产品，其供给主要是靠市场和价格引导，具有强烈的专有属性，按照西方学界对公共产品的定义来看，住房具有消费的竞争性和受益的排他性。但随着住房商品化、货币化、市场化和产业化，中低收入群体面对昂贵的房价而无力消费，面临着居住困境或居住环境较差的现状，无论是西方发达国家的政府，还是类似中国这样的发展中国家，都会积极主动地采取一系列举措来实现中低收入群体的居住权，通行做法就是建设保障性住房。保障性住房的最大特点便是政府的公共财政会参与其中，这从根本上改变了住房的理论属性，因为该类房屋兼具私人产品和公共产品的双重属性。一方面，保障性住房是一个国家或地区为了满足社会中低收入阶层居民的居住问题，由政府直接参与投资建造并向中低收入家庭提供的住房，也可能是政府以向中低收入人群提供住房补助的方式，帮助弱势群体实现住有所居。③ 那么，符合条件购买到安居保障房的人们就是受益者，这类利益是可分的。另一方面，保障性住房建设是社会保障制度的重要组成部分，政府组织修建大量的安居保障性住房是为了解决社会经济发展过程中出现的不平等现象，解决低收入人群的住房问题，有利于社会和谐稳定，从这一意义上讲，这类利益是不可分的。

保障性住房建设不是我国首创和独创。综观世界各国，至今没有一个国家的住房是纯商品性的，政府必定会对中低收入者提供带有福利性质的保障性住房，

① 财政自给能力系数反映西藏财政总收入中中央财政补贴所占比重，能由此看出西藏对中央财政补贴的依赖程度，其计算公式为：财政自给能力系数=本级财政的一般预算收入/本级财政的一般预算支出.

② 马戎. 西藏的人口与社会[M]. 北京：同心出版社，1996：130.

③ 邓志锋. 对推进保障性住房建设的几点思考[J]. 价格理论与实践，2010(5)：32，33.

如英国的合作住房，美国的公共住房，日本的公营房和公团房，新加坡的公共租屋，等等，只是各国各地区的供给比例不同而已。在市场经济条件下，建设保障性住房需要投入大量的人力、物力和财力，而盈利率却很低，假如由市场来配置资源，没有市场主体愿意参与保障性住房的建设，因而只能由政府去完成。① 在不同发展阶段或不同地域，一个国家总会存在因收入过低无能力实现居住的家庭，为了使他们获得与社会经济发展状况相适应的居住条件，政府有责任和义务建立保障性住房体系。因而，政府建设保障性住房也是保障人权、实现社会公平正义的一种作为。在西藏地区，情况可能更为复杂，政府参与建设保障性住房还不仅是对广大农牧民生存权的保障，从经济发展的角度讲，安居工程对于西藏实现城镇化建设和新农村建设有着重要意义。

在西藏，原本属于私人产品的住房，却由政府以公共财政实现供给，这已经打破了传统公共产品理论中的效用不可分割性、消费的非竞争性和受益的非排他性特征，这是公共产品理论属性在西藏的异化表现。

3. 西藏农村公共产品的特殊性表现

公共产品具有消费的非竞争性和受益的非排他性，这是公共产品区别于私人产品的最大特点。但是，消费的非竞争性和受益的非排他性受制于诸多因素，如制度安排、经济发展水平等因素均可以影响消费的非竞争性和受益的非排他性。从西藏农村公共产品的理论内涵来看，它既具备了传统公共产品应有的特点，又具备了符合西藏实际的特有属性，因此有必要弄清楚西藏农村公共产品的特殊性表现。

第一，西藏的政治地位非常特殊。西藏拥有4000多公里的边境线，西藏的安全与稳定，直接关系到国家的安全与稳定。西藏担负着国家领土主权完整的重担，杨明洪等在实地调研中发现，西藏边境线附近散布着多个国家级贫困县。② 因此，在研究西藏农村公共产品时，必须要充分考虑西藏的政治因素，不能仅以经济效益和社会效益作为评判标准，如果是国家的国防需要、政治需要，那么，再高成本、再大难度、再低效益也要坚持供给，如在建的拉林铁路，已经建成并投入使用的青藏铁路、拉日铁路和阿里机场，等等。

第二，西藏的自然环境非常特殊。有着"世界屋脊"之称的青藏高原被誉为地球的第三极，平均海拔4000米以上，区内7000米以上的山峰多达几十处，常年积雪，高寒缺氧，复杂的地理位置决定了西藏地区经常出现雪灾、旱灾、泥石流等极端自然灾害。喜马拉雅山体的运动上升，也致使西藏地震灾害频繁。本来就很脆弱的西藏生态环境，伴随着近些年的开发与破坏，林木资源减少、沙化现

① 马智利，等. 我国保障性住房运作机制及其政策研究[M]. 重庆：重庆大学出版社，2010：5.
② 杨明洪，等. 西藏农村公共产品供给及相关问题分析[M]. 成都：四川大学出版社，2009：33.

象严重、土壤侵蚀加剧，整个西藏动植物的生态循环链遭到破坏，西藏草原蓄载能力远不及内蒙古草原。1999 年，西藏那曲地区前所未有的大雪灾，导致牲畜损失多达 8 万头，巨大的生命财产损失让西藏那曲地区人民至今不能忘记。每年进入雨季，西藏境内公路塌方频繁，对电缆光纤、通信设施等造成巨大破坏，面对这样复杂的自然环境，加强基础设施建设就显得尤为重要，对于西藏广大农牧民而言，这也是跟他们自身利益密切相关的。

　　第三，西藏的产业结构非常特殊。由于自然环境和气候条件的制约，西藏自我积累能力和发展能力极为不足，西藏三大产业结构严重失衡。第一产业的农牧业占比较大，主导着西藏的产业发展，但农牧业的生产方式比较落后，生产率较低，社会产品极不丰富，投入大、产出少、效益低是西藏农牧业的实际特点。第二产业的工业项目和基础性设施尽管有助于拉动西藏的投资需求，推动 GDP 增长，但孙勇认为，西藏属于非典型的二元经济结构，大量的工业生产部门是援藏政策下的产物，属于"镶嵌式"企业，缺乏产业根基，现代化程度不高，并且占比较小，短时间内没有资本大量积累和加速积累的可能性。[①] 而且这类工业实体并未充分反映农牧民的真实消费需求，与第一、第三产业互动不足，自我"造血"功能和发展根基薄弱，属于典型的"输血型"产业。[②] 第三产业中又以旅游业一支独大，其他生产性服务业和生活性服务业发展滞后，每年主要依靠短短几个月的旅游旺季来实现旅游业的发展。整个西藏产业结构失衡现象严重，缺乏发展的可持续性，后劲不足。实地调研中我们发现，农牧民居住分散，缺乏足够的现代农耕机具，靠天吃饭、靠天养畜依旧存在。

　　第四，西藏的劳动力结构非常特殊。自然条件的恶劣和经济发展的落后，导致西藏农牧民受教育程度极低、劳动力素质较差、技术应用水平偏低。虽然近些年国家对西藏教育的投入越来越大，但受传统观念和现实制约，西藏的受教育率较全国其他地区来说是偏低的，尤其是接受高中教育，甚至是大学教育的比重较低。2012 年，西藏小学学龄儿童入学率为 99.4%，小学毕业生升学率为 91.4%，初中毕业生升学率仅有 51.6%。[③] 受教育率的不足制约了西藏劳动力整体素质的提高，也影响了农牧业新型技术和设备在西藏农牧区的推广、使用，阻碍了劳动生产率的提升。

　　在上述特殊条件下，西藏农村公共产品在供给上较全国其他地区发生了一些异化，除了西藏对公共产品的效用度追求更高，某些公共产品的属性也会发生变化。在全国其他地区视为私人产品的住房、电视机，本是由市场提供，但在西藏却需要政府参与支持和帮助，而成了准公共产品；在全国其他地区被视为准公共

① 孙勇. 西藏：非典型二元结构下的发展改革[M]. 北京：中国藏学出版社，1991：6.
② 魏刚. 生态文明视角下的西藏发展模式转变研究[J]. 西藏发展论坛，2013(3)：45-49.
③ 有关数据来源于《西藏统计年鉴(2013)》.

产品的如教育、邮电等，本是由市场和政府一起提供的，在西藏由于难以排他和缺乏竞争性，而变成了纯公共产品。^① 因为本书主要研究对象为农牧民的安居保障房，那么，在此着重强调一下，住房在我国其他地区都是私人产品，主要由市场提供，从理论上来讲，西藏农牧民的安居工程也应该由农牧民自行按照市场价格埋单，但正是由于上述特殊条件，农牧业发展缓慢，生产方式落后，农牧民收入和生活质量水平还很低，单靠农牧民自身实现安居乐业，几乎是不可能的，所以需要中央和地方政府予以支持和帮助，共同实现农牧民的安居乐业。事实上，2006 年，西藏政府以安居工程为突破口，开启了新农村建设，农牧民住房改造和新建已列为农村公共产品供给范畴。^②

2.2.3　西藏农村公共产品的供给与需求分析

1. 供给分析

1）供给原则

"经济人"的理论假设阐述了任何一个理性的人都是以追求自我利益最大化为目标的，同理，作为公共产品的供给方——政府，也依然面临着投入的成本与获得的收益比较，政府的决策基础也是在成本收益比较之后做出的。政府不同于市场竞争中的企业，我们不能用货币来衡量政府考虑的成本收益，更多的是以社会效益等非货币化的参照来分析。

下面，本书将借用杨明洪的政府成本收益公式来予以说明。

$$\text{NPV} = \sum_{k=0}^{n} \frac{I_k}{(1+i)^k} - \sum_{k=0}^{n} \frac{O_k}{(1+i)^k}$$

在这个公式中，NPV 是 net present value 的缩写，主要指政府作出的决策所能产生的现实效益。当在限定的期限内，政府作出的决策所产生的现实效益值大于等于投入的成本值时，我们说这样的决策是有效的，用公式表示就是 $\text{NPV} \geqslant 0$；n 代表实施年限，O_k 代表第 k 年支出的成本额，I_k 代表第 k 年收回的效益额，I 代表预定贴现率。O_k 和 I_k 包括货币化和非货币化两类的成本收益。

具体到西藏农村公共产品供给而言，政府提供某一个具体的公共产品时，投入的成本是可以量化的，但最终产生的效益却无法量化，因为西藏公共产品所产生的效益包括除了经济效益的政治效益、社会效益、军事效益和国际影响。以安居工程为例，政府参与帮助农牧民改造、新建住房，实现农牧民的定居生活，有利于提升农牧民居住条件和生活质量，有利于促进产业结构的调整，有利于推动

① 孙继琼. 农村公共产品供给：基于农民和政府行为的研究[D]. 成都：四川大学，2007：178.
② 杨明洪，安七一，郑洲. 西藏"安居工程"建设：基于公共产品视觉的分析[J]. 中国藏学，2007（2）：25-34.

社区文化和基层治理，有利于维护社会和谐稳定。安居工程的实施带来了如此之大的正效应，这些不能依靠具体数字来表现，按照杨明洪的观点，在供给成本特定不变的前提下，西藏农村公共产品的收益远远大于成本。

因此，西藏供给公共产品的基本原则就是有利于经济发展、民生改善、文化进步、生态保护、社会稳定。当然，受各种因素的影响，西藏农村供给公共产品的成本要高于全国其他地区，任何个人无法具有足够实力提供准公共产品和俱乐部产品，如安居保障房建设，所以本书认为在西藏由政府主导农牧民的安居工程是科学的，也是符合西藏实情的。

2) 供给效率

对于公共产品供给的效率研究，最早可见于庇古提出的均衡模型，他认为，当公共产品的边际效用与个人所承担的税负的边际负效用相等时，公共产品的供给效率是最优化的。美国学者萨缪尔森则认为，消费者的偏好、收入及公共产品成本价格在特定不变的前提下，总需求就是所有个人需求的总和。随着各国对公共产品供给效率越来越重视，尤其是 20 世纪 30 年代的经济危机催生了凯恩斯理论后，政府对市场机制干预力度不断增强，公共财政的支出规模越来越大，其供给效率问题更是引起了政府和学界的高度关注。

研究公共产品供给效率，首要解决的是确定效率的标准问题。1993 年，美国政府在《政府绩效与结果法案》(government performance and results act，GPRA)中确立了完整的衡量评估指标，包括投入指标、能力指标、产出指标、结果指标、效率和成本效益指标、生产力指标六大类。[①] 1998 年，英国政府制定了政府综合支出评估体系(comprehensive spending review，CSR)，这是专门针对公共服务提供的一个有效的分析框架。正是由于效率评价的角度、目的和侧重点不同，所采用的政府绩效评价指标也有很大差异。

(1) 庇古的均衡模型。

关于私人产品和公共产品均衡配置的问题，庇古认为，每个人在享用公共产品时都存在正效用和负效用，正效用是公共产品本身所承载的功能，负效用则是承担相应额度的税负。那么，当人们享受公共产品所带来的边际正效用和人们承担的相应额度税负产生的边际负效用相等时，这时公共产品的供给便是最优化的[②] (图 2.1)。

---

① 范柏乃. 政府绩效评估理论与实务[M]. 北京：人民出版社，2005：85，86.
② 李成威. 公共产品的需求与供给：评价与激励[M]. 北京：中国财政经济出版社. 2005：23.

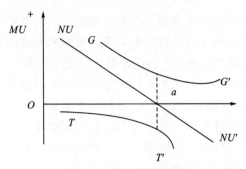

图 2.1　庇古均衡模型

如图 2.1 所示，纵轴是公共产品所承载的效用和功能，横轴是公共产品的具体数量。其中，曲线 TT' 表示的是承担税负的边际负效用，曲线 GG' 表示的是公共产品的边际正效用，曲线 NU 和曲线 NU' 是由曲线 GG' 和曲线 TT' 所产生的边际净效用。点 a 则是消费该公共产品的边际正负效用相等时的绝对值，此时的边际净效用为零，处在最优化的供给模式下。

(2) 萨缪尔森的一般均衡模型。

萨缪尔森采用几何分析法，把公共产品的有效供给置于若干公共产品和若干私人产品同时存在的情况下，这也是萨缪尔森在局部均衡分析基础上的进一步拓展和延伸。[①] 在萨缪尔森的均衡模型中，他提出了三个假定前提：存在两种可供最后消费的商品，既定的生产可能性组合，两名消费者的固定偏好。基于这三个假定条件，萨缪尔森提出公共产品供给的最优化条件是边际替代率的总和必须等于边际转移率，即

$$\sum_{i=1}^{n} \mathrm{MRS}_{jk}^{i} = \mathrm{MRT}_{jk}$$

式中，i 代表消费者；j、k 分别代表公共产品和私人产品。当政府能够满足公共产品的实际需求时，也能对享用该公共产品的消费者征税，以补偿公共产品的边际成本，并且消费者对于公共产品的边际贡献之和等于生产公共产品的边际成本时，就达到了帕累托最优状态。[②]

(3) 林达尔的均衡模型。

瑞典学者林达尔认为，消费者对享有的公共产品都支出了一个税收份额，假定两个消费者 A 和 B，各自都有对公共产品的个人偏好，那么，公共产品供给的最优化则可以通过消费者的自愿交易来实现[③]（图 2.2）。

① C. V. 布朗，P. M. 杰克逊. 公共部门经济学：第 4 版[M]. 张馨，译. 北京：中国人民出版社，2000：29，30.

② 朱金鹤. 中国农村公共产品供给：制度与效率研究[M]. 北京：中国农业出版社，2009：112.

③ 刘小锋. 基于农户视角的农村公共产品需求研究[D]. 杭州：浙江大学，2009：24-25.

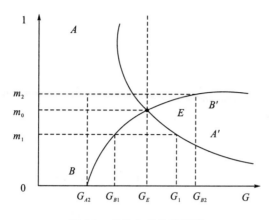

图 2.2　林达尔的均衡模型

如图 2.2 所示，纵轴表示公共产品的成本价格，横轴表示公共产品的供给数量，A 和 B 分别为两个消费者，在假定公共产品的税负总额为 1 的前提下，A 承担的税负份额为 m，B 承担的税负额为 $1-m$。曲线 AA' 代表消费者 A 对公共产品的实际需求，曲线 BB' 则代表消费者 B 的实际需求，m 代表不同的税收水平。从图上分析可以看出，消费者 A 和消费者 B 承担公共产品的税收份额越多，消费的实际数量越少。当 $m<m_0$ 时，消费者 A 的需求大于消费者 B；当 $m>m_0$ 时，消费者 B 的需求大于消费者 A；当 $m=m_0$ 时，消费者 A 和消费者 B 的需求相等，两条曲线 AA' 和 BB' 此时相交于点 E，这时公共产品的供给达到最优化状态。

上述三类模型，都有一个共同前提，就是公共产品的供给必须符合消费者的实际需求，这样，消费者的真实需求与公共产品供给才能达到均衡状态。但即便达到均衡，仍有可能由于公共产品的结构和质量不过关，而不能满足消费者的完整需求。对于西藏农村公共产品供给的效率最优分析，同样也是以供需是否平衡作为参照标准。杨峰为了更好地研究西藏农村公共产品供给的最优化状态，构建了一个基本模型[①]（图 2.3）。

如图 2.3 所示，横轴表示西藏农村公共产品的供给量，纵轴表示公共产品的成本价格，D_A 和 D_B 分别代表消费者 A 和消费者 B 的实际需求，S 代表供给曲线，当 S 与 D 相交于点 E 形成供给均衡点时，Q 为公共产品的供给数量。

① 杨峰. 西藏农村公共产品供给效率研究——基于农牧民的视角[M]. 成都：四川大学出版社，2013：71.

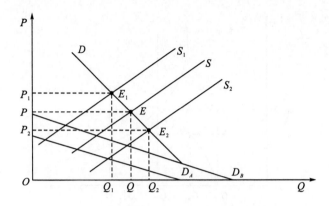

图 2.3　西藏农村公共产品有效供给模型

通过杨峰的研究观点发现，西藏农村公共产品供给的有效性包括数量、质量和结构三个要素。传统观念认为公共产品供给的效率主要是从投入－产出比来考察，例如，为了丰富农牧民的文化生活，政府出资修建了一个大型广场，让农牧民有文化体育活动的地方，这是政府的初衷，但是修建好了以后发现，这个广场外观漂亮，宽敞美观，达到了实际物质结果，却没有多少农牧民使用，大家对这个广场的认可度不高，觉得不实用。当然，可能是因为当地农牧民居住分散，也可能是当地农牧民习惯了其他方式的娱乐休闲活动，总之广场修建以来，使用率极低，并且当初为了修建这个广场，还征用了部分农牧民的生活用地，那么，这就是公共产品供给低效率的典型个案。本书中对于西藏农牧民安居保障房供给效率的研究，主要以实际使用效果为标准，即农牧民需要不需要，有多需要，修建好的安居保障房是否满足了农牧民的居住需求。要是农牧民对安居工程不需要或不满意，那么，政府投入再多，修建再多的安居保障房，也是无效率或低效率的。

2. 需求分析

前面已经对西藏农村公共产品的供给进行了理论分析，现在主要站在农牧民的角度，从需求方看待公共产品的供给情况。人都是有需求的，任何行为的目的都是满足自身的某种需求。但是在需求的表达过程中，不同的人又有着不同的偏好，而偏好本身是一种主观行为，也可以理解为一种主观倾向，杨明洪认为个人不同的偏好必然可以在同等条件下获得优于非偏好的效用，[①] 因此，偏好的优势就在于能使个人效用更大化。同理，中央政府和地方政府也是具有偏好的。

在西藏为广大农牧民提供诸如住房、医疗、教育等公共产品，有利于促进西藏经济社会发展和民生改善，也有利于维护西藏的和谐稳定和国家的国防安全，于国家、地区、人民都是百利而无一弊的。但是，政府和人民面对供给公共产品

---

① 杨明洪，等. 西藏农村公共产品供给及相关问题分析[M]. 成都：四川大学出版社，2009：33.

的时候, 其地位和话语权是不同的, 尽管政府的每一项决策都尽可能为人民利益考虑, 但地位的高低决定了政府的偏好与人民的偏好是不对等的, 从某种意义上讲, 政府的偏好优于人民的偏好, 进一步分析, 政府又分为中央政府和地方政府, 中央政府的偏好优于地方政府的偏好。

政府代表人民行使权力, 承担保障人民安全、促进民生改善的义务和责任。政府作出某种决策的偏好之所以优于人民的偏好, 根本原因就在于国家是人民的集合体, 满足国家的需求偏好所产生的效用远远大于满足国民个人的需求偏好所产生的效用总和。不同的个体其偏好是不同的, 就算同一个个体, 在不同的环境、条件和心理状态下, 需求偏好也是不一致的。著名的行为经济学家卡尼曼和特维斯基在 1979 年就提出, 人们的偏好并不都是事先设定好的, 而是在人们不断的选择中形成的, 而且人们的判读和选择还受到诸多因素的制约。[①] 无论个人需求偏好怎样发生变化, 可以肯定是, 作为理性经济人, 人们的每一个需求偏好都是在满足自身的最大利益, 而且为了实现个人利益最大化, 甚至不惜牺牲他人利益, 乃至国家的集体利益。亚当·斯密曾经提出, 每个人从利己的角度出发, 追求自身利益最大化的时候, 在市场这只"看不见的手"的指挥下, 最终会最大限度地增进社会的整体利益。但是行为经济学家认为, 亚当·斯密这个假说有一个重要前提, 那就是当个人的需求偏好与社会的需求偏好一致时, 才能成立。西蒙曾经指出, 人所具有的理性是有限理性, 因为环境具有不确定性和复杂性, 人的生理局限决定了信息处理能力是有限度的, 是无法准确作出判读和处理的。[②] 因此, 满足国家的需求偏好肯定优于满足个人的偏好。

从西藏的实际情况分析来看, 西藏要改变传统发展模式, 不再追求 GDP 数字的高增长, 要通过产业结构的调整, 发展模式的转变, 实现跨越式发展的目标。发展与增长, 不仅是一个词语的变换, 所透射出的是从注重经济指数的增长, 到实现经济发展、社会进步、民生改善、生态保护全方位的目标, 这对西藏公共产品的供给提出了更高更新的要求。长久以来, 受诸多因素的制约, 西藏农牧民居住条件极差, 尤其是在牧区, 牧民更习惯于逐水草而居, 常年住在帐篷里。从农牧民的个人需求偏好来看, 可能游牧生活方式是最好的, 有利于放养牲畜, 牲畜就是农牧民的收入来源, 牲畜的数量和质量高低直接影响着农牧民的收入水平。但是从国家的角度来看, 农牧民分散的游牧生活不便于为其提供公共产品, 不利于调整西藏产业结构, 不利于为农牧民提供更加舒适、现代化的生活方式, 更不利于实现社会治理和维护和谐稳定, 因此, 西藏政府在思考如何建设新农村时, 便找到了为农牧民修建安居保障房, 帮助农牧民实现定居生活这一突破口。

---

① 邹晓青. "理性"向"非理性"的飞跃——简论西方主流经济学方法论的演进[J]. 贵州教育学院学报, 2006, 22(3): 44-47.

② 西蒙. 现代决策理论的基石[M]. 北京: 北京经济学院出版社, 1991: 46.

2.2.4　西藏农村公共产品的主要类别

对西藏公共产品进行分类，是本书研究的一个重要内容，有利于准确界定本书研究对象的理论属性。对于如何确定划分标准，本书主要基于公共产品在消费过程中的不同性质，以及西藏农牧区的实际情况进行分类解析。

第一类：西藏农村纯公共产品。顾名思义，纯公共产品肯定在整个农牧民消费过程中具有完全的竞争性和排他性，如农村基层政府服务，大江大河治理和生态资源保护。在全国其他农村地区，多数公共产品非纯公共产品类，以混合公共产品形式存在。但是西藏农牧区的特殊情况，决定了在西藏农牧区供给的公共产品几乎都是纯公共产品。

第二类：西藏农村混合公共产品。混合公共产品的特性介于纯公共产品和私人产品之间，具有不完全的竞争性和不完全的排他性特征。主要有两类。一是农村俱乐部产品，主要特征是在消费过程中具有非竞争性或不完全的竞争性，却具有可排他性。简言之，不付费则无法消费该类公共产品。该类公共产品属于较低层次的公共产品类，其覆盖范围和受益人群非常有限，如小面积的农田灌溉、农村道路、电网改造等。二是农村准公共产品，由于混合公共产品的外溢性特点，非竞争性和非排他性变得不充分，所以我们将这类产品界定为准公共产品。[①] 这类产品又要分为以下两种。一种是接近纯公共产品的准公共产品，由于西藏的特殊性，农村基本医疗保障和基础教育被政府纳入纯公共产品的范畴，对其进行全额投资。如义务教育方面，政府对于西藏符合义务教育年龄段的所有孩子不仅不收取任何费用，还实行包吃、包住、包学习费用和包接送的"四包"优惠政策。另一种是性质上接近私人产品的准公共产品，如西藏农牧区的成人教育、自来水设施、电视光纤和网络通信，这类产品在西藏必须依靠政府的财政投入，如果没有政府的帮助和支持，是不可能得到解决的。

2.3　西藏农牧民安居工程的公共产品属性分析

2.3.1　安居工程的由来与发展

1. 词义阐释

对于安居工程的词义，国内出版的不同辞典有不同的内涵阐释，大致归结为

---

① J. M. 布坎南，M. R. 费劳伦斯. 公共财政[M]. 北京：中国财政经济出版社，1991：22.

以下四种①：

第一种来源于《现代汉语新词语词典》（2000 版），认为安居工程是面向普通市民的中低档商品住宅的建设规划。

第二种来源于《新词新语词典》，认为安居工程专门针对中低收入群体，为了缓解他们的住房困难而提供的低价成本房或微利房。

第三种来源于《新华新词语词典》，认为安居工程是由政府主导，以接近成本价的低廉价格向中低收入群体提供的具有社会保障性质的住房。

第四种来源于《新词语大词典》，认为安居工程是政府为解决中低收入群体住有所居，以专门性财政补贴修建的低价成本房或微利房。

本书综合以上的几种释义，认为安居工程理论特征主要是：①供给主体是政府；②供给资金主要来源于政府的公共财政支出；③建成房屋的售价远远低于市场商品房的售价，几乎是房屋建设的成本价或微额利润价；④消费者主要是中低收入，且住房困难的群体。住有所居是人类生存的基本条件，在我国经济社会发展中，实现低收入群体安居也是扶贫开发的主要内容。而扶贫开发工作不仅是在保障贫困地区和贫困群体的利益，更关系到整个社会的和谐稳定，党中央提出全面建成小康社会的本质要求就是建设使各类地区、各类群体都能实现的小康，只有全民小康，国家才能小康。

2. 安居工程在我国的具体实践

1) 安居工程作为民生工程在我国正式启动

安居工程作为一项德政工程，并不是近些年的新鲜政策。回顾 1978 年，当时的国家建设委员会在北京召开城市住宅建设会，邓小平指示在解决住房问题上要拓宽思路，譬如允许私人建房或私建公助，分期付款。② 这是中华人民共和国成立后首次提出住房可以私建公助，这个定调为后来政府实施安居工程提供了重要政策导向。到了 1994 年 7 月，国务院下发的《国务院关于深化城镇住房制度改革的决定》中提出：将住房建设投资由国家、单位统包的体制逐步转变为由国家、单位和个人三方负担的体制。让住房实物福利分配逐步转变为按劳分配为主的货币工资分配，最终形成以中低收入家庭为供给对象，建立具有社会保障性质的经济适用住房供应体系和以高收入家庭为供给对象的商品房供应体系。③ 次年，安居工程正式启动，首批试点 59 个城市。

由此可见，启动安居工程建设的关键在于解决资金到底是完全来源于市场还是有政府的介入问题。同时，理论界将资金的来源视为准公共产品的重要参照因

① 杨全红. "安居工程"英译文是非辨[J]. 四川外语学院学报，2004，20(6)：120-124.

② 何森. 德政工程——国家安居工程正式启动[M]. 长春：吉林出版集团股份有限责任公司，2010：2.

③ 国务院. 关于深化城镇住房制度改革的决定[EB/OL]. http://www.gov.cn/2huanti/2015-06/13/content_2878960 [1994-7-18].

素，也是现实操作中政府思考的重要环节。我国安居保障房主要是政府出资或由政府安排贷款，鉴于我国正处在计划经济体制向市场经济体制转型、农业社会向工业社会转型的双重转型时代，因此我国的安居保障房建设是一项较为复杂的社会实践工程，必须与当前特定的经济发展水平、所处经济社会制度、历史文化背景等因素密切相关。长期以来，国家高度重视社会中低收入群体的住房问题，尤其是本届政府大力推进城镇化，将安居工程列为重要工作，可见，安居工程建设不单单是保证购房困难的群体能实现住有所居，居而有质，更是牵动我国城镇化建设、实现全面小康的重要内容。从法理的角度来看，住房是人类生存的必需品，政府为无能力购房的群体建设保障性住房的背后所透射的是对人们生存权的保障。

2) 安居工程的几种供给模式

我国的安居工程将住房供给模式分为四类：对高收入和中高收入群体提供中高档商品房，对中等收入家庭提供普通商品房，对中低等收入家庭提供经济适用房，对低等收入群体提供廉租房。我们所说的安居保障房主要是指经济适用房和廉租房。在1998年住房分配货币化之前，全社会除了少部分私有住宅，其余的住房全部划归为公共住房。在1998年住房分配货币化、商品化改革后，公共住房的外延缩减为仅为解决中低收入和最低收入群体住房问题而修建的住房，即经济适用房和廉租房。

经济适用房的主要特征如下[①]：①建设用地以政府划拨为主；②政府减免了房地产开发项目中的行政事业性收费和政府性基金；③政府对购买经济适用房的主体、房屋面积、房屋建设的规划布局、工程建设的监督管理等方面有诸多限制要求；④购房群体可以向商业银行申请商业贷款。

廉租房的主要特征是[②]：①政府对租房群体的身份资格和租房面积较经济适用房的限制更多；②建设用地由政府划拨；③廉租房可享受一定补贴，补贴方式以发放租赁补贴为主，实物配租和租金核减为辅。其中，实物配租主要是针对孤老病残类的特殊困难群体，其房源主要还是依靠政府出资建设或收购的商品住房、社会捐赠房、腾空的公有房等。

自新中国成立以来，无论经济体制、机制如何发生改变，政府始终将保障人民的住房权利视为制定政策的出发点和落脚点。由于改革开放以后，市场在配置资源中开始发挥作用，住房作为重要的商品参与到商品化、市场化的改革之中，加之近些年工业化、城镇化的快速推进，经济社会发展的同时居民的收入差距逐步扩大，中低收入群体和最低收入群体的基数较改革开放前有所增加，低收入与高房价形成了鲜明对比，经济发展与人民居住需求的矛盾日益突出，为了更好地保障弱势群体的住房权利，我国也在不断完善保障性住房的供给模式，力求更加

① 王诚庆. 经济适用房的历史地位与改革方向[J]. 财贸经济, 2003(11)：70-74.
② 秦虹. 廉租房是住房保障政策体系的基础[J]. 经济观察, 2007(18)：59-61.

全面、科学、公平地实现保障性住房的经济价值和社会效益。

2.3.2 西藏农牧民安居工程的内涵解析

西藏农牧民安居工程是以政府为主导，以政府公共财政、援藏资金、银行贷款、农牧民自筹等方式为资金主要来源，为处在低收入水平的广大农牧民解决住有所居和改善居住质量的有效举措，主要内容包括农房改造、游牧民定居、扶贫搬迁、地方病搬迁和兴边富民工程。力图通过安居工程的实施，改善农牧民的住房条件和质量，增加农牧民收入，推动农牧区的村容村貌和社会和谐稳定发展。

2.3.3 基于公共产品理论视角：西藏农牧民安居工程的特征分析

西藏农牧民安居工程，是在西藏地区针对收入较低的农牧民修建和改建房屋，以改善农牧民的居住环境和生活质量，属于安居保障房，因而具备了前面阐述的一般保障性安居房的共性特征，但由于西藏在我国的地理、政治、经济和社会文化中具有特殊性，是军事、生态和政治敏感区，因此，西藏农牧民的安居工程还呈现出一些独有的个性特征，主要表现如下。

第一，供给主体多元化。学界对于西藏农牧民安居工程的供给主体主要强调的是政府的主导地位。本书认为，主导地位不代表是唯一的供给主体，只是说政府的作用最大，因为政府具有政策制定权，可以规定安居工程的建设模式和供给方式。但政府并不是唯一的供给主体。中央第四次西藏工作座谈会确立了对口支援西藏经济社会发展模式，有很多兄弟省市和部分国有企业参与到西藏经济社会发展的建设中，因而对口援助的兄弟省市和国有企业也是供给主体之一。另外，金融机构为农牧民提供低息和无息贷款，也属于供给主体范围，至少是起到辅助性作用。最后，农牧民自身也是安居工程的供给主体，广大农牧民在政府制定的政策范围内，通过自己筹资和银行贷款实现安居。综上可以得出，西藏安居工程的主体是多元化的，是包括中央政府、地方政府、金融机构和农牧民的四位一体供给模式。

第二，资金来源多元化。整个西藏安居工程资金来源多元化，形成了政府主导、民办公助，政府扶一点，社会援一点，银行贷一点，农牧民筹一点的模式。供给主体多元化决定了安居工程资金来源的多元化。在全国其他地区，商品房的购买资金全部来源于公民个体，因为商品房属于私人产品，完全由公民自己承担消费成本；安居保障房属于微利甚至负利润产品，购买资金主要来源于政府公共财政的补贴和公民个体出资，假定公民个体没有足够的经济能力购买保障房，则可以通过向银行贷款购买，银行提供的贷款必须要公民按照市场化利率来承担相应利息。对于西藏安居工程，与全国其他地区最大的不同在于，资金来源除政府的财政补贴和转移支付，还有对口支援西藏的兄弟省市和国有企业所担负的财政转移支付，并且银行为农牧民所提供的贷款大多是低息甚至无息，金融机构也变相承担了部分成本。

第三，供给对象特定化。西藏实施安居工程的出发点和落脚点就是要改善农牧民的生活环境和质量，安居工程最大受益方也是唯一受益方就是广大农牧民。这里所讲的受益，不单单是享受修建或改建的房屋本身，还包括农牧民在参与安居工程过程中就业方式的变化、收入的增多，这也是区别于全国其他地区实施保障性住房建设的一个重要方面。但是农牧民会由于个人技能高低、能力强弱、知识多寡出现贫富不均，如果公共财政补贴对购房群体没有进行区分，而采用统一补贴标准，势必造成另一种不公平，相对于富有的农牧民来说，经济实力弱小的农牧民就获得了不公正待遇。

第四，实施效果系统性。西藏实施安居工程旨在为农牧民改善居住环境和生活条件，但实施效果却不仅是改善农牧民居住情况。安居工程开始实施至今，已经完成了 90%以上，纵观整个过程，不难发现，农牧民的定居过程也是西藏产业结构、就业方式、公共医疗卫生、体育文化事业、基础设施建设、综合环境治理、基层社区治理等多方面发生变化的过程。展开分析，定居生活模式会改变农牧业尤其是游牧业的产业占比，降低农牧业在三大产业结构中的比重；农牧业的富余劳动力从农牧业转移出来，组建生产服务队参与安居工程，促进了西藏农牧区劳动服务型产业的加速发展，拓宽了农牧民的非农就业渠道，增加了非农就业机会，提高了农牧民的收入水平，扩大了农牧民生产生活方面的消费需求，改变了农牧民消费理念，增强了农牧民的商品经济观念和市场竞争能力；安居工程实施中，会极大推动农牧区的基础设施建设、公共卫生医疗、基础教育、公共文化体育等方面的发展；安居工程实施后，形成了很多农牧民集中生活区，有利于政府集中为农牧民提供公共产品和市场服务，更有利于推动形成社区化、民主化的治理模式，巩固社会和谐稳定。由此可以看出，安居工程的实施有助于西藏建设社会主义新农村，符合新农村建设的内涵要求。

综上所述，原本属于私人产品的住房在政府的干预下，演变为准公共产品，使私人产品准公共化，搞清楚安居工程的经济属性，对下一步深入分析安居工程取得的社会效果有重要作用。

第3章 西藏农牧民安居工程的
历史与现实考察

3.1 西藏农牧民居住制度的历史变迁及阶段特征

3.1.1 农牧民人身依附关系的制度基础——封建农奴制

按照马克思历史唯物主义的观点，人类的生活方式由生产方式决定，生产方式是一切社会发展和变革的最后决定因素，而生产方式由生产力和生产关系构成，生产力和生产关系的矛盾推动了生产方式的发展和变革，也促进了整个社会形态的演进。[1] 因此，要考察农牧民的居住和生活状况，有必要从西藏封建农奴制度谈起，通过深刻剖析农牧民的人身依附关系的制度基础——封建农奴制，才能更加清楚地了解、准确地把握农牧民的居住和生活历史沿革。

追根溯源，西藏的封建农奴制度是在吐蕃王朝奴隶制度基础上发展和演进来的。公元 869 年，在吐蕃爆发了有史以来最大规模的奴隶平民起义，以暴风骤雨之势席卷全藏各地。到公元 877 年，吐蕃王朝瓦解成若干个部落政权，开始了长达四百多年的分裂割据时代。随着吐蕃奴隶制度的瓦解，原来的奴隶主所占有的奴隶和生产资料的制度也随之崩溃，奴隶主阶级一部分逐渐分化为新兴封建领主，组成农奴主阶级，另一部分则沦为自耕农。而原来的奴隶和平民通过起义和抗争，获取了部分生产资料，成为自耕农，其中极个别的平民通过暴力手段获取大量财富，加入封建领主阶级中，成为奴隶主阶级中的一部分。这一系列的阶级分化又进一步催生了经济制度的变迁。较之以前的吐蕃王朝，土地买卖情况出现，土地所有权可以转让和赠予，土地所有制的变化引起了生产方式的变化。此阶段，封建庄园制开始兴起并迅速发展。公元 10 世纪末到 11 世纪初，西藏封建农奴制发展史上出现了具有重要意义的事件——"溪卡"的出现。溪卡意为庄园，是旧时西藏经营领地的组织形式，主要包括雄溪(官家庄园)、却溪(寺院庄园)和该溪(贵族庄园)。[2] 据《仁钦桑布传》中记载，仁钦桑布对于印度佛教在西藏境内传播做

---

[1] 艾思奇，等. 辩证唯物主义与历史唯物主义[M]. 北京：人民出版社，1962：214.
[2] 申新泰. 略谈西藏封建农奴制的形成[J]. 中国藏学，1998(3)：70.

出巨大贡献，当时的古格首领为了表彰仁钦桑布，就将布让附近的协尔等三处封地施与仁钦桑布，成为他的私有溪卡，即"却溪"，这也是迄今为止藏族历史中关于封建领主庄园制最早的记录。在以往吐蕃王朝统治下，赞普赐赠的内容中首要就是奴隶，而此时的赐赠中仅有农田、牧场，以"溪卡"取代了奴隶，再无奴隶赐赠，标志着西藏正式迈入封建农奴制社会。①

　　进入 13 世纪中期，封建领主庄园制已经遍布西藏各地，在这种制度下，除了个别自耕农上升为领主阶级，绝大部分自耕农的人身关系依附于农奴主，沦为各地封建农奴主的农奴，被束缚在某一庄园中，承担着繁重的劳动，过着被压迫、被奴役、被剥削的生活。据记载，不同的领主阶级用不同的方式将农奴束缚在自己的庄园领地②：第一种是给予部分农奴差地和住房，我们将其称为"差巴"，继续担负差乌拉，"差乌拉"指旧时西藏一切人畜劳役；第二种是将内差地或次等地租给农奴，这部分农奴被称为"堆穷"，在领主的庄园里，堆穷和差巴一起担负劳役，但由于堆穷没有固定差地，只能在少量内差地或租种的次等地安身立命，住在庄园提供的狭小房屋里，遭受着比差巴更严重奴役和剥削；第三种是庄园领地内的终身奴隶，俗称为"囊生"，他们没有任何生产资料，完全依靠领主生活，没有任何自由，主要是领主的用人、侍应，根据需要，也可以随意买卖和赠予；第四种是藏语俗称的"米波"，即人头税，针对没有在原地服劳役的差巴和堆穷，但凡符合乌拉差役年龄，则每年均要缴纳"米波"，农奴主以此维系与农奴的人身依附关系。

3.1.2　西藏和平解放前农牧民住房制度

　　在和平解放前，封建农奴制度下的西藏有近 5% 的农奴主阶级占有全部的生产资料，广大农奴没有人身权利和生产权利，甚至连最基本的生存权利也难获得保障。农奴主将农奴视为自己的生产工具，"会说话的畜生"，广大农奴在没有任何人身自由和权利的情况下，完全依靠三大领主安身立命，受尽三大领主的剥削、压迫，生活状况极其低下，住房条件极其恶劣，不仅没有可供生活的房屋设施，甚至很多农奴都是和牲畜住在一个屋子里，或者住在自搭的草棚里，有些地方更恶劣，农奴只能睡在领主的屋檐下。徐宗威将旧西藏农奴的居住形式归纳为以下四种。③

　　第一类是独立房。独立房是居住条件最好的农奴住房模式，是农奴主专为农奴修建的简陋房间。独立房多选址在奴隶主的庄园附近，平均面积为 10 平方米左右，一间屋子居住 4~5 个农奴，人均住宅面积低于 3 平方米。对于此类房屋，居

---

① 国家民委. 藏族简史[M]. 拉萨：西藏人民出版社，1985：112.
② 申新泰. 西藏封建农奴制生产资料所有制和人身依附关系浅析[J]. 西藏民族学院学报(社会科学版)，1999(1)：22-30.
③ 徐宗威. 西藏人居[J]. 中国西藏，2005(6)：32.

住在里面的农奴只有使用权，没有所有权，屋内没有任何配套的生活设施，整个房间低矮、阴暗、潮湿，仅能遮风挡雨。

第二类是附属房。附属房也是农奴主专门为农奴修建的简陋房屋，与独立房最大的不同之处在于，独立房是建在庄园外围附近，而附属房是修建在庄园内的，多建于庄园的走道和畜舍，还有部分修建在庄园的地下室。房屋建筑面积也仅为 3 平方米左右，同样阴暗、潮湿。

第三类是帐篷。帐篷主要用于藏北牧区，主要是农奴在草场上为农奴主畜牧时使用的，分为夏季帐篷和冬季帐篷。西藏地理位置特殊，气候条件复杂，夏季帐篷和冬季帐篷的材质有所差别，但总体来说，帐篷面积狭小，条件艰苦，帐篷内部没有任何生活设施，在帐篷中间仅有一个火架，角落处堆放少许青稞和糌粑。冬季时，农奴全靠动物粪便烧火取暖。

第四类是窝棚。窝棚与独立房、附属房、帐篷最大的不同之处，就在于窝棚是农奴自己为自己提供的居住场所，一般为逃亡、丧失劳动能力的农奴为自己搭建的临时住所。窝棚面积为六七平方米，一个窝棚一般容纳四五口人。[①]

3.1.3　和平解放后到改革开放前夕的农牧民居住制度

1951 年，中国共产党领导的人民军队和平解放了西藏，为广大农牧民带来了希望。在整体维持封建农奴制不变的前提下，中国共产党领导的新中国为西藏广大贫苦的农牧民提供粮食、衣物和生活必需品，当然也包括生产工具，从政治和法制的高度保障农牧民的人权、自由和平等。1959 年，中央政府对西藏开始了民主改革。首先是彻底废除了封建农奴制度，中央政府通过开展反叛乱、反乌拉、反奴役、减租减息等群众运动，以没收和重新再分配土地资源等生产资料为核心内容，彻底推翻了旧制度下的领主阶级，让广大农奴从旧的人身依附关系中解脱出来，翻身成为西藏的主人，主宰自己的命运，使广大农奴获得了人身自由和人格尊严，还分得了大量的生产资料，如土地、草场、牲畜等。伴随着西藏的民主改革，广大农牧民的生产生活积极性空前高涨，整个西藏经济社会发生了深刻变革，无论农区、牧区还是半农半牧区的农村面貌都发生了翻天覆地的变化。生产关系的演进推动了生产方式的变革，生产方式的演进又推动着生活方式的革新。重获人身自由的广大农奴在封建农奴制被废除后，生产生活方式发生了剧变，就居住情况来看，以前广大农奴居住在没有所有权的差巴房里，民主改革之后，直接享有了差巴房的所有权，对于没有居住在差巴房里的农奴，则由政府将没收或赎买的农奴主住房进行统一调配，确保每一个西藏人民居者有其屋。

1959～1978 年，中央政府不断加大对西藏的资金投入，帮助西藏发展各项事

① 王贵，喜饶尼马，唐家卫，等. 西藏历史地位辩[M]. 北京：民族出版社，2003.

业，据统计，投入西藏的总资金中有近 4 亿元专用于农牧民住房建设，而在牧区也逐步开始按行政乡村来划分牧民定居点，帮助广大牧民修建住房。在这个阶段，西藏农牧民的人均住房面积约为 6 平方米，接近城镇居民住房面积的一半。[①]

3.1.4　改革开放后的西藏农牧民居住制度

1978 年，党的十一届三中全会吹响了中国改革开放的号角。改革的春风吹进西藏，全区经济发展进入了新时期、新阶段。随着我国计划经济体制逐渐向市场经济体制转变，西藏也推行了一系列改革举措，如规定土地归户使用，并且享有土地的自主经营权；牲畜归户使用，享有对牲畜的所有权，私有、私养；取消了所有农业和牧业的税收，西藏也是中华人民共和国成立后第一个取消农牧业税的地区，较 2006 年取消全国农业税，西藏提前了近 30 年。

1998 年，西藏根据国家制定的"八七"扶贫攻坚计划，结合西藏实际，出台了《西藏自治区扶贫攻坚计划》，在这个计划中，明确涉及改善西藏农牧民居住条件的内容，拟定了实现农牧民由游牧生活转为定居生活的目标。由此开始，西藏拉开了历史上第一次有计划、有组织、有规模、有目标的安居保障房建设序幕。到 2001 年，当时西藏丁青、索县、改则和嘉黎 4 县的牧场退化严重，西藏政府决心对这 4 县的牧场进行重建，在重建牧场的同时，为 4 县牧民在异地新建了安居住房，以解决 4 县牧民的居住问题。随后，拉萨、昌都、阿里、日喀则等地总计 19 个县也相继被纳入安居工程的覆盖范围 。被迁建或安居的农牧民结束了过去的游牧生活，实现了定居。这为后来西藏正式启动安居工程提供了重要经验。到 2006 年，在中共十六届五中全会提出建设社会主义新农村的战略任务以后，西藏自治区决定以安居工程为突破口，推进西藏社会主义新农村建设。自此，西藏安居工程全面启动。

中央历来十分关心西藏的发展，尤其是 2006 年全面启动农牧民安居工程以来，广大农牧民的居住环境和住房质量获得根本性改变，住房越盖越漂亮，生活配套设施越来越齐全，如道路、饮水、电视广播、绿化、通信、娱乐文化等设施发展较快，西藏农牧民由此迈上了社会主义的幸福大道。

3.2　西藏农牧民安居工程启动的现实意义

早在 2005 年 10 月，党的十六届五中全会就提出了建设社会主义新农村的重大历史任务。这一重大战略任务的提出，是党中央站在统揽发展全局、着眼长远的高度，审时度势、与时俱进作出的重大决策，为进一步做好"三农"工作指明

---

① 徐宗威. 西藏人居[J]. 中国西藏，2005(6)：32.

了方向，充分体现了科学发展观的内在本质要求。党中央提出新农村建设要遵循"生产发展、生活宽裕、乡风文明、村容整洁、管理民主"的总体要求，其中包括农村的经济建设、政治建设、文化建设、社会建设、党的建设等各项任务，是集政治文明、物质文明和精神文明于一体的系统性工程。随后，党中央又出台了《中共中央国务院关于推进社会主义新农村建设的若干意见》，这个文件被视为指导我国社会主义新农村建设的纲领性文件。文件中载明[①]："各级政府要加强村庄规划工作，从各地实际出发制定村庄建设和人居环境治理的指导性目录，重点解决饮水、行路、用电、燃料等方面的困难。加强宅基地规划和管理，免费提供经济、安全、适用的住房建设方案，切实解决人畜共饮共居问题。着力改善农村环境卫生。突出乡村特色、地方特色和民族特色，充分立足现有基础进行房屋和设施改造，防止大拆大建，防止加重农民负担，扎实稳步地推进村庄治理。"这是多年来中央文件第一次就农村人居环境改善作出的具体规划和指导思路，内容翔实，要求具体，任务明确。西藏自治区政府根据中央的文件精神和规划要求，于 2006 年正式启动了社会主义新农村建设。

西藏的经济社会发展充分证明，在西藏建设新农村是一项长期的历史任务，始终要围绕农牧民最关心、最直接、最现实的利益诉求，有计划、有步骤、有重点地向前推进。西藏新农村建设的根本出发点和落脚点是提高农牧区的现代化程度，包括推动农牧业向现代产业转型升级，改进生产方式，实现西藏经济跨越式发展；不断增加农牧民收入，转变生活方式，改善农牧民居住环境，提升生活质量；普及科学技术教育，提高农牧民的科学文化素质；完善农村基层治理，丰富农牧民的文化生活。在西藏建设新农村要在推进农牧区发展的同时，加强基础设施建设和公共产品供给，发展成果要惠及广大农牧民，真正帮助农牧民过上富裕、文明的现代生活。

3.2.1　西藏农牧民安居工程启动的必然性分析

1. 有利于实现西藏经济跨越式发展

2001 年 6 月 25 日，党中央召开了第四次西藏工作座谈会，明确要求抓住西部大开发战略机遇期，实现经济跨越式发展，要充分利用中央和各地的支持、援助，发挥政策优势、资源优势，实现西藏经济的新跨越。[②] 2010 年 1 月，党中央又召开了第五次西藏工作座谈会，进一步深化了跨越式发展的理论内涵。西藏跨越式

---

① 中共中央、国务院. 关于推进社会主义新农村建设的若干意见[EB/OL]. http://www. gov. cn/irzg/2006-02/21/content_205958.
[2005-12-31].
② 中共中央、国务院. 中共中央、国务院关于做好新世纪初西藏发展稳定工作的意见[G]. 中共中央文献研究室、
中共西藏自治区委员会. 西藏工作文献选编. 北京：中央文献出版社，2005：581.

发展不只是经济规模的扩张和发展速度的加快，而是真正提升经济效益，改善农
牧民生活状况，是全面、综合的发展，是速度与效率并重、当前发展与长远发展
相统一的发展模式，是数量、结构、质量和效益全方位统一的发展思路。[①] 从增
长到发展，不单单是文字的变换，其本质是西藏的整个发展模式和发展思路的战
略转换。对于西藏跨越式发展的内涵和推动力，学界解读较多。有学者认为西藏
应该突破产业演进和技术进步的一般规律，[②] 充分吸收发达地区的经验和技术，
利用自身资源禀赋，缩短经济发展时间，力求快速实现从量变到质变的发展过程。
有学者认为跨越式发展主要是调结构，利用政府和社会的投资支持，发展优势主
导产业，通过辐射效应带动实现经济发展。[③] 有学者认为必须坚持经济发展与环
境优化并重，[④] 协调推进西藏城镇建设、生态保护和经济发展。[⑤] 还有学者则注
重反贫困政策和财税政策对西藏经济跨越式发展的影响。[⑥]

　　地处青藏高原的西藏自改革开放以来，GDP 长期保持 10%以上的增速，明显
高于全国平均水平，经济总量剧增。然而，西藏过去的发展模式存在巨大问题，
并未发挥自身自然资源优势，各产业间的融合度不高，甚至以西藏生态自然资源
换取经济发展速度，导致西藏经济呈现出高增长速度低发展质量的特点。[⑦] 过去
我们在讨论西藏经济发展方式的转变时，更多的是"就农牧业谈农牧业，就工业
谈工业，就服务业谈服务业"，这种单向思维很难找到三大产业的连接点，很难
找到三大产业互动与融合的突破口。然而，要推进西藏新农村建设就必须对农牧
区的基础设施建设进行大量投资，如农牧区的道路交通、电力电网、用水和能源
设施、通信设施、体育文化设施、医疗卫生设施等。基础设施完善程度直接制约
着农牧区的生产力发展水平，如果基础设施发展不足和建设水平落后，那么，农
牧区的生产力也就不可能有突破性的发展；另外，对于基础设施建设的大量投入，
除了推动生产力发展，还有助于推动农牧区的社会文明进步。西藏 90%的人居住
在农牧区，在农牧区修建现代化、科技化的基础设施，可以帮助 200 多万农牧民
过上现代文明生活，这本身也是新农村建设中"乡风文明"的基本要求；再有，
为了提高基础设施的利用率和规模效率，就必须将原本分散的、小规模的村庄集
中合并起来，实现农牧民的集中居住，这样既可以明显降低基础设施的供给成本，
又能便于基层统一治理，更有利于推进农村城镇化。

① 沈开艳，陈建华. 西藏经济跨越式发展实现路径研究[J]. 社会科学，2012(5)：48-58.

② 杨明洪. 区域超常规发展论——基于中国西部若干民族地区的实证研究[M]. 成都：四川大学出版社，2004.

③ 王太福，王代远，王清先. 西部大开发与西藏经济跨越式发展研究[M]. 拉萨：西藏人民出版社，2004.

④ 郑长德. 中国西部民族地区的经济发展[M]. 北京：科学出版社，2009.

⑤ 赵曦. 21 世纪中国西部发展探索[M]. 北京：科学出版社，2002.

⑥ 魏小文. 科学发展观视角下对西藏税收政策的再思考[J]. 西藏民族学院学报(哲学社会科学版)，2010，31(3)：
    42-46.

⑦ 魏刚. 从经济增长到跨越式发展：关于西藏发展转型的理论思考[J]. 西藏大学学报(社会科学版). 2013(3)：
    44-49.

2. 有利于实现农牧民富裕

西藏新农村的建设主体是广大农牧民，而农牧区经济发展的主体也是广大农牧民，新农村建设的重要目标之一就是要实现农牧民增收，从根本上消除农牧区贫困落后的面貌，使农牧区经济发展水平和农牧民文化生活面貌能彻底改变。然而，西藏平均海拔接近四千米，气候条件极其恶劣，基础设施发展滞后，农牧民文化素质不高，严重缺乏市场经济观念和商品经济意识，直接制约了经济发展的现代化程度和新农村建设的推进。因此，实现将西藏的劳动力资源转化为劳动力资本，是经济转型发展和农牧民增收的重要环节和关键点。

提高农牧民科学文化素质，掌握更多就业技能，是当前西藏农村经济发展中一项重要工作。我们试图通过全国其他地区经济发展的实践经验，以治"愚"来治"贫"，通过脱"贫"来脱"愚"，简单讲，就是在经济社会发展过程中让农牧民获取科学文化知识，反过来，又让农牧民利用自身所掌握的知识技能来推动经济社会更好地发展。前面已经讲述了西藏建设新农村对实现经济跨越式发展的影响，在经济发展中最重要的是观念的与时俱进，西藏农牧民缺乏市场竞争意识和商品经济观念，多数地区仍采用落后的生产方式，这就会造成生产力与生产关系滞后。搞新农村建设，目标是培养有知识、有技能、有文化、懂市场的新型农牧民，因此，可以以新农村建设为抓手，在西藏搞好义务教育的基础上，强化职业教育、成人教育、岗前培训，开设一批有自身特点的培训和学习课程，如畜牧、农耕，切实提升农牧民科学文化素质和职业技能。

科学技术是第一生产力，西藏农牧业发展、农牧区进步、农牧民富裕，归根结底还是要依靠科技进步和技术创新。西藏新农村建设过程中，首先要倡导优生优育，在生育环节就应开始引起重视。其次是加强对西藏基础教育资源的投入，在村镇、县乡一级，根据实际情况，增建一批学校和青少年文化宫，大力提高当地藏族青少年的文化基础和获知能力。要大力发展中等教育、职业技术教育和高等教育，提高受教育者的市场竞争意识、生存能力和适应能力。再次是要优化农牧区的劳动力结构，按照孙勇的观点，应尽可能将干部和专业人员从机关单位向生产、科研和管理一线转移，向基层转移，向边远和贫困地区转移，整体提升劳动力水平，实现劳动力资源向劳动力资本转变。

3. 有利于实现西藏社会和谐稳定

多年来，在党中央和兄弟省市的帮扶下，西藏经济社会发展迅速，整个农牧区面貌发生了翻天覆地的变化，农产品供给充足，农牧民收入不断增加，农牧区的基础教育、医疗卫生、科技文化、广播电视等公共服务得到较快的发展，党和政府制定的一系列政策得到了广大农牧民的衷心拥护。然而，这一切成就的取得，重要的前提是坚持党的领导和保持西藏社会和谐稳定，没有党的领导和社会的和谐稳定，就不可能换来西藏今天的发展局面。

对比分析西藏与全国其他省份的新农村建设情况可见，整个西藏的经济社会发展水平仍然滞后，城乡收入差距在不断扩大，加之农牧民居住比较分散，生活质量和居住条件还比较差；农牧业发展基础薄弱，生产方式比较落后，现代化程度不高；农牧民增收渠道狭窄，收入增长缓慢，非农牧业就业机会不多，农牧民就业竞争能力严重不足；农牧区基础设施建设和社会事业发展相对滞后，农牧民的整体素质较低。西藏新农村建设任务还十分艰巨。

西藏建设新农村，就是要通过加大对传统农牧区的基础设施投入，彻底改变农牧区发展滞后的状况，使广大农牧民的生产生活条件得到根本性转变，为建设小康西藏奠定坚实基础。由此可见，西藏新农村建设不仅是惠及农牧民生产生活的民生工程，也是加强中国共产党执政基础的战略工程，通过建设新农村，能进一步巩固中国共产党在西藏的执政基础，保持西藏社会长久稳定。

3.2.2　西藏农牧民安居工程启动的可能性分析

1. 符合国家的战略发展要求

党中央在加快推进社会主义现代化、全面建设小康社会的时代背景下，提出建设社会主义新农村的重大战略任务，是对我国"三农"工作的经验总结和探索下作出的战略决策，同时也为继续做好"三农"工作指明了方向，标志着我国农村经济社会发展进入了一个新阶段。三十多年的改革开放和经济社会发展，国民经济始终保持着持续快速健康发展的良好势头。截至 2013 年，我国 GDP 达 568845亿元，人均 GDP 超过 6000 美元，国家经济实力明显增强；城镇化率达到 57.73%；第二、第三产业占国内生产总值的比例已达到 90%左右，经济增长的主要动力来自非农产业；国家财政收入 12.9 万亿元，公共财力越来越雄厚。[①] 由此可见，国家已初步具备扶持"三农"发展的能力和条件，也就是说我国已步入从计划经济体制转向市场经济体制、从传统农业社会转向现代工业社会的双重转型阶段。

进入 21 世纪以后的西藏，经济社会获得巨大发展，民生显著改善。但总体来说，经济发展水平还很低，生产方式仍较落后，农牧民生活质量更待提升，城乡差距不断拉大。因此，在西藏建设新农村是时代的需要，国家发展战略全局的需要，它不仅是惠及农牧民的重大民生工程，更是站在西藏长远发展、全局发展的高度，为实现西藏农村全面小康而提出的战略任务。与全国其他地区一样，西藏农业丰则基础强，农牧民富则西藏富，农牧区稳则西藏安。西藏建设新农村与全国建设新农

---

① 有关数据来源于《中国统计年鉴(2013)》。

村是一脉相承的,是全国新农村建设的具体实践,对于实现西藏经济社会跨越式发展、"一加强、两促进"的历史任务和全面建设小康西藏具有重大意义和深远影响。

2. 为建设新农村提供了现实可能性

长期以来,西藏始终以实现跨越式发展、全面建设小康为指导思想和奋斗目标,在中央和各兄弟省市的关心和帮助下,西藏在经济建设方面取得了诸多成绩,这为推动西藏建设新农村奠定了良好的经济基础和现实可能。由于西藏新农村建设始于 2006 年,本书有必要回顾一下当时西藏经济发展已经取得的成就,这有助于认识西藏新农村建设启动的现实基础。

2006 年,西藏的自我积累和自我发展能力已经明显增强,根据 2006 年《西藏统计年鉴》的数据统计,可以发现,西藏在 2000～2005 年的"十五"发展期间,地区生产总值从 118 亿元左右增加到 250 亿元左右,年均增长率保持在 12%,高于全国经济增长率,西藏人均 GDP 也突破了 1000 美元;其次是产业结构日趋优化,发展势头良好。由于历史原因,西藏农牧业一直在三大产业结构中占比最高,投入最多,却效益最低,而现代工业部门又缺乏产业根基,属于输血型产业,但截至 2005 年,西藏第二产业的质量和效益都有大幅提升,其中工业年均增长 10% 左右,建筑业年均增长 24% 左右,西藏第三产业年均增值也超过了 GDP 的 50%,整个产业结构逐渐实现"三二一"的占比梯度;基础设施建设步伐显著加快。在中央第四次西藏工作座谈会以后,中央和兄弟省市投入大量资金,加强西藏基础设施建设,大力兴建和改造了一批基础设施项目,重点实施了农田水利、光纤电网、通信网络、道路交通和住房建设,广播电视人口覆盖率达到 85%,基本实现了"县县通光缆、乡乡通电话"。其中,安居工程建设解决了 8185 户 4 万多游牧民定居和 58.8 万农牧民饮水困难问题。同时还积极争取民间投资参与建成了一批对当地经济增长有支撑作用的基础产业项目。截至 2006 年,西藏固定资产投资累计 689 亿元,当时正值西藏自治区成立 40 周年,全区多个大型重点工程项目建成并发挥效用,如青藏铁路通车,林芝机场通航,城乡发展更加协调。整个西藏以农牧区为重点,着重发展教育、医疗卫生和文化建设,整个"十五"期间,社会事业累计投资达 40.6 亿元,青壮年文盲率仅有 15%,新建乡镇卫生院 445 个,改扩建县级卫生服务中心 42 个,改革事业稳步推进。"两个长期不变"政策不断完善,农牧区的税费体制改革不断深化,对内对外开放不断加强,"十五"期间的招商引资累计到位资金 45.3 亿元。民生改善效果显著,城镇居民人均可支配收入达到 8411 元,农牧民人均可支配收入达到 2075 元,五年累计新增城镇就业人数 6.4 万人,城镇登记失业率一直低于 4%。还建立了失业保险和工伤保险制度、特困群众的生活和医疗救助制度等,进一步完善了农牧民的社会保障制度。

上述的发展成就,为当时西藏推进新农村建设提供了良好的经济基础和社会条件，使新农村建设在西藏具备了发展的可能，发展经验也证明了，围绕农牧业发展、农牧民生活改善、农牧区社会稳定，就能早日建成社会主义新农村。

3. 符合西藏经济社会发展的客观规律

前面介绍了西藏在经济社会发展上取得的巨大成绩，但是实际来看，整个西藏农牧业生产方式仍然落后，生产力发展缓慢，生产率不高，农牧民增收困难，整个西藏社会面貌尤其是农村地区的社会事业发展严重滞后，如果这些深层次的矛盾得不到彻底解决，西藏经济社会的全面发展就障碍重重。在中国整体上已经步入以工促农、以城带乡，工业反哺农业、城市支持农村的新的发展阶段，西藏自身的工业化和城镇化也开始提速，自治区的土地、资金等生产要素从落后的农牧区向发展较好的中心城区集中，但农牧区劳动力的转移速度较资金、土地要慢得多，城乡居民的收入差距日趋拉大，这是西藏面临的矛盾。因此，西藏必须按照工业促进农业、城市带动农村的方针，加快农村各项事业改革发展，这不仅是广大农牧民的迫切愿望，更是西藏应对市场经济的挑战和参与市场竞争的必然要求。西藏社会主义新农村建设与解决"三农"问题及全面建设小康社会和现代化建设是相互统一的，虽然时间任务有所区别，但它们的目标都是一致的。

长期以来，较全国其他地区，西藏同样面临"三农"难题，必须带领全区200多万农牧民一起加入西藏的现代化进程中，才能真正实现西藏经济的跨越式发展，才能彻底改变农牧区的落后面貌，才能建成小康西藏。

3.2.3 农牧民安居工程启动的现实意义

1.有利于增强民族认同感，实现边疆稳定和国家安全

我国是一个多民族国家，实现各民族共同繁荣稳定是长期坚持的基本方针。发展问题是处理我国民族关系的首要问题，要把加快西藏在内的所有少数民族地区经济社会发展作为解决我国民族问题的根本途径。由于一些特殊原因，导致西藏发展比较落后，尤其是西藏农村地区。因此，通过推进新农村建设，可以逐步遏制民族间经济文化发展水平差距继续扩大，进而缩小发展差距，使西藏接近或赶上全面平均发展水平。长期以来，境外反动势力一直从事着破坏西藏稳定和国家安全的反动行为，从维护西藏政治社会稳定和边疆安宁的角度出发，必须加快西藏地区经济发展和社会进步，唯有这样，才能挫败敌对和分裂势力的阴谋，实现西藏稳定和国家主权完整。因此，西藏农村地区的发展不仅是国民经济整体发展的需要，也是维护社会稳定、促进民族平等团结的需要，只有西藏搞好了新农村建设，才能促进西藏乃至全国的整体发展和进步。

2.有利于发展生态文明，实现可持续发展

西藏建设社会主义新农村，是我国社会主义现代化建设和全面建设小康社会的重要组成部分。我们所讲的全面建设小康社会，是包括了西藏在内的所有民族的共同发展进步。因此，对于西藏这样特殊的欠发达地区的农村建设，更应该倾力关注和研究。西藏是我国重要的生态屏障，自然资源储备丰富，区内部分地区被定为限制开发区域。但是，近些年来，西藏部分地方政府和个别农牧民为了追逐更多利益，在一些区域滥垦草原、毁草种粮、超载放牧，致使多地沙化现象愈演愈烈。草地退化导致生产力降低，加剧了草畜矛盾，尤其是西藏旅游业的无序发展，已经严重破坏了西藏生态环境和自然资源。因此，如果不坚持以可持续发展理念为指导，盲目开发和无效发展，不仅对西藏长远发展不利，而且会严重制约全国经济社会发展。由此可见，西藏建设社会主义新农村不仅关系到生态环境重塑，而且对进一步维护我国生态安全具有重大意义。推进西藏社会主义新农村建设不仅可以促进西藏地区的经济发展和社会进步，也会促进整个国家的现代化建设，全面实现小康社会。

3.有利于带动西藏县域经济发展，实现精准脱贫

县域本是一个地理学概念，将它借用于经济研究中，于是形成了"县域经济"这个概念。所谓县域经济，广义是指整个县域范围内的生产力与生产关系的总和。狭义是指具有地域特色的多层次、区域性的经济系统。具体而言，县域经济是反应县域一级的行政区划内经社会发展情况，以县域为单位就是以各县比较优势为特色，如地理位置、自然资源、气候条例等，发展自由特色经济，将建设新农村与推动县域经济发展紧密联系。我国著名经济学家张培刚曾经指出，农村地区之所以经济发展滞后，根本原因是工业化水平低下。县域经济是城市经济和农村经济的连接点，大力发展县域经济有助于农村地区生产要素的积聚和集中，夯实农村工业化基础，增加农民收入。从西藏实际分析，各地区差异更大，以阿里地区和林芝市相比，阿里地区海拔是林芝市一倍以上，整个阿里地区气候干燥，严重缺乏植被，经济发展的制约性因素更多，而林芝市海拔较低，气候温润，植被丰富，经济发展后劲十足。在西藏的农区、牧区和半农半牧区，山区、平地、草原、河流分布严重不均，各地自然资源禀赋差异较大，因此，唯有将经济发展单位缩小到县域一级，发展各具特色的县域经济才是必由之路。从西藏县域产业结构分析来看，农区以农业为主，牧区以牧业为主，半农半牧区主要是农牧业并存，而整个农牧业是西藏的基础和主导产业，在三大产业结构中占比最大，投入的成本最高，产生的效益最低，要解决农牧民乐业、定心的问题，首要就是在"一产上水平"上下功夫，实现传统农牧业向现代农牧业转变，让游牧生活失去产业基础。

具体而言，就是要用"大农业"的现代思维模式调整农牧业结构，提高农牧业产业化、科技化和现代化程度，提高农牧产品的附加值，从自然增长向集约经营转变，真正解决"一亩不如一分、一吨不如一斤、一马车不如一麻袋"即农牧产品增值不多的问题。否则，西藏农牧民就无法形成"乐业"基础，建设社会主义新农村的战略任务也就无法完成。

总体来看，西藏经济发展水平远远落后于内地其他地区，并低于全国平均水平。广大农牧民收入较低，大多处于温饱状态，甚至部分地区的农牧民还处于贫困状态。由于农牧业是西藏农村地区农牧民的主业，是他们重要的生产生活资料来源，也是西藏农村地区经济发展的支柱。所以，在当前中央提出精准扶贫的时代背景下，要通过新农村建设，改善农村地区的基础设施环境，促进农牧业现代化和农牧区经济发展，从而提高农牧民收入和改善生活水平，改变贫困状况。

4.有利于促进西藏社会主义新农村建设

党的十六届五中全会提出建设社会主义新农村的重大战略任务，其内涵要求是建设一个生产发展、生活宽裕、乡风文明、村容整洁、管理民主的新型农村。而西藏农牧民安居工程建设的宗旨，就是要通过实现农牧民的定居生活来彻底改变西藏农牧区的发展面貌和农牧民的生产生活条件。要是农牧民从已经习惯的游牧生活转为定居生活，最为关键的就是必须优化现有产业布局，让广大农牧民要有定居的产业基础，改变落后的生产方式，推动西藏农村地区经济发展；建设安居工程需要加强农牧区基础设施建设，政府需要加大对农牧区基础建设的投资，提高公共产品供给效率，客观上就会拉动农牧民的消费需求，创造更多的非农就业岗位，如建设施工队、采石采木队、物资运输队等，拓宽了农牧民的收入渠道，让农牧业通过参与市场竞争和商品交易获得更多收入，从而改善生活质量，过上富裕生活；实施安居工程不仅仅是改变农牧民游牧的生活习惯，更是发展农牧区基础教育、公共医疗卫生和文化体育等社会事业的过程，游牧到定居，不单是生活形态的转变，更是观念的转换，是人们从落后文明迈向现代文明的过程；实现广大农牧民定居生活，有助于帮助形成民风淳朴的社区环境，并且引导农牧民建设美丽家园，加强乡村环境卫生的整治工作，村容村貌明显改观；对于基层民主政治建设和社区治理也有极大推进作用，定居生活后的农牧民在民主意识、法制意识方面都得到了极大提高。由此可见，实施安居工程正是建设新农村的应有之义，完全符合新农村建设的内涵要义。

3.3　西藏农牧民安居工程的实施概况

3.3.1　农牧民安居工程的目标机制

安居工程作为一项"德政工程、民生工程"，西藏自治区党委政府之所以将其作为新农村建设的突破口，究其根源还是立足于西藏实际。在西藏，广大农牧民习惯于逐水草而居、逐水草而牧的传统游牧业生活方式，居无定所的农牧民无法饮用到安全的生活用水和食物，容易滋生许多特殊性疾病，并且传统的游牧业对于提高农牧民的收入水平作用甚微，虽说西藏经济指数年均以两位数增长，但农牧民的真实生活状态没有得到彻底改善，没有共享发展成果。中央第四次西藏工作座谈会为西藏确立了从经济增长向跨越式发展转型的战略目标，随后，中央又下发了《中共中央、国务院关于进一步做好西藏发展稳定工作的意见》，文件载明了下一阶段要着力改善农牧民的生产生活条件，不断提高农牧民的收入水平，并将这一任务作为衡量西藏经济转型是否成功的参照标准。因此，2006 年，在中央提出建设社会主义新农村的重大战略任务之后，西藏自治区政府决定以改善农牧民居住环境为着力点，通过实施安居工程来全方位改变西藏的产业结构、就业结构、公共产品供给和基层治理，进而全方位推进新农村建设。

1. 目标一：促使农牧民享受现代生活方式

实施安居工程，最直接的目的就是改善农牧民的居住状况，让广大农牧民从帐篷搬进新房，享受现代生活方式。但是作者在实地调研中发现，部分农牧民对此另有一番看法。有些农牧民认为祖祖辈辈都是和牛羊挤着住，共饮共居，已经习惯了居住在可随时移动的帐篷里，反而搬进新房觉得不自在；还有些农牧民认为住不住新房不重要，关键是要有钱可以花；还有个别农牧民认为安居工程既浪费国家的钱又浪费自己的钱，现实意义不大。这些观点当然不代表西藏广大农牧民的看法。但这些观点的存在，就促使我们去思考实施安居工程的目的到底是什么。安居工程让广大农牧民搬进了新建小区，住上了新房。小区里面有绿化，周边修有水泥路，家家户户用上了燃气灶、彩电、洗衣机、冰箱等基本生活设施，建房过程中又实施了三改：改圈、改厕、改厨，让农牧民饮上安全的生活用水，也不用再为厕所而烦恼，彻底解决人畜共饮、人畜共居问题。在安居工程建设期间，部分头脑灵活、嗅觉敏锐的农牧民脱离农牧业，通过组建采石队、木工队、运输队、建筑队等参与商品经济和市场交易，实现了农牧业剩余劳动力的有效转移，也进一步拓宽了农牧民的收入渠道。安居工程让广大农牧民从头脑里的观念到现实居住的房屋，从就业机会到收入增长，全方位地走向了现代生活方式，摆脱了原始落后的生活状态，过上更加健康、更加文明的新生活，共享改革发展成果。

2. 目标二：促进西藏产业结构更加多元化

西藏实施安居工程会对基础设施建设进行大量投资，有利于拉动当地的投资需求和消费活力，有利于让农牧民主动参与市场化竞争，优化资源配置，将资源优势逐渐转化为经济优势。定居生活模式也同样会对农牧业造成一定冲击，降低农牧业的产业占比，推动第二、第三产业的逐渐发展。但总体来说，经济基础较差，严重缺乏高素质的劳动力，劳动技能型人才匮乏，文化教育和科学技术发展滞后，传统农牧业在整个产业结构中的占比依然较大，仍然处于自然经济状态，这些实际情况决定了西藏不可能发展规模性的工业制造业，在西藏推行工业化就只有选择能充分体现西藏资源优势的特色产业，如民族手工业、藏医药业、运输业、建筑业、旅游业等。安居工程为西藏建筑业发展提供了前所未有的机会，而建筑业所产生的上下产业链较长，涉及产业较多，将更加有利于推动西藏产业结构多元化，这也是实施安居工程的目的之一。

3. 目标三：保障西藏社会和谐稳定

邓小平曾提出，贫穷不是社会主义，社会主义就是要消灭剥削，消除两极分化，最终实现共同富裕。古人云，"不患贫而患不均，不患寡而患不安"。由于地理位置和气候条件的制约，西藏经济长期处于有增长无发展的状态，或者准确地说是发展缓慢。西藏自治区以安居工程为突破口启动新农村建设，目的就是要通过政府的强势介入，满足广大农牧民最根本、最直接、最现实的利益诉求，彻底改善农牧民的生活状况，让更多农牧民过上现代、文明、民主、健康的生活，使广大农牧民安居乐业、和睦相处，使整个农牧区安定有序、充满活力。从这点来讲，西藏安居工程不仅是要改变农牧民的生活状态，更是中国共产党在西藏经济社会发展道路上的一项全局性、战略性工程。也只有让居住零散、动态的农牧民实现定居生活、集中生活，政府才能为其提供更加优质的公共服务，让广大农牧民住有所居、学有所教、病有所医、老有所养，促进西藏社会和谐稳定。

3.3.2 农牧民安居工程的推进思路

西藏自治区政府为了以安居工程为突破口启动新农村建设，于 2006 年 2 月颁布了《西藏农牧民安居工程实施方案》（以下简称《实施方案》）。《实施方案》非常全面、详细地规定了安居工程建设的指导思想、目标任务、实施方式、补贴标准等内容，是西藏安居工程建设的重要指导性文件，我们将此方案视为安居工程建设的总思路、总纲领、总规划。但是西藏各地发展不均衡，因此各地在《实施方案》总的原则和要求下，采取了一些更为灵活的举措。

农牧民安居工程实施的基本原则是在政府统一的统筹规划下，分阶段、分步骤、分区域、分人群开展。《实施方案》的具体要求为：一是要求安居工程建设与新农村建设相结合；二是要求安居工程建设与城镇乡村建设规划相结合；三是要求安居工程建设与民族特色、地域特色和时代特色相结合；四是要求安居工程与农牧民居住习惯相结合；五是要求安居工程建设与生态保护相结合。

农牧民安居工程的建设目标就是要彻底改变农牧民的生活条件，让全区所有农牧民住上安全使用的房屋，享受现代、文明的生活方式。截至 2013 年底，西藏共有 46.03 万户农牧民完成了安居工程，全区农牧民人均住房面积较之安居工程实施前增加了 20%～30%，基本上实现了安居工程的实施目标。

安居工程建设模式主要有五类：农房改造工程、游牧民定居工程、扶贫搬迁工程、地方病重病区群众搬迁工程和边境县、乡"兴边富民"（包括人口较少民族聚居区民房改造）工程。

(1)农房改造工程是安居工程的主体工程之一，被称为"穿衣戴帽工程"，主要集中在农区和半农半牧区开展。农房改造方式中，包括彻底放弃和拆掉旧房，另行新建房屋，或者是专门针对房屋建成时间不长且基本条件不差的住房，对其进行整修翻新；农房改造规划中，重点是改造危旧房。作者实地调研发现，农房改造大都集聚在道路交通比较发达的区域，甚至紧邻国道等交通主干线，这与全国其他地区进行新农村建设过程中对旧房进行翻新改建如出一辙，其主要目的还是优化交通要塞周围的村容村貌。

(2)游牧民定居工程主要集中在牧区进行，由于过去牧民大多住在帐篷，极少数拥有破旧房屋，所以，游牧民定居工程全部为新建房屋，要么选择集中新建，要么根据草场分布分散新建。实地调研发现，大部分是选择集中新建房屋，极少数以草场分布点作为建房区域。

(3)扶贫搬迁主要是生态的恶化与环境的破坏所致，[①]按照国务院扶贫开发领导小组办公室的解释，扶贫搬迁本质上是异地扶贫安置，将生存条件恶劣的贫困农牧民迁至适宜生存、居住的地区。就空间形态来讲，分为整体异地搬迁、集中建村和就地扶持三类。就移民属性来讲，一类是因自然资源匮乏、生态环境恶化，以及自然灾害频发，将该地区群众迁至别地，这类搬迁被称为生态移民搬迁；另一类是针对生活极端贫困或流浪乞讨人员等贫困弱势群体的集中搬迁，此类搬迁的主要特征是迁出地没有明显的生态恶化和环境破坏，纯属个体贫困无力改善生存状况。[②]扶贫搬迁是西藏境内规模最大、覆盖面最广的搬迁项目。

(4)地方病重病区群众搬迁项目源于西藏粮食生产长期处于自给自足状态，以青

① 萝莉. 简析西藏扶贫攻坚及其伟大成就[J]. 西南民族大学学报(哲学社会科学版)，2001，22(4)：18-22.
② 达瓦次仁，次仁，由元元，等. 略论西藏扶贫搬迁与生态移民间的关系[J]. 西藏研究，2014(5)：45-53.

稞、小麦为主，藏粑作为藏族居民的日常口粮就是由青稞面加工而成，饮食结构非常单一，加之西藏水土流失严重，淋溶性较强，导致土壤中硒等元素含量失衡，[①] 而作为土壤-植物-动物(人)的生态系统中最基本的元素，硒等含量失衡就会通过食物链最终影响人体健康，出现常见的大骨节病。[②] 在西藏，大骨节病主要分布在拉萨市东南部、山南市北部、日喀则市北部、阿里地区、昌都市、林芝市北部及那曲市南部的嘉黎县，其中昌都市最为突出。[③] 据调查，搬迁之后，西藏大骨节病的防治效果有所好转。[④]

　　(5)边境县、乡"兴边富民"(包括人口较少民族聚居区民房改造)工程主要在边境地区进行。西藏地处我国西南边境，与印度、尼泊尔、不丹、缅甸等国家毗邻，是我国西南边陲的重要门户，正是由于特殊的地理位置，西藏的安居工程被赋予更重大的战略意义。西藏境内共有 21 个边境县，下辖 164 个乡镇，980 个行政村，针对边境线周边居民，实施安居工程主要包括道路建设、农田水利建设、光纤网络建设、电网改造、饮水工程等，帮助边境居民解决温饱问题和脱贫致富，不断增强其自我发展能力，同时也通过兴边富民工程加快边境乡镇的城镇化建设和社会事业发展。此外，人口较少的民族聚居区民房改造工程是针对人口少于 10 万的少数民族，如珞巴族、门巴族。

　　农牧民安居工程对于资金的补助有着严格的规定，不同类别的人群、不同模式的建设方案、不同地域，都有不同的补助标准。对农房改造项目每户补助资金 1 万元；对游牧民定居项目的每户补助资金 1.5 万元；对扶贫建设工程的绝对贫困户每户补助资金 2.5 万元，其他贫困户补助资金 1.2 万元；对地方病重病区群众搬迁的每户补助 2.5 万元；对边境县、乡"兴边富民"(含人口较少民族聚居区民房改造)的每户补助资金 1.2 万元。在自治区补助资金的基础上，各地(市)、县也要根据实际情况，本着量力而行、尽力而为的原则，积极筹措资金，支持农牧民安居工程建设。结合西藏地区地震频发因素，政府额外再贴补每户 0.5 万元，专用于房屋的抗震设防和加固，并明确要求不得用于增加房屋面积和装修。同时，按照西藏农牧民安居工程建设的总目标和总规划，分步实施、稳步推进，分阶段、有重点地开展工程建设，对组织工作有序、农牧民参与度较高的项目不仅要优先启动，自治区政府还要给予 60%的资金补助，所在地区配套 20%的资金补助，县乡一级配套 10%的奖金补助。

　　为了确保农牧民安居工程按时按质推进，政府在资金借贷、建材税费等方面

① 李顺江，杨林生，李永华，等. 西藏地区粮食中硒水平与大骨节病的关系[J]. 中国地方病学杂志，2006，25(6)：673.

② 顾雪元，王晓蓉，顾志忙，等. 稀土在土壤-植物系统中的分馏效应及影响因素[J]. 环境科学，2002，23(6)：74.

③ 李顺江，李巍，胡霞，等. 西藏土壤-植物-动物 (人)系统中硒含量与大骨节病的关系[J]. 生态学杂志，2008，27(12)：2168.

④ 扎西桑珠，白玛次旺，西绕若登，等. 西藏自治区大骨节病防治试点效果观察[J]. 中国地方病防治杂志，2007，22(2)：130-132.

给予了大量优惠政策，例如，财政部门对农牧民贷款建房的银行给予财政贴息，政府还统一计划和解决建房所需的各类建材；农牧民施工队承揽了安居工程建设后要享受相应的税费减免，等等。

《实施方案》将农牧民安居工程建设分为以下五个阶段：

第一阶段是 2006 年 2 月底前，动员部署阶段；

第二阶段是 2006 年 3 月 10 日前，规划、审批阶段；

第三阶段是 2006 年 3 月底前，资金落实阶段；

第四阶段是 2006 年 4 月~2010 年 7 月底，工程建设阶段；

第五阶段是 2010 年下半年，工程验收、总结阶段。

实际上，安居工程在 2010 年并未全部完成。截至 2010 年，西藏自治区完成安居工程 27.48 万户，全区累计投资 170 亿元，自治区财政补助 38 亿元，地市补助 4.5 亿元，县级补助 2.5 亿元，援助资金 3 亿元，农牧民自筹 93 亿元，金融机构贷款 29 亿元。[①] 到 2011 年，西藏自治区政府继续推进安居工程建设，又下发了《西藏自治区 2011—2013 年农牧民安居工程实施方案》，详细部署"十二五"期间的农牧民安居工程建设，这是对 2006 年制定的安居工程建设方案的延续，是针对余下的安居工程建设任务而制定的，该方案提出要在 2013 年彻底完成全区的农牧民安居工程建设任务。方案出台以后，2011 年全区农牧民安居工程完成了 63928 户，其中农房改造 47351 户，游牧民定居 7257 户，贫困户 6000 户，兴边富民 3320 户。方案还规定西藏农牧民安居工程 2012 年完成 69517 户，2013 年完成 52035 户。截至 2013 年底，西藏农牧民安居工程完成 46.03 万户，累计投资 278 亿元，自此，2006 年启动的农牧民安居工程圆满收官。

3.3.3　农牧民安居工程的实施概况

西藏农牧民安居工程 2006 年正式启动，原定于用五年左右的时间解决农牧民的安居问题，但由于资金筹措、实施进度、建设质量等多方面的原因，整个安居工程是在 2013 年底才彻底完成。不同时期，安居工程的建设进度和投资额度有所差异。整个安居工程建设不仅是房屋的新建或改建，整个农牧区的基础设施建设取得飞速发展，从用水用电问题到道路交通，从邮电通信到医疗配置，从房屋修建到人居环境，获得了全方位、立体化的改变。

2006 年是西藏农牧民安居工程正式启动的元年，全年西藏自治区总计投入资金 33.98 亿元，完成了 56141 户农牧民的新建和改扩建房屋工程，[②] 安居工程建设首战告捷。与此同时，安居工程建设配套的生产生活类基础设施建设也取得飞速

---

① 白马朗杰，周炜，多庆，等. 西藏农村发展报告 (2012) [M]. 拉萨：西藏藏文古籍出版社，2013：48.

② 白玛朗杰. 西藏农村发展报告 (2012) [M]. 拉萨：西藏藏文古籍出版社，2013：48.

发展。全年解决了近 32 万人的安全饮水问题，21 万人的用电问题，1064 个建制村通信问题，12 个乡、123 个建制村的道路交通问题，另有 50 个中心新设了乡镇邮政网点，基本配齐了县乡医疗机构必需设备。[①]

2007 年，西藏农牧民安居工程完成 58335 户农牧民的住房新建和改建任务，全年总计投资 36.23 亿元。截至 2007 年，总计解决了 11.4 万户的住房问题，102 万人的安全饮水问题，65 万农牧民的用电问题，219 个乡镇、1490 个行政村的道路交通问题，还有 111 个中心乡镇通邮，3712 个行政村开通电话。[②]

2008 年，西藏农牧民安居工程全年共解决了 5.78 万户、31.2 万农牧民的住房问题，新解决 25 万农牧民的安全饮水问题，17.7 万人的用电问题，32 个乡镇、423 个行政村的道路交通问题，同时解决了 163 个乡镇的光缆和 681 个行政村的电话通信问题。[③]

2009 年是西藏实施"十一五"发展规划的关键一年，在这一年里，已经有多项"十一五"发展规划任务提前完成。截至 2009 年，累计解决了 23 万户、120 万农牧民的安居问题，完成投资 147.74 亿元，解决了 120 万人的安全饮水问题，150 万人的用电问题，共有 668 个乡镇的 4222 个行政村通了公路，并且行政村通电话率达到 85%，乡镇通邮率达到 80%，配套生活设施中还累计建成 11.4 万座沼气池。随着生产生活条件的显著改善，以安居乐业为突破口的西藏新农村建设正阔步前进。[④]

到 2010 年底，即"十一五"发展规划的收官之年和"十二五"规划的开元之年，回顾整个"十一五"期间，累计解决 27.5 万户、143 万农牧民的住房问题（表 3.1）。整个西藏自治区累计投入资金 170 亿元用于农牧民安居工程（表 3.2）。[⑤] 因安居工程建设而带动的配套生活设施建设也取得了重大进展，整个"十一五"期间累计解决了 153 万人的安全饮水问题，新增 74 万农牧民用上了电，基本实现村村通电话，广播电视覆盖率几乎达到 9 成，乡镇通邮率达到 85.7%，159 个乡镇和 1659 个行政村通了公路。[⑥]

---

① 西藏自治区人民政府. 西藏自治区人民政府工作报告 (2007 年) [EB/OL]. http：//www. e-gov. org. cn/ziliaoku/news 002/200701/47897. html[2007-1-12].

② 西藏自治区人民政府. 西藏自治区人民政府工作报告 (2008 年) [EB/OL]. http：//www. china. com. cn/city/zhuanti/ zfgzbg/2008-02/29/content_11107016_7. htm[2008-1-16].

③ 西藏自治区人民政府. 西藏自治区人民政府工作报告 (2009 年) [EB/OL]. http：//www. gov. cn/test/2009-02/16/ content_1232290. htm[2009-1-14].

④ 西藏自治区人民政府. 西藏自治区人民政府工作报告 (2010 年) [EB/OL]. http：//www. tibet. cn/news/xzzw/szfl/ 201001/t20100128_541702. htm[2010-1-10].

⑤ 白玛朗杰，周炜，多庆，等. 西藏农村发展报告 (2012) [M]. 拉萨：西藏藏文古籍出版社，2013：49.

⑥ 西藏自治区人民政府. 西藏自治区人民政府工作报告 (2011 年) [EB/OL]. http：//local. china. com. cn/zhuanti/ lhwd/2011-02/11/content_21894722. htm[2011-1-10].

表3.1 "十一五"期间农牧民住房解决情况[①]

工程类别	农房改造	游牧民定居	地方病搬迁	兴边富民
完成户数	147261	40359	4000	31200

表3.2 "十一五"期间解决农牧民住房的资金情况

资金来源	省级财政	地市补助	县级财政	援藏资金	金融贷款	农牧民自筹
数额/亿元	38	4.5	2.5	3	29	93

2011年是"十二五"发展规划的开局之年,西藏自治区紧紧围绕新农村建设的中心任务,继续深入推进安居工程这一民生项目。全年投资10.14亿元,解决了6.39万户34万农牧民的安居问题,使2.3万户20万农牧民喝上了安全水,8.9万人用上了电,行政村通公路率达86.4%,乡镇通邮率达90%,整个农牧区移动网覆盖率达65%,另外还新建了3.5万座沼气池,从2011年开始还启动实施了1000个行政村的人居环境建设和环境综合整治。[②]

截至2012年,整个农牧区近九成左右的农牧民搬进了安居房,并随着安居工程的深入推进,彻底解决了173万人的安全饮水问题,67万人的用电问题,乡镇和行政村公路通达率达到99.7%和94.2%,基本实现了村村通电话、乡乡通宽带,完成了2500个行政村人居环境建设。[③]

2013年是西藏农牧民安居工程建设的最后一年,从2006年开始到2013年连续8年,总计投资280亿元的农牧民安居工程全部完成,共解决了46.03万户、230万农牧民的定居问题,农牧区基础设施建设也取得了极大成就,整个农牧民的生活面貌彻底改变,告别了长期的逐水草而居的原始生活状态,住上了安全适用的现代房屋,生活条件得到历史性改善,农牧区面貌焕然一新。[④]

从安居工程的实施效果来看,整个西藏农牧区的农牧民不仅住上了新房,而且人均住房面积在原有基础上增加了20%左右。在实地调研中发现,过去西藏农牧区许多阴暗、潮湿、破旧和低矮的土坯房变成了干净整洁、规划有序的新房。在林芝市,许多安居房房前有院坝,房后有牲畜栏,彻底改变了过去西藏人畜混杂居住的恶劣状况。在山南市的扎囊县德吉新村,一幢幢钢筋混凝土结构的二层

① 西藏自治区人民政府. 西藏自治区人民政府工作报告(2010年)[EB/OL]. http://www.tibet.cn/news/xzxw/szfl/201001/t20100128_541702.htm[2010-1-10].

② 西藏自治区人民政府. 西藏自治区人民政府工作报告(2012年)[EB/OL]. http://www.gov.cn/test/2012-02/06/content_2059313.htm[2012-1-9].

③ 西藏自治区人民政府. 西藏自治区人民政府工作报告(2013年)[EB/OL]. http://www.gov.cn/test/2013-02/19/content_2335185.htm[2013-1-24].

④ 西藏自治区人民政府. 西藏自治区人民政府工作报告(2014年)[EB/OL]. http://xz.people.com.cn/n/2014/0118/c138901-20420602.html[2014-1-10].

小楼错落有致地矗立着。整个安居工程建设进程中，许多当地的农牧民抓住契机，组建了农牧民施工队、运输队，开办了砂石厂、砖瓦厂等，很好地拓宽了农牧民的收入渠道，增加了农牧民的就业方式，促进了农牧民收入增加。虽然2013年整个安居工程建设已经完成，但后续还有很多工作要继续推进，西藏自治区政府拟定从2014年开始，根据《2011至2015年农村人居环境建设和环境综合整治工作实施方案》，继续深入开展农村人居环境建设和环境综合整治工程，让农牧民的生活环境更优质。

3.4   农牧民安居工程对西藏农村地区发展的影响分析

3.4.1   农牧民安居工程与农村建设的内涵要求具有一致性

党的十六届五中全会提出建设社会主义新农村的重大战略任务，其内涵要求是建设一个生产发展、生活宽裕、乡风文明、村容整洁、管理民主的新型农村。而西藏农牧民安居工程建设的宗旨，就是要通过实现农牧民的定居生活来彻底改变西藏农牧区的发展面貌和农牧民的生产生活条件。要使农牧民从已经习惯的游牧生活转为定居生活，最为关键的是必须优化现有产业布局，让广大农牧民有定居的产业基础，改变落后的生产方式，推动西藏农村地区经济发展；建设安居工程需要加强农牧区基础设施建设，政府需要加大对农牧区基础建设的投资，提高公共产品供给效率，客观上就会拉动农牧民的消费需求，创造更多的非农就业岗位，如建设施工队、采石采木队、物资运输队，等等，拓宽了农牧民的收入渠道，让农牧民通过参与市场竞争和商品交易获得更多收入，从而改善生活质量，过上富裕生活；实施安居工程不仅能改变农牧民游牧的生活习惯，更是发展农牧区基础教育、公共医疗卫生、文化体育等社会事业的"助推剂"，游牧到定居，不单是生活形态的转变，更是观念的转换，是人们从落后文明迈向现代文明的过程；实现广大农牧民定居生活，有助于形成民风淳朴的社区环境，并且引导农牧民建设美丽家园，加强乡村环境卫生的整治工作，村容村貌明显改观；对于基层民主政治建设和社区治理也有极大的推动作用，定居生活后的农牧民在民主意识、法制意识方面都得到了极大提高。由此分析可见，实施安居工程正是建设新农村的应有之义，完全符合新农村建设的内涵要义。

3.4.2   农牧民安居工程是西藏社会主义新农村建设的突破口

西藏的新农村建设是新时期建设小康西藏的客观要求，也是维护西藏社会和谐稳定的现实需要，更是调整西藏产业结构，拓宽农牧民收入渠道，改善农牧民生活质量，协调城乡发展的现实路径，是在新的历史发展阶段党中央关于"三农"工作指导思路在西藏的具体体现和落实，因此，西藏建设新农村意义重大，影响深远。

2006 年，西藏根据中央提出的建设社会主义新农村的战略任务，结合西藏实际，以农牧民安居工程为突破口，开启了西藏的新农村建设。从西藏发展的实际情况可以看到，西藏农牧民习惯了长期的游牧生活，习惯了逐水草而居、逐水草而牧的生产生活方式，因此农牧民的住房建设长期处于无规划、无秩序的状态，人畜共居、人畜共饮普遍存在，居住环境较差。[①] 最迫切需要解决的问题就是要彻底实现农牧民的定居生活。西藏近 90%的农牧民居住在农牧区，加之农牧区近些年发展严重滞后，所以要解决农牧民的安居生活，就需要充分发挥土地资源优势，加强对农牧区的基础设施建设投入，对原有的房屋进行改建、扩建、新建，对整个农牧区的村容村貌重新规划，彻底改变农牧民的居住条件。建设新农村是一副描绘农牧民未来幸福生活的美好蓝图，而农牧民安居乐业、定居定心是实现美好蓝图的基础和必然要求。

西藏自治区党委政府高度重视农牧民的安居保障房建设，投入大量资金在基础设施建设上，给予农牧民大量优惠政策，以游牧民定居、扶贫搬迁、农房改造、地方病搬迁和兴边富民为重点开展农牧民安居工程，切实把中央的财政补贴、兄弟省市的对口援助资金、西藏各级政府的财政收入、金融信贷资金及农牧民存款整合起来，让西藏 80%以上的农牧民在 5 年内住上安全、适用的住房。并且以安居工程为突破口，进一步加强农田水利、道路交通、网络通信、光纤电缆等基础建设，深入推进基础教育、医疗卫生、公共文化事业的全面发展，提高农牧民整体素质，集中力量改善农牧民的生产生活条件。[②]

3.4.3　农牧民安居工程有利于带动西藏县域经济发展

县域本是一个地理学概念，将它借用于经济研究中，于是形成了"县域经济"这个概念。所谓县域经济，广义是指整个县域范围内的生产力与生产关系的总和；狭义是指具有地域特色的多层次、区域性的经济系统。具体而言，县域经济是反映县级行政区划内的经社会发展情况，以县域为单位就是以各县比较优势为特色，如地理位置、自然资源、气候条件等，发展自由特色经济。建设新农村与推动县域经济发展有紧密联系。我国著名经济学家张培刚曾经指出，农村地区之所以经济发展滞后，根本原因是工业化水平低。县域经济是城市经济和农村经济的连接

① 郑洲. 安居工程与西藏社会主义新农村建设[J]. 黑龙江民族丛刊，2007(5)：57.
② 周炜，孙勇. 中国西藏农村安居工程报告(2006)[M]. 北京：中国藏学出版社，2008：9.

点，大力发展县域经济有助于农村地区生产要素的积聚和集中，夯实农村工业化基础，增加农民收入。

　　从西藏实际分析，各地区差异更大，阿里地区和林芝地区相比，阿里地区海拔是林芝市一倍以上，整个阿里地区气候干燥，严重缺乏植被，整个地区经济发展的制约性因素更多，而林芝市海拔较低，气候温润，植被丰富，经济发展后劲十足。在西藏的农区、牧区和半农半牧区，山区、平地、草原、河流分布严重不均，各地自然资源禀赋差异较大，因此，唯有将经济发展单位缩小到县域一级，发展各具特色的县域经济才是必由之路。从西藏县域产业结构分析来看，农区以农业为主，牧区以牧业为主，半农半牧区主要是农牧业并存，而整个农牧业是西藏的基础和主导产业，在三大产业结构中占比最大，投入的成本最高，产生的效益最低，要解决农牧民乐业、定心的问题，首要要在"一产上水平"上下功夫，实现传统农牧业向现代农牧业转变，让游牧生活失去产业基础。具体而言，就是要用"大农业"的现代思维模式调整农牧业结构，提高农牧业产业化、科技化和现代化程度，提高农牧产品的附加值，从自然增长向集约经营转变，真正解决"一亩不如一分、一吨不如一斤、一马车不如一麻袋"即农牧产品的增值不多的问题。否则，西藏农牧民就无法形成"乐业"基础，建设社会主义新农村的战略任务也就无法完成。

第4章 西藏农牧民安居工程的效益评价

4.1 评价指标体系的构建

4.1.1 评价指标体系的构建原则

当今社会，政府对自身实施的公共政策进行绩效评价已经成为学界的研究热点，也是政府的关注点，而迄今为止，没有形成系统的公共政策评价体系，究其原因，主要是政府公共政策实施目标具有多样性，整个评价过程会极其复杂多变，各种评价指标体系存在较大差异性，因此，学界不可能有一个固定通用的评价模型。

西藏农牧民安居工程实施效率评价指标体系的构建，应该清楚界定评价的意义，即要有明确的价值导向，始终围绕基于什么样的目的来实施效率评价，建立指标体系必须有明确的基本原则，而指标构建思路就在基本原则之下形成。深入研究西藏农牧民安居工程发现，构建实施效率评价的指标体系非常复杂，涉及安居前后的纵向指标和一系列横向指标，每一个指标的权重不一样，作者在杨峰的观点基础上，根据西藏农牧民安居工程建设的特点，建立如下基本原则。

第一，科学性原则。这是首要原则，我们进行科学研究的前提条件就是研究方法的科学性，要有严密的逻辑结构，这是任何科学研究都应具备的原则，不单单是开展西藏农牧民安居工程的科学研究。科学性原则，就是要求我们在设定评价指标体系的时候，充分考虑西藏农牧区的特殊地理情况和人文环境，要充分考虑西藏农牧区的历史和现实背景，要充分考虑西藏农牧民的智力、思维、观念、文化知识和技能，尽可能全面地设立评价指标，达到科学评价、准确评价的目的。

第二，代表性原则。西藏农牧民安居工程建设是一项复杂而又庞大的民生工程，建设时间长，覆盖人群多，涉及地域广，加之西藏又处于高海拔地区，气候条件复杂，要全面评估所有涉及地区、所有涉及人群及农牧民定居后的生活情况是不可能的，也是不现实的。因此，在制定评价指标体系时，尽可能在所涉及的地区中，选择1~2个具有代表性的点，力图反映西藏实施农牧民安居工程的关键效果，使我们的评价结果更具准确性。

第三，导向性原则。西藏属于我国政治、军事和生态敏感区域，国内外长期活跃着西藏分裂势力，我们在评价政府公共政策的实施效果时，一定要以维护祖国领土主权完整、地区社会稳定为基本要求，突显正确的价值导向。西藏农牧民安居工程是政府主导实施的一项民生工程，是为了改善农牧民居住环境和生活质量的系统工程，涉及的不仅是房屋修建，还改变着整个农牧区的基础设施建设和全体农牧民的市场经济观念与法治意识。因此，在设计评价指标体系时，要尽可能考虑农牧民安居工程实施前后对农牧民生产生活的影响，使我们的评价更具合理性。

第四，可行性原则。要实现对政府公共政策的科学评价，客观上就要求评价方法和评价内容具有可操作性，不能操作的，就算再完整的评价体系也只是空中楼阁。制定评价指标体系必须要保证每一个评价指标都能获得最真实的反映，每一个评价指标都能找到一手的数据或素材，使我们的效率评价更有效。

4.1.2　评价指标体系的构建思路

西藏农牧民安居工程实施效率评价是一个比较复杂的理论问题，也是评估实施效果的一个重要内容。评价安居工程的实施效果不单单是看房屋建设或改造的数量，房屋建得有多漂亮，小区绿化环境有多美丽，还要着重观察安居工程实施对于西藏产业结构调整、农牧民收入来源、基层治理等各方面的影响。前面在论述安居工程的理论属性时，明确指出，房屋建设本是私人产品，但由于西藏地区的特殊性，安居保障房则被纳入准公共产品范畴。因此，本书主要借鉴国内外关于公共产品供给效率的评价研究，咨询有关专家，在导师的帮助下，按照"总体目标—分类评价目标—具体评价目标"的思路，构建本书的评价指标体系。本书将评价指标体系分为三个层次（表 4.1）：第一层次是西藏农牧民安居工程实施的整体效率评价；第二层次是构成整体效率评价的子系统层，亦称为一级指标，主要由房屋建设情况、农牧民就业和收入情况、基础设施建设情况、公共医疗和卫生发展情况、科技文化教育和体育发展情况、村容村貌情况、产业结构调整情况、基层民主治理情况 8 个指标构成，在这些具体指标项中，包括一般公共产品供给效率评价的普遍性，也充分考虑了西藏农牧民安居工程建设的特殊性；第三层次是每一个子系统下的分类评价指标，亦称为二级指标，由 38 项具体指标构成。

表 4.1 评价指标体系

一级评价指标	二级评价指标
房屋建设情况	实施顺序情况
	房屋设计情况
	财政补贴情况
农牧民就业和收入情况	安居前从事行业情况
	安居后从事行业情况
	安居前收入情况
	安居后收入情况
基础设施建设情况	道路设施建设情况
	电网设施建设情况
	光纤电视设施建设情况
	网络通信设施建设情况
	水利设施建设情况
	安居点周边绿化建设情况
公共医疗和卫生发展情况	安居前的疾病治愈率
	安居后的疾病治愈率
	安居点卫生预防和保健情况
	安居点突发公共卫生事件情况
	安居后地方病治疗情况
	安居后健康知识普及情况
	安居点医疗卫生防疫机构建设情况
科技文化教育和体育发展情况	安居前学龄儿童受教育情况
	安居后学龄儿童受教育情况
	安居点教育设施建设情况
	安居点公共文化设施建设情况
	安居点公共体育设施建设情况
	安居点公众文化活动开展情况
	科学技能和文化知识的普及情况
村容村貌情况	环保知识的普及与宣传情况
	定居点周边治安情况
	定居点的生活垃圾处理情况
产业结构调整情况	定居前农牧业发展情况
	定居前第二、第三产业发展情况
	定居后农牧业发展情况
	定居后第二、第三产业发展情况
基层民主治理情况	定居前基层党组织建设情况
	定居后基层党组织建设情况
	定居前农牧民自治组织建设情况
	定居后农牧民自治组织建设情况

西藏农牧民安居工程实施的总体效率评价

西藏农牧民安居工程效率评价，是对指标体系中的各级指标进行综合评价，但由于各级指标的单位不同，无法进行简单的相加或综合。因此，只有运用层次分析法对相应的一级指标、二级指标的权重进行确定。为了能够进行综合评价，需要通过一定的方式量化每一项具体指标，选择农牧民作为评价主体，通过入户调查的方式，运用满意度理论，采用农牧民满意度的方式来反映公共产品的供给情况。通过所列指标体系，可以发现，一级指标和二级指标之间形成了一个不相交且上下层具有隶属关系的层次结构，而每一个指标的权重确定，就是要将安居工程实施效率中的一级指标和二级指标的重要作用和地位进行赋值，权重也可以理解为某种数量形式的对比，是被评价对象总体中诸因素重要程度的量化值。[①] 本书将运用层次分析法对一级指标和二级指标的权重进行确定。为了进行准确的综合性评价，以农牧民为采访对象，通过入户访谈或调查问卷的方式，运用满意度理论来进行效率评价。但是，由于农牧民对于安居工程的满意度会因所处的地理位置、收入水平、生活习惯、文化教育、技能水平、法治意识等方面的差异有所不同，所以会产生一定的模糊性，本书则采用模糊评价方法来测评安居工程的实施效率。

层次分析法是当今学者使用较多的一种权重确定法，是 20 世纪 70 年代美国运筹学家 T. L. Saaty 阐释的一种定性与定量相结合的研究方法。基本理论是通过将复杂问题分解为互不相交且相互隶属的层次结构，然后对不同因素的重要作用和地位进行比较，最终，系统得出各个因素重要作用和地位的顺序特征。此方法运用于西藏安居工程实施效率评价，具有一定的科学性和可行性。本书预设的评价指标都是与农牧民安居工程实施前后有关的研究评价内容，尽管所列指标可能不完全、不完整，但基本上还是能够测定出农牧民对安居工程实施后的满意度，符合基本效率评价标准，即基础性、广泛性、迫切性和可行性。

4.2 评价指标的信度与效度分析

在效率评价理论指标体系构建以后，要对其评价体系进行检验和调整，使效率评价具有能够接受的稳定性、可靠性和准确性。因此需要通过一定的方法来衡量指标体系是否科学合理，一般来说，判断一个评价指标体系是否科学合理主要依据信度和效度两项指标。本书利用调查所得数据，对西藏农村公共产品供给效率评价指标体系进行信度和效度检验。

---

① 杜栋，庞庆华，吴炎，等. 现代综合评价方法与案例精选[M]. 北京：清华大学出版社，2008：6.

4.2.1　信度检验

信度(reliability)指借助一定的测量工具(问卷、调查表等)对所测指标进行重复测量时所得结果的稳定性和可靠性程度，也是测量工具所具有稳定性和可靠性的程度。反映信度程度的统计量叫信度系数，系数越大，表明测量结果越可靠，一致性越高。一般来说，信度检验使用较多的有折半信度(split-half reliability)系数和克朗巴哈(Cronbach)的 α 系数。本书在对西藏农牧民安居工程供给效率评价指标体系的可信度进行检验时，使用的是克朗巴哈的 α 系数方法测量一致性程度，这种方法也是目前被广泛使用的信度分析方法。根据多数学者的观点，信度系数 α 如果在 0.7 以上，可信度较高，其计算公式为

$$\alpha = \frac{K\overline{X}_{ij}}{1+(K-1)X_{ij}}$$

式中，$\overline{X}_{ij}$ 为农牧民安居工程供给效率评价指标间相关系数 X_{ij} 的平均值；K 为农牧民安居工程供给效率评价指标的总数；X_{ij} 为相关系数。

克朗巴哈系数一般通过 SPSS 软件的信度分析就可以进行测算，将农牧民安居工程供给效率评价指标的调查数据输入 SPSS 17.0 软件中，得到的输出结果如表 4.2 所示。

表 4.2　可靠性统计量

克朗巴哈的 α 系数	项数
0.714	42

计算得出农牧民安居工程供给效率评价指标体系的克朗巴哈系数 α 的值为 0.714，表明之前提出的农牧民安居工程供给效率评价指标体系具有较高的信度。

4.2.2　效度分析

效度(validity)即有效性，指测量工具(问卷、调查表等)对所测指标进行重复测量时，所得结果的准确和正确程度，也是测量工具所能真实、客观、准确测量指标的程度。在农牧民安居工程供给效率评价指标体系中，如果确定的评价指标不能准确反映农牧民安居工程供给效率的状况，那么该项指标就不具有较高效度。本书中农牧民安居工程供给效率评价指标体系的效度，主要通过因子分析方法进行检验。因子分析法是依据指标之间的相关性来提取公共因素，判断结构效度。因此，可以通过具体指标之间的共同度来检验指标对农牧民安居工程供给效率的影响程度，以确定哪些指标是符合相应准确程度的。具体指标的共同度越大，说明该指标对公因子的影响程度越大，就越具有有效性。一般来说，当共同度达到

0.4 以上时，就表明该指标适合作为农牧民安居工程供给效率评价指标。

据此，将农牧民安居工程供给效率评价指标的调查数据输入 SPSS 17.0 软件中，使用因子分析中 KMO(Kaiser-Meyer-Olkin)样本测度和 Bartlett 球形度检验，对各项具体指标的共同度进行检验，得到的输出结果如表 4.3～表 4.5 所示。

表 4.3　KMO 和 Bartlett 的检验

取样足够度的 K-M-O 度量		0.710
Bartlett 的球形度检验	近似卡方	2371.386
	df	861
	Sig.	0.000

表 4.4　公因子方差

指标	初始	提取
乡村公路建设	1.000	0.596
乡村通电建设	1.000	0.606
乡村广播电视覆盖	1.000	0.633
乡村通信覆盖	1.000	0.604
基本生活用能	1.000	0.544
人畜安全饮水	1.000	0.651
农田基础设施	1.000	0.657
农业灾害防治	1.000	0.733
农业技术推广及培训	1.000	0.609
农业生产资料提供	1.000	0.612
农业市场及信息服务	1.000	0.663
乡村警务消防救助	1.000	0.544
乡村社会治安	1.000	0.644
自然灾害救助	1.000	0.534
事故发生控制	1.000	0.690
法律援助服务	1.000	0.594
家庭邻里调解服务	1.000	0.669
新型农村合作医疗	1.000	0.599
疾病预防与控制	1.000	0.633
乡村卫生保健	1.000	0.481
突发公共卫生事件应急处理	1.000	0.559
健康知识指导教育	1.000	0.704
社会救济工作	1.000	0.549
农村社会养老保险	1.000	0.556
优抚安置工作	1.000	0.691
社会福利工作	1.000	0.636
安居工程	1.000	0.573
教育基础设施	1.000	0.684
学前教育	1.000	0.671

续表

指标	初始	提取
九年义务教育	1.000	0.601
青少年校外教育	1.000	0.705
农民工培训与教育	1.000	0.521
科学知识普及工作	1.000	0.627
公共文化设施建设	1.000	0.625
公众文化活动	1.000	0.680
公共体育设施建设	1.000	0.667
公共体育活动	1.000	0.719
环保宣传工作	1.000	0.621
污染防治工作	1.000	0.474
垃圾收集清运和处理	1.000	0.579
村容村貌	1.000	0.670
退耕还林还草建设	1.000	0.708

提取方法：主成分分析。

表 4.5　解释的总方差

成分	初始特征值			提取平方和载入		
	合计	方差的 %	累积 %	合计	方差的 %	累积 %
1	4.517	10.755	10.755	4.517	10.755	10.755
2	3.991	9.503	20.258	3.991	9.503	20.258
3	2.022	4.815	25.073	2.022	4.815	25.073
4	1.668	3.970	29.043	1.668	3.970	29.043
5	1.598	3.805	32.848	1.598	3.805	32.848
6	1.483	3.531	36.379	1.483	3.531	36.379
7	1.440	3.428	39.807	1.440	3.428	39.807
8	1.355	3.227	43.034	1.355	3.227	43.034
9	1.276	3.038	46.072	1.276	3.038	46.072
10	1.226	2.920	48.992	1.226	2.920	48.992
11	1.179	2.807	51.799	1.179	2.807	51.799
12	1.155	2.750	54.549	1.155	2.750	54.549
13	1.109	2.641	57.191	1.109	2.641	57.191
14	1.074	2.556	59.747	1.074	2.556	59.747
15	1.025	2.442	62.188	1.025	2.442	62.188
16	0.979	2.330	64.518			
17	0.969	2.307	66.825			
18	0.883	2.101	68.926			
19	0.868	2.067	70.994			
20	0.845	2.013	73.006			
21	0.800	1.906	74.912			
22	0.780	1.857	76.769			
23	0.732	1.744	78.513			
24	0.712	1.696	80.209			
25	0.696	1.656	81.865			

续表

成分	初始特征值			提取平方和载入		
	合计	方差的 %	累积 %	合计	方差的 %	累积 %
26	0.668	1.590	83.455			
27	0.622	1.481	84.936			
28	0.610	1.452	86.388			
29	0.592	1.409	87.797			
30	0.547	1.302	89.098			
31	0.539	1.284	90.383			
32	0.511	1.217	91.600			
33	0.493	1.173	92.773			
34	0.472	1.124	93.897			
35	0.443	1.055	94.951			
36	0.376	0.896	95.847			
37	0.365	0.868	96.715			
38	0.319	0.760	97.476			
39	0.301	0.717	98.193			
40	0.289	0.687	98.879			
41	0.259	0.617	99.496			
42	0.212	0.504	100.000			

提取方法：主成分分析

根据 KMO 和 Bartlett 的检验，KMO 值为 0.710。统计学家 Kaiser 给出了一个 KMO 的适合做因子分析的标准：0.9<KMO，非常适合；0.8<KMO<0.9，适合；0.7<KMO<0.8，一般；0.6<KMO<0.7，不太适合；KMO<0.6，不适合。因此，从 KMO 值来看，适合做因子分析。Bartlett 球形度检验给出的概率为 0.000，小于给定的显著性水平 0.050，因此拒绝零假设，也适合做因子分析。

从提取公因子来看，提取 15 个公因子能反映指标体系中 62.188 的信息，公因子基本能够反映农牧民安居工程供给效率评价指标体系所包含的信息。从共同度来看，农牧民安居工程供给效率评价指标体系中的所有具体指标的共同度都大于 0.4，其中只有两个值是处于 0.4~0.5，所有具体指标都保留。综合看来，可以得出前面初步构建的西藏农村公共产品供给效率评价指标与因子分析结果基本相符，说明指标体系构建较为正确。

4.3　满意度调查及问卷分析

正是资源的稀缺性和人的欲望的无止境性这一对基本冲突才产生了经济学[①]。公共产品的供给，也是供给的有限性和消费者需求的无限性，才构成了供给效率

---

① 田国强. 现代经济学的基本分析框架与研究方法[J]. 经济研究，2005(2)：113-125.

的理论意义。对于同一公共产品，即使提供再多，消费者若没有需求，便是无效率的。只有消费者认同的、需要的公共产品的供给，才是有效率的。坚持"以人为本"的科学发展观，"人的全面发展"是和谐社会的集中体现，这也为我们对西藏农村公共产品供给效率评价中从农牧民满意度的角度提供了理论依据。本书通过前面构建的农牧民安居工程供给效率评价体系，引入"农牧民满意度"概念，形成了以满意度为导向的效率评价框架。具体的评价需要由农牧民对安居工程供给做出满意度评价，因此，在实践中，我们采取了调查问卷的方式获得农牧民对农村公共产品的满意程度。

4.3.1　调查问卷设计与说明

为了确保调查问卷设计得更加科学、准确，我们把调查问卷的设计分为两大部分，其中，一部分是针对调查对象的基本情况，如年龄、性别、婚姻状况、从事行业、收入水平、文化程度等方面；另一部分是针对安居工程项目的情况，主要包括前面所述的 8 类一级指标、38 项二级指标。调查问卷的评价级别分为非常满意、满意、一般、不满意、非常不满意五类。农牧民在被调查时，只需要在这五类评价等级中，针对 38 项具体指标进行满意度测评。

其中，调查问卷总计发放了 179 份，实际有效问卷是 146 份，有效问卷率达 82%，符合科学研究的要求。为了进一步确保所收集数据的准确性，在回收调查问卷以后，作者还通过互联网、统计年鉴等方式进一步核实有关情况，以深度了解和准确掌握农牧民的真实意愿和诉求。

4.3.2　调查问卷的样本分析

1. 被调查对象的个人和家庭基本情况

被调查对象的个人情况：

性别分布上，男性比例为 81.6%，女性比例为 18.4%。

婚姻状态上，已婚比例为 98%，未婚比例为 2%。

年龄分布情况见表 4.6。

表 4.6　年龄分布情况

年龄分布/岁	18~25	26~35	36~45	46~55	56 以上
被访人数/人	7	38	42	55	4
百分比/%	4.7	26	28.8	37.7	2.8

接受教育程度见表 4.7。

表 4.7　接收教育情况

文化程度	小学及以下	初中	高中(中专)	大学及以上
被访人数/人	128	9	7	2
百分比/%	87.7	6.1	4.8	1.4

从事行业情况见表 4.8。

表 4.8　从事行业情况

从事行业	第一产业	第二产业	第三产业
被访人数/人	133	9	4
百分比/%	91.0	6.1	2.9

此处需要说明的是，9 位被调查对象所从事的第二产业都是运输业，其中，3 位是运输青稞、土豆等农牧产品，另外 6 位是运输建筑建材；4 位从事第三产业的都是开的小卖部，售卖一些基本的生活用品。

家庭收入情况见表 4.9。

表 4.9　家庭收入情况

收入/元	5000 及以下	5001~10000	10001~20000	20001~30000	30001~40000	40001 及以上
户数/户	52	82	6	2	1	3
百分比/%	35.5	56.1	4.2	1.4	0.7	2.1

2. 问卷分析情况

从上面的文件样本分析情况看，被访对象中男性比重过大，女性比重偏低，这主要是因为在西藏农牧区男性的劳动力作用更大，在家庭中的地位更高，作者在入户调查时，大多男性农牧民愿意主动接受问卷和访谈，很多妇女则选择回避或躲闪到一旁。在婚姻状态方面，已婚农牧民占比较大的原因是作者选择的访谈和调查对象主要集中在成年农牧民，作为在西藏的农村地区，和全国其他地区情况比较雷同，普遍到了适婚年龄都会及时选择结婚。在受教育程度方面，总体来看，小学及以下占比极大，大学以上几乎为空白，这也反映出西藏农村地区的教育发展严重滞后。在从事行业和收入水平方面，中低收入占比较大，因为绝大多数农牧民依旧从事着农牧业，并且生产方式原始落后，而从事商品服务行业和运输业的人群收入明显高于从事农牧业的人群，这也反映出在西藏要解决农牧民收入过低问题，还是要从产业结构调整上入手。

从调查问卷的样本分析情况来看，基本上能如实反映西藏农村地区的现状，尽管被访对象中有极个别不愿意直接回答作者的问题，这可能出于某些原因，但总的来说，146 位受访对象还是能直接、真实地回答问题或填写问卷。

4.3.3　农牧民安居工程的满意度分析

在中央提出建设社会主义新农村这一重大战略任务之后，2006 年，西藏自治区结合自身实情，决定以安居工程为突破口，全面推进新农村建设。西藏针对农牧民实施的安居工程是西藏"十一五"期间的重大民生工程，政府高度重视，倾力支持，认真组织，全面推进。从中央到地方给予了大量的优惠政策、财政补贴和财政转移支付，整个安居工程建设时间长，涉及人群多，需求资金量大，覆盖地域广，截至 2013 年底，已经全部完成包括农房改造、游牧民定居、富民兴边、地方病搬迁和扶贫搬迁为主要内容的安居工程建设。农牧民安居工程总计投资 278 亿元，实现了 46.03 万户农牧民的安居生活，纵观比较，西藏广大农牧民人均住房面积增加了 20% 以上。西藏自治区政府兑现了当初的承诺，农牧民对此十分满意。

针对 8 类一级指标和 38 个具体指标，作者将问卷调查进行数据统计，客观展示出农牧民对安居工程这一重大民生项目的满意度情况，以便后面对存在的问题进行理论研究。

1. 房屋建设情况满意度

农牧民安居工程房屋建设情况满意度评价表见 4.10。

表 4.10　房屋建设情况满意度　　　　　　　　　　　　（单位：%）

评价对象	非常满意	满意	一般	不满意	非常不满意
实施顺序	88	11	1	0	0
房屋设计	52	38	9	1	0
财政补贴	30	32	28	9	1

1)财政补贴的公平问题

从调查问卷的结果来看，对于政府给予的财政补贴问题评价较低。资金来源是安居工程建设中的难点，也是重点，从理论上讲，房屋修建本属于私人产品，完全可以由市场提供，但是西藏农牧民长期生活在恶劣的环境中，且经济发展滞后，农牧民收入水平较低，根本无法实现自行建房，加之牧区的游牧民需要通过游牧生活完成牧业生产，不愿意选择定居生活模式。按照公共产品理论，就需要政府运用公共财政手段对其进行补贴或转移支付，因此安居工程便具有公共产品的性质。

但根据西藏推进安居工程建设的实施方案来看，安居工程建设的资金来源主要是政府补助、银行借贷、援藏支持、群众自筹、社会捐助等，政府对农牧民的补助根据不同类别和地域略有差异。以山南地区扎囊县为例，绝对贫困户每户补助 2.5 万元，贫困户每户补助 1.2 万元，地方病重病区群众搬迁每户补助 2.5 万元，游牧民定居每户补助 1.5 万元，兴边富民补助 1.2 万元，农房改造每户补助 1 万元，整修工程占 0.5 万元。通过深入分析可以发现，补助标准采用一刀切的方式，这样有利于确保形式公平、公正，但可能潜藏着结果的不公平和不公正。本章选取阿里地区噶尔县 2013 年的 38 户农牧民为例，了解国家的财政补助额和农牧民的自筹经费额的有关情况(表 4.11)。

表 4.11　国家财政补助与自筹情况

序号	户主	人数	新建住房面积/m²	国家补助/万元	自筹/万元
1	群培	1	50	3.32	0.5550
2	格桑卓玛	2	60	3.32	0.0000
3	朗宗	1	60	3.32	1.3300
4	次旺益西	4	60	3.32	1.3300
5	次仁旺久	1	60	3.32	1.3300
6	格桑旦达	5	60	3.32	1.3300
7	珠卓	3	60	3.32	1.3300
8	嘎玛达瓦	3	80	3.32	2.8800
9	白玛旦增	2	80	3.32	2.8800
10	嘎玛朗达	2	60	3.32	1.3300
11	楚成	3	60	3.32	1.3300
12	扎西占堆	3	100	3.32	4.4300
13	次仁加布	1	55	3.32	0.9425
14	扎瓦	4	65	3.32	1.7175
15	桑噶	4	70	3.32	2.1050
16	才旺卓玛	1	60	3.32	1.3300
17	贵桑	2	70	3.32	2.1050
18	索南多吉	3	60	3.32	1.3300
19	格桑旺姆	1	120	3.32	5.9800
20	拉珍	2	200	3.32	12.0000
21	才旺巴姆	2	45	3.32	0.0000

续表

序号	户主	人数	新建住房面积/m²	国家补助/万元	自筹/万元
22	格吉拉宗	2	150	3.32	8.3000
23	扎西多吉	3	60	3.32	1.3300
24	女达瓦	3	60	3.32	1.3300
25	白玛扎西	5	65	3.32	1.7175
26	次仁玉珍	2	60	3.32	1.3300
27	崩穷	1	60	3.32	1.3300
28	努宗	5	60	3.32	2.1050
29	格桑曲珍	3	70	3.32	2.1050
30	央宗	7	70	3.32	2.1050
31	南木杰	3	65	3.32	0.0000
32	次仁	4	70	3.32	2.1050
33	曲加措	5	70	3.32	2.1050
34	嘎次仁	3	70	3.32	2.1050
35	桑嘎扎西	3	60	3.32	1.3300
36	卓玛玉洛	3	60	3.32	1.3300
37	旦巴	3	60	3.32	1.3300
38	达瓦	2	60	3.32	1.3300

　　杨明洪认为，农牧民之所以拥护安居工程，愿意接受政府的号召实现定居生活，其中一部分原因就是建房资金有政府的补助，而非自行全额负担，所以一旦政府补助不足以完成建房，就会严重挫伤农牧民参与的积极性。从表 4.11 中可见，国家给予农牧民的财政补助是统一的标准，都是 3.32 万元。这样的补助标准看似是公平、公正的，但是仔细分析会发现，对于经济宽裕的农牧民来讲，政府给予的财政补助数额不大，占比较小，多则不多，少则不少，对新建或改造房屋影响不大。[①] 但对于经济条件相对较差的农牧民来说，政府的补助款完全不够建房，农牧民就需要付出巨大努力筹款建房。有条件的农牧民就想不断扩大住房面积，哪怕自筹款项数额较大，如拉珍筹款 12 万元，修建 200 平方米的住房；格吉拉宗自筹 8.3 万元，修建 150 平方米的住房；格桑旺姆自筹 5.98 万元，修建 120 平方米的住房。家庭经济条件相对较差的农牧民，住房面积大多不超过 60 平方米，如才旺巴姆没有任何渠道自筹经费，仅能选择 45 平方米的住房面积。

　　噶尔县地处西藏的最西部，平均海拔 4350 米，总面积为 18083 平方公里，但人口仅为 1.22 万，作者在实地调查中发现，噶尔县四面环山，该地区的气候环境

---

① 杨明洪. 西藏农牧民的民生发展——基于田野调查的综合实证研究[M]. 成都：四川大学出版社，2013：209.

恶劣，常年平均气温不到1℃，霜冻期较长，气候干燥寒冷，还伴有雪灾、干旱、泥石流、风沙、滑坡等自然灾害。在这样极端恶劣的条件下，农牧民就业结构非常单一，几乎都是依靠饲养牛羊为生，仅有少数几户农牧民是从事氆氇等手工业生产，整体收入水平较低。在这样的情况下，如果按照统一补助标准，虽然实现了形式上的公平，但很可能造成结果的不公平。可见，资金问题直接影响农牧民参与的积极性和安居工程的实施效果。

2）房屋设计问题

从调查问卷分析来看，农牧民对于房屋设计评价还算中偏上。回顾安居工程建设初期，个别地方政府为了追求显著政绩，盲目开工建设，在建设选址、房屋设计等方面没有充分听取农牧民的意见和建议，农牧民的参与度不高，诉求没有得到充分体现。在安居工程的建设过程中，从设计方到施工方汉人居多，藏族居民参与较少，所以没有充分考虑西藏人民的生活习惯和宗教信仰习惯，例如，农牧民在进行房屋装修时，非常看重经堂的设计与装饰，往往经堂也是农牧民装修费用花费较大的地方，这主要因为西藏几乎全民信仰藏传佛教。另外，由于绝大多数农牧民都养殖了牛羊等牲畜，过去住帐篷不存在人畜分离的问题，现在过上定居生活，房屋修建设计时就必须考虑人畜分离问题，以防人畜交叉感染，降低疾病发生率。西藏自治区政府对此非常重视，有条件的地区请藏族设计师或对藏族建筑设计有经验的汉族设计师，同时设计出3~4套方案，供广大农牧民选择。总的来看，农牧民对房屋的设计还是很满意的。

至于实施顺序问题，在所调查的几个村落，基本都是采用抽签的方式决定实施的先后顺序。在日喀则市东嘎乡帕热村调查得知，该村优先考虑经济相对贫困的农牧民家庭先行参与安居工程，然后剩余指标再通过抽签方式完成。农牧民对此做法是比较认可的，认为政府基本做到了公平、公正、公开。

总的来说，安居工程建设对于广大农牧民来说是一项得实惠的民生工程，对于改善农牧民的人居环境和生活质量有着积极作用，具有较强的社会正效应。

2.农牧民就业和收入情况满意度

定居后农牧民的就业和收入情况满意度评价见表4.12。

表4.12　农牧民就业与收入情况满意度

（单位：%）

评价对象	非常满意	满意	一般	不满意	非常不满意
就业机会	4	31	38	22	5
收入水平	1	20	37	24	18

定居容易定心难。这说明解决农牧民的居住问题容易，但要真正解决农牧民

在定居后的就业和收入来源问题比较困难。作者始终认为，政府启动安居工程表面上是在解决农牧民的居住问题，实质上是要解决农牧民的生计问题。具体而言，就是要调整西藏的产业结构和产业布局，增加非农就业机会，拓宽就业领域，提高收入水平。这一点也是本书研究的重点、难点问题，后面还会进一步详细论述。

3.基础设施建设情况满意度

农牧区基础设施建设情况满意度评价见表 4.13。

表 4.13　基础设施建设情况满意度

（单位：%）

评价对象	非常满意	满意	一般	不满意	非常不满意
道路设施	3.8	31.6	45.6	18.2	0.8
电网设施	49.0	42.1	8.9	0	0
光纤电视	37.0	51.0	11.6	0.4	0
网络通信	42.6	39.7	18.7	1.0	0
水利设施	3.0	29.1	36.8	31.1	0
周边绿化	5.9	26.8	33.2	30.8	3.3

安居工程建设是一个系统性工程，不单单是房屋的新建或改建，还包括房屋周边的基础设施建设，如饮水、用电、道路、通信、邮政、广播电视、网络等方面，通过对基础设施建设情况满意度评价的调查问卷分析可见，农牧民的满意度总体是集中在满意和一般的状态，需要说明的是，部分农牧民在被访谈时，即使对其中某一项极其满意也只会选择"满意"。

实地调研中可以看到，各地的基础设施发展有所不同。如定居点周边的绿化问题，由于林芝市海拔较低，植被丰富，域内有雅鲁藏布江，所以米林县定居点周边的绿化建设较好。但是在噶尔县，海拔较高，植被匮乏，整个定居点的周边绿化环境较差。又如用水问题，根据收集的资料发现，那曲县下辖的那曲镇实行安居工程以后，新建房屋周边缺乏饮水设施建设，大多饮用周边的河水，人畜饮水并没有彻底分开。再如道路交通问题，日喀则市东嘎乡定居点周边虽然新建了道路，但由于当时资金有限，道路质量较低，路面水泥硬化率不高，多为砂石路面，用当地农牧民的话说是"雨天一身泥，晴天一身灰"，到了干燥多风季节，这个地方漫天黄沙，不仅严重影响村容村貌，还给当地农牧民身体健康带来隐患。

4.公共医疗和卫生发展情况满意度

定居点公共医疗和卫生发展情况满意度评价见表 4.14。

表 4.14　公共医疗和卫生发展情况满意度　　　　　　（单位：%）

评价对象	非常满意	满意	一般	不满意	非常不满意
疾病治愈率	2.0	46.0	30.0	18.0	4.0
卫生预防和保健	1.0	22.0	19.6	49.6	7.8
突发公共卫生事件	0.4	19.0	48.7	26.4	5.5
地方病治疗	11.0	46.9	20.0	22.1	0
健康知识普及	2.0	13.8	49.2	32.8	2.2
卫生防疫机构建设	15.0	37.0	21.0	19.6	7.4

　　根据问卷调查分析情况来看，农牧民对地方病和一般疾病的治愈还算满意，这主要源于中央和西藏地方财政拿出专项资金解决地方病治疗问题。在实地调研中也发现，个别地方在建设安居工程前，确实严重缺乏医疗机构，虽然有卫生所但药品匮乏、设备陈旧、服务能力弱。在实施安居工程以后，部分定居点周边新增了医疗卫生所，也增加了医疗卫生工作人员，但总体情况来看，还是存在着设备陈旧和医疗服务能力不高的问题。

5.科技文化教育和体育发展情况满意度

　　科技文化教育和体育发展情况的满意度评价见表 4.15。

表 4.15　科技文化教育和体育发展情况满意度　　　　　（单位：%）

评价对象	非常满意	满意	一般	不满意	非常不满意
学前教育	4.4	29.7	16.9	45.9	3.1
义务教育	19.0	58.9	21.8	0.3	0
职业技术培训	16.6	21.4	33.0	29.0	0
教育设施	11.0	69.8	18.4	0.8	0
公众文化活动	1.0	20.0	51.3	27.7	0
公共体育设施	3.0	18.8	53.7	24.5	0
科学技能和文化知识普及	8.0	33.0	48.2	6.1	4.7

　　根据问卷分析可见，由于政府的高度重视，定居点新建、改建、扩建了一些学校，解决了原来学校数量不足的问题，加之专项资金的保障，义务教育得到了充分保证，农牧民整体对义务教育的认可度较高。在实地访谈中也了解到，农牧民渴望有更多的幼儿园和学前班，成年农牧民也希望有更多机会参与技能培训，特别是失业农牧民，希望通过技能培训和岗前培训获取更多就业能力，以找到更加合适的工作。另外，多数农牧民认为在基层缺乏完备的体育运动设施和组织者，

少有开展体育文化活动，甚至大家认为劳动第一，体育运动可有可无。

6. 村容村貌情况满意度

村容村貌情况满意度评价见表 4.16。

表 4.16　村容村貌情况满意度　　　　　　　　　　　　　　（单位：%）

评价对象	非常满意	满意	一般	不满意	非常不满意
环保知识的普及与宣传	8.6	37.7	26.4	23.4	3.9
周边治安	9.0	52.0	30.0	9.0	0
生活垃圾处理	0	31.2	36.3	17.8	14.7

定居点的周边治安和环境综合治理情况总体来说还是不错的，尤其是治安状况较好，在实地调研中发现，当地极少发生治安刑事案件。农牧民主要不满意的还是定居点的生活垃圾处理问题，因为他们一方面缺乏垃圾处理常识，另一方面也缺乏处理的技术和设备，而当地政府对生活垃圾处理的关注度不够，有个别地方还是比较脏乱。

7.定居后续产业结构调整情况和基层民主治理情况的满意度

需要特别说明的是，对于定居以后的产业结构调整和基层民主治理情况无法从调查问卷中获得准确了解，但是在实地调研中，通过西藏自治区社会科学院、西藏自治区发展和改革委员会、西藏自治区财政厅和西藏自治区统计局收集到了一些数据和资料，经过理论分析，对实施安居工程前后的西藏产业结构和产业发展进行了比较，从中发现农牧民在定居以后多数不再从事游牧业，改为从事农业、手工业和服务业。对于基层治理问题，当初实施安居工程的目的之一就是希望通过将分散的游牧民聚居起来，方便提供公共服务和民主化的基层治理，这些年来，在西藏自治区党委政府的领导和指导下，西藏村一级群众自治组织取得了不少进步，但依旧存在很多问题，需要进一步完善和推进。针对产业问题和基层治理问题，后面还将有专门的章节来进行理论分析。

4.4　效率评价方法及思路

4.4.1　模糊综合评价的起源

本书在研究农牧民安居工程满意度过程中，考虑到满意度具有的模糊性问题，即会遇到并非都是"非此即彼"的逻辑关系。例如，有些农牧民可能就会认为很好，有些人可能认为一般，甚至有些人认为较差。因此，我们很难直接用"好"或者"不好"来评价公共产品的供给。现实生活中的很多现象存在着许多甚至无穷多的中间状态，表现出亦此亦彼的不确定性。

模糊数学就是利用数学工具解决模糊事物方面的问题。1965 年，美国加州大学控制论专家扎德(Zadeh)发表了题为《模糊集合》的论文，第一次提出了"模糊集合"的概念，运用精确的数学方法描述了模糊概念，模糊数学由此产生，并开始进入人类科学研究的领域 。

模糊综合评价方法就是一种基于模糊数学，在多种因素的影响下，对一事物或对象的综合评标方法。该综合评价法根据模糊数学的隶属度理论把定性评价转化为定量评价，能较好地解决模糊的、难以量化的问题，适合各种不确定性问题的解决。因此，本书在研究西藏农村公共产品供给效率问题时，运用满意度理论，采用模糊综合评价方法进行相关评价。

4.4.2　模糊综合评价的步骤[①]

(1)确定评价因素和评价等级。

评价因素和评价等级的确定，即用什么样的指标来评价及通过什么样的描述来刻画评价等级。设 $U = \{u_1, u_2, \cdots, u_m\}$ 为评价对象的 m 种因素，即评价指标。$V = \{v_1, v_2, \cdots, v_n\}$ 为评价对象每一因素所处的状态的 n 种评价等级。因此，对于被评价对象来说，它构成了自己的因素集，且每一个因素都有一个被评价出来的等级。

(2)构造判断矩阵和确定权重。

对被评价对象的因素 $u_i(i = 1,2,\cdots, m)$ 做单因素评价，相对于评价等级 $v_j(j = 1,2,\cdots, n)$ 得到第 i 个因素 u_i 的评价集：

$$r_i = (r_{i1}, r_{i2}, \cdots, r_{in})$$

这样，对于具有 m 种因素的被评价对象所构成的评价集就形成了一个总的评价矩阵 $\boldsymbol{R}$，即每一个被评价对象确定了从 U 到 V 的模糊关系 $\boldsymbol{R}$，如下矩阵：

$$\boldsymbol{R} = (r_{ij})_{m \times n} = \begin{pmatrix} r_{11} & r_{12} & \cdots & r_{1n} \\ r_{21} & r_{22} & \cdots & r_{2n} \\ \vdots & \vdots & & \vdots \\ r_{m1} & r_{m2} & \cdots & r_{mn} \end{pmatrix}$$

其中，r_{ij} 表示被评价对象的第 i 个因素 u_i 在第 j 个评价等级 v_j 上的频率分布

---

① 杜栋，庞庆华，吴炎. 现代综合评价方法与案例精选[M]. 北京：清华大学出版社，2008：35-37.

$(i=1,2,\cdots,\ m;\ j=1,2,\cdots,\ n)$，一般将其归一化，使其满足 $\sum r_{ij}=1$。这样，$\boldsymbol{R}$ 矩阵本身就是没有量纲的，不需要做专门处理。

构造了判断矩阵之后，还应考虑评价因素中各个因素在被评价对象中是具有不同的地位和作用的，各评价因素在综合评价中占有不同的比重，即每个因素的权重是不一样的，需要确定。因此，引入 U 上的一个模糊子集，表示被评价对象的各个因素的权重，用 $\boldsymbol{A}$ 表示：

$$A=(a_1,\ a_2,\cdots,\ a_m)$$

其中，$a_i>0\ (i=1,2,\cdots,\ m)$，且 $\sum a_i=1$。

确定各个因素的权重通常有主观赋权法和客观赋权法，主观赋权法是指请若干专家就各指标的重要性进行评分，然后得到权重的方法，现在使用较为广泛的有 Delphi 法、模糊评价法、层次分析法等。客观赋权法是根据各因素之间的内在联系，利用数学方法得出权重的方法，如变异系数法、主成分分析法、熵值法等。各种权重确定方法各有利弊，最终都会形成对被评价对象各因素相对重要性大小的量度值。

(3)进行模糊运算和形成结果。

矩阵 $\boldsymbol{R}$ 中不同的行反映了被评价对象的不同单因素在评价等级模糊子集的隶属程度，用权重 $\boldsymbol{A}$ 将不同的行进行综合，就可以得到该被评价对象从总体上看对各评价等级模糊子集的隶属程度，即模糊综合评价结果向量。

通过引入 V 上的一个模糊子集 $\boldsymbol{B}$，称模糊评价，即 $\boldsymbol{B}=(b_1,\ b_2,\cdots,\ b_n)$。$B$ 可以通过 $\boldsymbol{A}$ 和 $\boldsymbol{R}$ 求出（"·"为算子符号），即有

$$\boldsymbol{B}=\boldsymbol{A}\cdot\boldsymbol{R}=(a_1,\ a_2,\cdots,\ a_m)\cdot\begin{pmatrix} r_{11} & r_{12} & \cdots & r_{1n} \\ r_{21} & r_{22} & \cdots & r_{2n} \\ \vdots & \vdots & & \vdots \\ r_{m1} & r_{m2} & \cdots & r_{mn} \end{pmatrix}$$

最终得出评价结果 $B=(b_1,\ b_2,\cdots,\ b_n)$，如果评价结果 $\sum b_j\neq 1\ (j=1,2,\cdots,\ n)$，则对其进行归一化，归一化的公式为 $b_j'=b_j\Big/\sum\limits_{j=1}^{n}(b_j)$。$b_j'$ 表示被评价对象具有评价等级 v_j 的程度，B 是对每个被评价对象综合状况分等级的程度描述，通常可以采用最大隶属度法则对其处理，得到最终评价结果。

4.4.3　模糊综合评价的应用思路

模糊综合评价方法当前在很多研究领域都得到了广泛应用。对于一个具有多种属性的事物而言，其总体的优劣好坏会受到多种因素影响，合理考虑事物的多属性或多因素而做出的总体评价在现实中更具有说服力。

　　西藏农牧民安居工程效益评价，是基于农牧民视角，由农牧民对安居工程的提供做出的一个满意度评价基础上进行的综合评价，具有很强的模糊性。因此，最终的评价结果是一个集合，而不是一个点值，通过隶属度能够描述出评价等级的分布情况，能较为准确地刻画农村公共产品供给效率的模糊状况，模糊综合评价方法所得出的结果在信息质量上具有优越性。

　　根据模糊综合评价方法的思路，在已经构建的西藏农村公共产品供给效率评价指标体系基础上，西藏安居工程效益评价的流程图如图 4.1 所示。

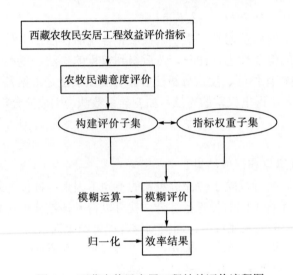

图 4.1　西藏农牧民安居工程效益评价流程图

　　西藏农牧民安居工程效益评价指标体系由生存生产类农村公共产品、福利保障类农村公共产品和持续发展类农村公共产品三个子系统所构成，具体又由基础设施、农业生产、公共安全、公共卫生、社会保障、公共教育、科技文化体育服务、生态环境保护 8 个二级分类指标 42 项具体指标所构成。因此，西藏农村公共产品最终的总体供给效率，可以在各项具体指标评价的基础上逐步综合评价得出。根据农牧民对各项具体公共产品的满意度评价，通过模糊综合评价方法得出的二级分类指标评价结果变成了一级指标(子系统)评价的内生变量，而一级指标(子系统)评价结果又变成了西藏农村公共产品总体效率评价的内生变量。因此，西藏农村公共产品供给效率的评价总体模型如图 4.2 所示。

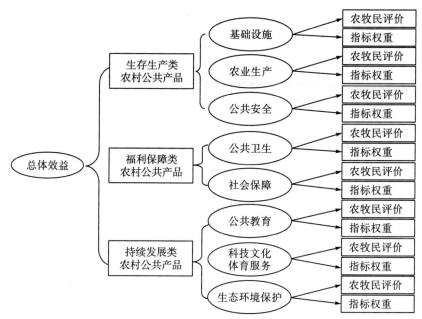

图 4.2　西藏农牧民安居工程效益评价总体模型

由此，根据之前所构建的西藏农牧民安居工程效率评价指标体系，建立评价对象集合 U ＝西藏农牧民安居工程效益，具体对象集合为

$U=\{u_1,u_2,u_3\}=\{$生存生产类农村公共产品，福利保障类农村公共产品，持续发展类农村公共产品$\}$

依次构成的二级评价对象集合为

U_1＝生存生产类农村公共产品＝$\{u_{11},u_{12},u_{13}\}=\{$基础设施，农业生产，公共安全$\}$

U_2＝福利保障类农村公共产品＝$\{u_{21},u_{22}\}=\{$公共卫生，社会保障$\}$

U_3＝持续发展类农村公共产品＝$\{u_{31},u_{32},u_{33}\}=\{$公共教育，科技文化体育服务，生态环境保护$\}$

三级评价对象集合为

u_{11}＝基础设施＝$\{$乡村公路建设，乡村通电建设，乡村广播电视，乡村通信覆盖，基本生活用能，人畜安全饮水$\}$

u_{12}＝农业生产＝$\{$农田设施，农业灾害防治，农业技术推广及培训，农业生产资料提供，农业市场及信息服务$\}$

u_{13}＝公共安全＝$\{$乡村警务、消防救助，乡村社会治安，自然灾害救助，事故发生控制，法律援助服务，家庭、邻里调解服务$\}$

u_{21}＝公共卫生＝$\{$新型农村合作医疗，疾病预防与控制，卫生保健，突发公共卫生事件应急处理，健康知识指导教育$\}$

$u_{22}=$社会保障$=\{$社会救济工作，农村社会养老保险，优抚安置工作，社会福利工作，安居工程$\}$

$u_{31}=$公共教育$=\{$教育设施，学前教育，九年义务教育，青少年校外教育，农民培训与教育$\}$

$u_{32}=$科技文化体育服务$=\{$科学知识普及，公共文化设施，公众文化活动，公共体育设施，公共体育活动$\}$

$u_{33}=$生态环境保护$=\{$环保宣传工作，污染防治工作，垃圾收集、清运和处理，村容村貌，退耕还林还草$\}$

根据每一因子评价等级论域，建立统一的评价集$V=\{v_1,v_2,\cdots,v_5\}=\{$非常满意，满意，一般，不满意，很不满意$\}$。对于评价对象$U$，根据其评价因子的评价等级构建一个判断矩阵：

$$R=\begin{pmatrix} R_1 \\ R_2 \\ R_3 \end{pmatrix}=(r_{ij})_{3\times 5}=\begin{pmatrix} r_{11} & r_{12} & r_{13} & r_{14} & r_{15} \\ r_{21} & r_{22} & r_{23} & r_{24} & r_{25} \\ r_{31} & r_{32} & r_{33} & r_{34} & r_{35} \end{pmatrix}$$

其中，r_{ij}表示评价对象U的第i个因子u_i在第j个评价等级v_j上的频率分布，$(i=1,2,3;\ j=1,2,\cdots,5)$。

对于二级评价对象u_i，也可以构建相应的评价等级判断矩阵：

$$R_i=\begin{pmatrix} R_{i1} \\ R_{i2} \\ \vdots \\ R_{im} \end{pmatrix}=\begin{pmatrix} r_{i11} & r_{i12} & \cdots & r_{i15} \\ r_{i21} & r_{i22} & \cdots & r_{i25} \\ \vdots & \vdots & & \vdots \\ r_{im1} & r_{im2} & \cdots & r_{im5} \end{pmatrix}$$

其中，m为二级评价对象u_i评价因子的个数，$i=1,2,3$。

同样道理，对于三级评价对象，相应的评价等级判断矩阵构建为

$$R_{im}=\begin{pmatrix} R_{i11} \\ R_{i22} \\ \vdots \\ R_{imn} \end{pmatrix}=\begin{pmatrix} r_{i111} & r_{i112} & \cdots & r_{i115} \\ r_{i221} & r_{i222} & \cdots & r_{i225} \\ \vdots & \vdots & & \vdots \\ r_{imn1} & r_{imn2} & \cdots & r_{imn5} \end{pmatrix}$$

其中，m为二级评价对象u_i评价因子的个数；n为三级评价对象u_{im}评价因子的个数，$i=1,2,3$。

于是，在西藏农牧民安居工程供给效率评价指标体系中三级指标权重确定为A、A_i和A_{im}的基础上，评价模型为$B_{im}=A_{im}\times R_{im}$，$B_i=A_i\times R_i$和$B=A\times R$，通过计算最终得出评价的结果。为了简便起见，本书对最后的评价结果从两个方面予以考虑，第一个方面就是基于最大隶属度的分析。隶属度是指在给定评价论域U，U上的一个模糊子集合A，对于任意元素$X\in U$，都能确定一个函数$\mu_{A(x)}=[0,1]$，用以表示x属于A的程度，$\mu_{A(x)}$称为x对A的隶属度。具体来讲，评价结果的集

合 $V=\{v_1, v_2, \cdots, v_5\}$，取其中最大值的元素 v_j 作为评价结果。第二个方面，本书对最终评价集合中的 v_1（非常满意）和 v_2（满意）统一归入"满意"一类[①]，将 v_3（一般）、v_4（不满意）和 v_5（很不满意）的结果归入"不满意"一类，作为满意程度的参考系。为了充分利用评价模型所产生的信息，假设"非常满意、满意、一般、不满意、很不满意"的参数列向量分别为"5、4、3、2、1"，按照对"满意"的界定，那么介于满意和不满意之间的得分"3.5"是属于中等水平，高于"3.5"表示效率较高，低于"3.5"则表示效率较低。

4.5　效益评价结果及后续问题分析

4.5.1　评价结果

始于 2006 年的西藏农牧民安居工程建设，作为一项政府主导的大型民生工程，耗时近 8 年，总计耗资 280 多亿元，彻底解决了 40 多万农牧民的定居问题，虽然境外部分学者对此项民生工程持有偏见，但从总体效果来看，西藏农牧民安居工程的建设是成功的，彻底结束了广大农牧民逐水草而居、人畜共饮的落后生活状况，对西藏当地的经济社会发展和农牧民的民生改善具有重要的现实意义。立足于公共产品供给的理论视角，西藏作为我国贫穷落后的西部少数民族地区，能在政府主导下推行此项覆盖人口多、建设周期长、牵涉环节多、辐射范围广、后续影响大的民生工程，是非常值得总结经验教训和探寻规律的，这也为本书研究西藏农牧民安居工程提供了理论研究的空间。

1. 积极效果一：有利于推动西藏社会主义新农村建设

2006 年，西藏自治区党委政府结合西藏发展实际，决定以农牧民安居工程为突破口，全面推进社会主义新农村建设。当时西藏这一决定的目的是以为农牧民修建、改建住房为依托，通过改善农牧民的生活环境，提高其生活质量，让广大农牧民"安居乐业"，从而实现社会主义新农村建设。但从现在的实际情况来看，西藏地方政府当时并没有系统的思路、举措，甚至对西藏应该如何利用安居工程来实现社会主义新农村建设缺乏正确认识。本书认为，正是基于西藏建设社会主义新农村的特殊性，以农牧民安居工程为突破口是非常正确的路径选择，但必须要对农牧民安居工程有系统、全面的认识。

第一，实施安居工程可以彻底改变农牧民人畜共居、人畜共饮的生活状况，

---

① 因为本书研究的目的是通过了解农牧民对农村公共产品的满意度情况来反映公共产品的供给效率，若"非常满意"和"满意"的评价隶属度不高，则效率较低。

帮助农牧民过上现代化的生活，这对广大农牧民接受新事物、新观念具有积极影响。西藏农牧民对外来事物、观念接受较慢，尤其是市场经济意识欠缺，因此，从某种意义上讲，安居工程的实施有助于打破农牧民的观念束缚，让农牧民享受到现代科技和科学知识带来的便捷。

第二，本书始终认为资源禀赋、社会制度、比较优势等方面决定了西藏的生产关系和生产方式，而旧有的生产关系和生产方式又决定了农牧民的生活方式，西藏通过政府引导和介入，改变了农牧民的生活方式，客观上就需要改变生产方式以相配套，即优化现行产业布局，否则农牧民定居不定心。

第三，要让农牧民安居乐业就必须要有业可乐。安居工程彻底改变了农牧民逐水草而居、逐水草而牧的生产生活方式，为了维系生计，农牧民就必须要有更多就业机会。但就目前实际来看，一是农牧民受教育程度低，科学文化素养和技能水平不高，严重缺乏就业竞争能力；二是现行就业政策的制约，导致农牧民就业渠道狭窄，严重制约了农牧民收入增加。同时需要指出的是，在研究农牧民安居工程中，我们发现，部分接受了商品经济观念的农牧民利用安居工程建设，自己搞起了建筑队、运输队、装修队等，不仅给当地农牧民提供了便捷优质的服务，还增强了自我发展能力和收入水平。

第四，传统分散的游牧生活，大大增加了政府提供有效率的公共产品的成本，按照党的十八届五中全会精神和中央第六次西藏工作座谈会的要求，为农村地区提供更有效率的公共产品，是下一步西藏建设社会主义新农村的抓手和举措。通过分析安居工程发现，西藏农村地区在安居工程实施过程中，其基础设施和社会事业获得了极大发展。现在，西藏农村地区的水电管网、光纤网络、通信设施、道路交通、医疗设施、教育设施、社区文化活动站等方面配套齐全，尤其是在农牧民定居区域，通过推进社区化治理模式，大大增强了农牧民的法治和民主意识，让农牧民逐渐强化自我管理、自我教育、自我监督和自我发展意识。

总之，农牧民安居工程是西藏社会主义新农村建设的关键点，必须要充分发挥安居工程的现实作用，以农牧民为主线推进西藏社会主义新农村建设。

2. 积极效果二：有利于推动西藏生态文明发展

生产发展既是建设社会主义新农村的重要任务，也是新农村建设的物质基础。西藏自治区在 2006 年以实施农牧民安居工程为突破口启动新农村建设。通过七年多的努力，安居工程已经全部完工。就实际效果来看，安居工程结束了广大农牧民人畜共居、人畜共饮的生活状况，彻底改善了农牧民生活条件。但从研究数据分析和实地调研来看，西藏至今仍属于我国的欠发达地区，自我积累和自我发展能力严重缺乏，经济发展质量不高。

生态文明是追求工业文明和农业文明过程中的产物，发展生态文明就必须要处理好工业文明、农业文明与其的相互关系，实现三个文明建设的有机结合。客观要求必须协调处理好建设生态文明与发展工业文明、农业文明的关系。对于西藏而言，若是以工业文明、农业文明发展为标准来看，西藏的发展是落后的；若是以生态文明建设为视角来看，就会发现西藏当地生态保护极好，资源丰富，整个青藏高原的生态资源对于全国经济发展来讲，不仅不是一种拖累，反而是一种优势，整个西藏生态文明的发展对全国来说可谓是一种模范，因此，西藏应该坚持可持续发展理念，以生态文明为基点推进西藏农村地区经济发展，不再局限于过去单一的扶贫开发和发展援助，应该转向大力发展生态产业，变现有生态资源为实际生产力，从而创造财富，帮助当地经济发展和民生改善。

3. 积极效果三：有利于增强西藏农牧民内生发展动力

安居乐业是西藏农牧民的热切期盼，西藏自治区党委政府也正是顺应这一客观要求和历史潮流，主导推进安居工程这一得民心、顺民意的民生工程，这也是实现西藏经济社会跨越式发展，建设和谐西藏的基础。安居是手段不是终极目标，乐业才是目的。我们在调研中发现，农牧民对安居工程的满意度不高，其原因之一就在于选择定居生活方式后，失去了维持生计的基本条件，或者生活状况比定居前更加糟糕。

新形势下要真正提高西藏农牧民收入，发挥农牧民安居工程所产生的政治效益、经济效益和社会效益，让广大农牧民定居又定心，就必须调整过去的思路、举措，针对广大农牧民的信教传统、自我发展能力弱、缺乏市场经济意识和就业竞争能力等诸多特点，通过完善就业政策和金融支持政策、增强民族认同感、提高文化教育程度、培育市场经济观念、增强自我发展能力，切实改变农牧民收入状况，继续优化基础设施建设，提高农牧民生活水平和质量，让农牧民过上富裕生活。

4. 积极效果四：有利于推进西藏社区治理

在中国的现代化进程中，社区治理越来越重要，这不仅是城镇化发展的客观要求，也是建设法治国家、民主国家的客观规律。以社区为中心辐射带动城乡全面发展是必然趋势，社区将社会个体联系得更加紧密，这一理念正在获得全社会的认同，从某种意义上讲，社区治理已经成为衡量社会发展成熟度的重要指标。2006 年，西藏自治区党委政府以农牧民安居工程为突破口全面推进新农村建设，其目的就是要将农牧民过去分散的居住方式变为集中居住，这样也是为了更加优质、便捷、低成本地提供公共服务，更是为了加强农牧区基层组织建设，推进社区化治理模式，大力发展精神文明和文化事业，让农牧区共享现代文明。农牧民安居工程建设之初，就将安居工程与农牧区新社区建设和全面建设小康社会紧密地联系在一起，坚持尊重农牧民意愿，突出农牧民诉求为核心，结合西藏的地理环境、气候条件、宗教观念和民族习俗，让全区农牧民生产生活条件得到明显改善，收入明显增加，精神面貌焕然一新，也正是通过实施农牧民安居工程，使农牧区配套的基础设施建设得到进一步完善，基层党组织凝聚力、战斗力得到进一步加强，农牧区新社会的发展构成了整个西藏新农村建设的巨大进步。

新形势下要推进西藏社区治理，首先必须重视社区建设，过去西藏自治区党委政府更多的是关注农村地区的党的建设，加之西藏农村居民分散、规模较小的现实情况，西藏政府没有对社区治理给予足够重视。当前，农牧民安居工程将原本分散的农牧民聚合在一起，这为推进社区建设奠定了基础条件，下一步西藏政府要强化社区建设的物质基础，注重提高农牧民的法治意识和民主意识，切实发挥党组织和党员干部在社区治理中的引领作用和示范效应，大力发展精神文明和文化事业，真正实现西藏农村地区乡风文明、村容整洁、管理民主。

4.5.2　后续问题分析

当对农牧民安居工程进行满意度测评时，我们也发现，在整个安居工程建设过程中出现了一些事前没有预判到的新情况、新问题和新矛盾，有些问题已经解决，有些问题依旧存在，透过对满意度测评的结果分析发现，农牧民对于安居工程建设满意度一般，并没有达到非常理想的结果，当然，本书的调研存在一定程度的片面性，例如，地点的选择、问卷和访谈对象的选择、问题的选择等，都可能导致本书的研究结果不具有普遍性。但作为理论研究，结合西藏特殊的政治、地理条件，本书已经尽可能选择科学的研究方法进行研究，在测评的结果方面，也基本上能反映农牧民对安居工程建设的认可度。

西藏农牧民安居工程建设虽然已经完成了所有的目标任务，但在总结农牧民安居工程带来的积极影响的同时，也要注意把握下一步仍需关注和深入解决的现实问题。

(1)后续问题一：农牧民定居后续产业发展问题。农牧民安居工程主要是改变农牧民的居住生活方式，变过去的游牧生活为定居生活。但是生产方式决定生活方式，改变生活方式就必须要改变生产方式，而改变西藏的生产方式主要是要改变西藏的产业结构，优化产业布局。通过实地调研发现，农牧民之所以钟情于游牧的生活方式，主要是基于西藏产业形态。西藏的农牧业历来都是主导产业，在援藏工作机制确立之前，西藏几乎没有第二产业，第三产业也是后期逐步发展起来的。因此，农牧民定居以后，最现实的问题就是西藏产业结构的调整和优化。而安居工程实施之初，政府并没有完全考虑定居后续产业布局问题，更多的是从改善农牧民居住环境和加强社会管理的角度在制定相应政策，当前，农牧民安居工程已经结束，那么，当务之急就要深入研究定居后续产业发展问题。

（2）后续问题二：农牧民定居后续就业与持续增收问题。定居不是目标，政府推进农牧民安居工程的终极目标是让农牧民定心，而要定心就必须要有业可乐，有了农牧民真正的"乐业"，才能真正地"安居"。安居工程看似一项修建房屋的民生工程，实则事关经济社会的全面发展。无论农牧民选择哪种生活方式，其最终目的还是更好地生活，因此，收入增长问题就是一个重要的衡量标准。过去的游牧生活折射的是农牧业的发达，第二、第三产业的滞后，如果大力发展第二、第三产业，增加更多就业机会和收入来源，让广大农牧民自愿放弃游牧生活，主动搬进敞亮的新房。同时，也只有真正解决脱离了游牧业的农牧民生计问题，才能真正实现安居工程的社会效益。

（3）后续问题三：农牧民定居点的社区治理问题。定居是一种生活方式的改变，但定居不等于直接就过上现代生活，享受到现代文明。政府建设农牧民安居小区，除了旨在为农牧民提供更加优越的居住条件，还有一个目的就是希望通过安居工程建设，让原本分散的农牧民集中居住，方便更好地提供公共服务，实施社区化管理，健全基层民主政治，让广大农牧民享受现代政治文明发展成果。本书在调研中也发现，很多定居点实现了住有所居，有着良好的周边环境，农牧民的新家中也配置了现代家具和家用电器，但是基层民主治理的氛围还远远不够，农牧民的民主管理意识还不强，本书后面将用专门的章节对定居点的社区建设和基层民主治理进行理论研究。

（4）后续问题四：农牧民定居后的城乡统筹发展问题。西藏自治区党委政府以安居乐业为突破口全面开展新农村建设，目的是促使广大农牧民安居乐业，彻底改变过去的人畜共居、人畜共饮状况，逐步改善农牧区生产生活条件和城乡整体面貌。城乡发展则是在生产力高度发达的条件下，城市与乡村实现结合，以城带乡，以乡补城，互为资源，互为市场，互相服务，达到城乡之间在经济、社会、文化、生态方面协调发展的局面，两者有着深刻的联系。安居工程的实施对西藏城乡发展带来了重大的影响和良好的经济与社会效益。

总体来讲，虽然安居工程建成后所取得的实际效果与预期有所出入，但从长远和全局来看，这项民生工程有助于农牧民过上现代生活，享受现代物质文明、政治文明和生态文明，具有极强的社会正效应，是值得点赞的一项伟大民生工程。

第 5 章　西藏农牧民安居工程后续问题一：
定居后续产业发展问题研究

西部大开发以来，国家给予政策、资金、人才和技术的广泛支持，大力发展西部城镇经济和工业经济，试图通过以工促农、以城带乡，实现城乡统筹和西部地区经济全面发展。而西藏这么多年一直保持在 10%以上的 GDP 增速，远远超过了全国平均水平。在经济高速增长的背后，西藏发展模式也备受学界争议。地处青藏高原，追求 GDP 高速增长的传统发展方式没有将潜在的生态资源优势转化为产业优势，各产业间的良性互动不足，反而逐渐侵蚀着青藏高原的生态资源。[①] 西藏自治区在 2006 年以实施农牧民安居工程为突破口启动新农村建设。通过七年多的努力，安居工程已经全部完工。就实际效果来看，安居工程结束了广大农牧民人畜共居、人畜共饮的生活状况，彻底改善了农牧民的生活条件。但从研究数据分析和实地调研来看，西藏至今仍属于我国的欠发达地区，自我积累和自我发展能力严重缺乏，经济发展质量不高。

5.1　产业发展的理论概述

要深入研究西藏的产业结构变迁，需要搞清楚产业结构的理论内涵。作为一个传统的经济学命题，探讨产业结构必须要以产业分工为基础，要对产业发展的特点进行分析。

早在 17 世纪，威廉·配第在《政治算术》一书中，通过描述英国农民和海员收入差距而发现了不同行业之间存在收入差距，正是这种差距导致了人群总是朝着更高收入的行业转移。配第的这一思想最早指出产业结构与国民收入水平差异之间的内在关系，他揭示出了从事工业收入比从事农业收入多，而从事商业又比从事工业的收入多，即工业比农业、商业又比工业利润高。而产业间的收入差异又影响着国民收入差异和经济发展的不同阶段。[②] 此后，法国经济学家魁奈在其

① 魏刚. 生态文明视角下的西藏发展模式转变研究[J]. 西藏发展论坛, 2013(2)：45-49.

② 威廉·配第. 政治算术[M]. 马妍, 译, 北京：中国社会科学出版社, 2010：108.

论著《经济表》中提出了"纯产品"观点，将社会阶级划分为生产阶级和非生产阶级。① 到了亚当·斯密时代，他虽然没有明确对产业结构提出任何理论观点，但是他的分工理论和绝对优势理论从侧面探讨了产业分工与国民经济发展的内在联系。② 在亚当·斯密观点的基础上，包括英国政治经济学的代表人物大卫·李嘉图、瑞典经济学家赫克歇尔和俄林等在内的一大批古典经济学家，围绕生产要素禀赋差异而导致不同地区具有不同产业优势的特点，揭示了资源禀赋与产业结构和劳动报酬的内在关系。③ 这些思想构成了早期的产业结构理论雏形。

到了 20 世纪三四十年代，产业结构理论进一步趋于成熟。19 世纪中后期，工业部门飞速发展，服务部门初现，进入 20 世纪经济危机以后，工业部门严重衰退，而此时服务部门发展趋势明显，新西兰经济学家费夏也正是基于这样的大背景进一步扩充了威廉·配第的产业理论思想，首次提出了三次产业的划分。④ 日本经济学家赤松要通过将产业发展与国际市场结合在一起分析，指出一个国家可以通过进口—本地生产加工—拓宽出口—出口增长模式来加快本国的工业发展，这就是著名的产业发展"雁形形态论"。⑤

综合威廉·配第、费夏、赤松等学者的观点，英国经济学家科林·克拉克建立起了较为完整、系统的理论框架。他在研究经济发展与产业结构变化之间的关系时提出了三次产业分类，并通过对 40 多个国家和地区在不同历史发展阶段进行分析比较发现，伴随着收入水平的提高，劳动力先由第一产业转向第二产业，当收入水平继续提高后，劳动力又从第二产业转向第三产业。⑥ 由于克拉克认为他的发现只是验证了配第在 1691 年提出的观点而已，故后人把克拉克的发现称为配第·克拉克定理。继克拉克之后的美国经济学家西蒙·史密斯·库兹涅茨在其著作《各国的经济增长》中，通过搜集和整理 20 多个国家的经济数据，从收入差异和就业结构在不同产业间的分布情况，提出了著名的库兹涅茨曲线假说。他认为经济增长与收入差异是在从传统农业部门向现代工业部门转变过程中出现的，工业化和城市化的过程就是经济增长的过程，在这个过程中分配差距会发生趋势性的库兹涅茨曲线变化。⑦

步入 20 世纪五六十年代，产业结构的理论内涵得到了深入发展。这个阶段涌现出大批具有代表性和突出贡献的经济学家，如里昂惕夫、刘易斯、赫希曼、罗

① 魁奈. 魁奈经济著作选集[M]. 吴斐丹，等，译. 北京：商务印书馆，2009.

② 亚当·斯密. 国民财富和性质和原因的研究[M]. 郭大力，等，译. 北京：商务印书馆，1981：511.

③ 杨吾扬，梁进社. 地域分工与区位优势[J]. 地理学报，1987，42（3）：201-210.

④ 赵儒煜. 产业结构演进规律新探——对传统产业结构理论的质疑并回答[J]. 吉林大学社会科学学报，1997（4）：1-10.

⑤ 胡树光，刘志高，樊瑛. 产业结构演替理论进展与述评[J]. 中国地质大学学报，2011，11（1）：29-34.

⑥ Clark，Rewritten C L. The Conditions of Economic Progress[M]. London：Macmillan，1957.

⑦ 西蒙. 库兹涅茨. 各国的经济增长[M]. 常勋，等，译. 北京：商务印书馆，1985.

斯托、钱纳里、霍夫曼、希金斯及一批日本学者等。作为投入产出分析方法的创始人华西里·列昂惕夫，他为经济内部各产业之间错综复杂的关系创立了一种实用的经济分析方法，建立了投入产出分析模式，并运用该模式分析国家和地区间的经济关系及各种经济行为可能带来的效应。[①] 丁伯根、霍夫曼、刘易斯、罗斯托、赫希曼、希金斯、钱纳里等，主要还是沿袭前任的理论观点继续深化产业结构的理论内涵，其中刘易斯的"二元结构"理论和钱纳里等的"不平衡发展战略"思路尤为突出。[②]

　　和欧美学者相比，日本学界的代表人物如筱原三代平、赤松要、马场正雄、宫泽健一、关满博等对产业结构理论也有诸多研究成果。但不难发现，他们的研究多是立足本国国情展开的，其中也部分涉及了东亚地区产业结构循环演进问题。

　　通过上述对产业结构理论演进的梳理，可以清楚地认识到，产业结构与国民经济发展、国民收入差异有着天然的内在联系，研究一个国家的产业结构，有利于认识该国经济发展方式和发展状况，以及国民的收入情况。本书认为，产业结构是在社会再生产过程中，一个国家或地区不同类别的产业间的经济联系和数量比例关系，即所有资源在各类产业间的配置状态。判断一国产业发展水平则主要考察其国民经济体系中各产业所占的比重，以及不同产业之间的经济联系，即产业间相互依存、相互作用的方式。产业结构亦称国民经济的部门结构，是国民经济各产业部门之间及各产业部门内部的构成，产业结构与产业增长有着内在联系，因此，为了确保有限的市场资源能在各个经济部门中得到最合理、最有效、最优化的分配和使用，推动经济发展，客观上就需要不断地根据实际发展状况对产业结构进行调整，使产业布局更加科学和优化。[③]

5.2　西藏产业发展态势分析

5.2.1　西藏产业发展的总体特征

　　自西藏自治区成立至今，整个产业结构发生了巨大变化。如图 5.1 所示，西藏产业结构不断得到优化和提高，尤其是改革开放和中央的六次西藏工作座谈会，对西藏的经济发展和产业布局产生了重要影响。从学界大量关于西藏产业发展的文献中可以看出，改革开放以来，西藏产业结构经历了从"一二三"到"一三二"

① 苏东水. 产业经济学[M]. 北京：高等教育出版社，2005.

② 胡红安，常艳. 西方产业结构理论的形成发展及其研究方法[J]. 生产力研究，2007(21)：113，114.

③ 杨斌，潘明清. 改革开放以来西藏产业结构演变及对经济增长的贡献分析[J]. 西藏大学学报(社会科学版)，2010，25(2)：33-38.

再到"三一二"，不断完善到如今的"三二一"结构形式。

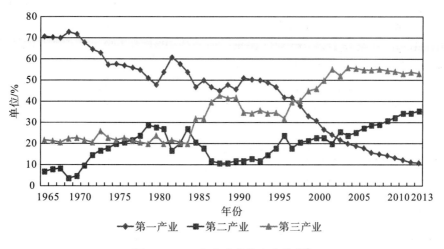

图 5.1　GDP 与产业结构变化趋势[①]

西藏的第一产业——农牧业，是西藏长期以来的支柱性产业，吸收劳动力最多，但生产方式最为原始落后，也正是因为第一产业的科技含量比较低，加之多数藏族群众受教育程度不高，所以第一产业一直是参与劳动力最多、产出效益逐年递减的主导产业。西藏第二产业的兴起主要是在中央第三次西藏工作座谈会后。孙勇早年曾论述西藏属于非典型二元结构形式，他提出，西藏原本没有任何工业基础，是在中央确立了援藏工作机制以后，由内地兄弟省市和国有企业援助西藏，新建了一大批工业企业，这些工业企业属于"镶嵌式"，缺乏与西藏其他产业的融合发展，而且所创造的产值并不高，对当地 GDP 和国民收入没有做出太大贡献。[②]西藏的第三产业波动起伏最大，从产业比重最小值发展到今天比重最大值。从西藏自治区建立之初，第三产业的产值一直占整个 GDP 的五分之一，到改革开放以后有了发展，最后在 1997 年跃居三大产业结构的首位(图 5.1)。

5.2.2　西藏产业发展的阶段性特征

本书在论述西藏产业结构变化时，着重考察的是改革开放以后的几十年，因此针对西藏自治区建立到改革开放以前这段时期不做论述。

(1)第一阶段：改革开放(1978 年)～1980 年。学界对于西藏产业结构阶段性变化的划分节点版本较多，本书认为，改革开放这个节点，无疑是中国经济发展

---

① 西藏自治区统计局. 西藏统计年鉴(2013)[M]. 北京：中国统计出版社，2013.
② 孙勇. 西藏：非典型二元结构下的发展改革[M]. 北京：中国藏学出版社，1991：37，38.

转型的重要里程碑。自 1978 年中央确立改革开放，整个中国经济，无论是城市还是农村，工厂还是企业，全面开启了体制转型。至于选择到 1980 年，是因为这个阶段的西藏产业结构主要呈现"一二三"的特征。第一产业占据整个 GDP 的半壁江山，第二产业略高于第三产业的比重。但是从 1981 年开始，第三产业的比重就超越了第二产业。在这个阶段中，西藏的农牧业作为主导产业，产值略微有所上升，增加了不到 3 个百分点。而第二产业下降了 2.5 个百分点，第三产业则基本保持不变(表 5.1)。

表 5.1　1978～1980 年西藏 GDP 构成[①]　　　　　　　　(单位：%)

年份	第一产业占 GDP 的比重	第二产业占 GDP 的比重	第三产业占 GDP 的比重
1978	50.7	27.7	21.6
1979	47.9	27.7	24.4
1980	53.5	25.2	21.3

(2)第二阶段：1981 年～1996 年。在这个阶段中，西藏的产业结构主要呈现"一三二"的特征，从 1981 年开始，第三产业占 GDP 的比重首次超过了第二产业，第三产业上升了近 18 个百分点，第二产业虽然被第三产业超越，但仍有小幅上涨，增加了 1.2 个百分点，唯有第一产业大幅降低了 18.7 个百分点，由于第一产业体量较大，仍占据 GDP 比重的第一位表 5.2。

表 5.2　1981～1996 年西藏 GDP 构成[①]　　　　　　　　(单位：%)

年份	第一产业占 GDP 的比重	第二产业占 GDP 的比重	第三产业占 GDP 的比重
1981	60.6	16.2	23.2
1982	57.0	20.5	22.5
1983	53.4	25.2	21.4
1984	46.6	20.5	32.9
1985	49.9	17.4	32.7
1986	47.0	12.8	40.2
1987	45.6	12.0	42.4
1988	47.7	11.9	40.4
1989	45.9	13.0	41.4
1990	50.9	12.9	36.2
1991	50.8	13.7	35.5
1992	49.8	13.4	36.8
1993	48.9	14.7	36.4

[①] 西藏自治区统计局. 西藏统计年鉴(2013)[M]. 北京：中国统计出版社，2013.

续表

年份	第一产业占 GDP 的比重	第二产业占 GDP 的比重	第三产业占 GDP 的比重
1994	46.0	17.1	36.9
1995	41.8	23.6	34.6
1996	41.9	17.4	40.7

(3)第三阶段：1997~2002 年。20 世纪 90 年代中期开始，西藏产业结构基本没有大的波动，西藏经济发展也较为迟缓。其后，西藏产业经过十多年的不断发展完善，特别是在中央第三次西藏工作座谈会以后，西藏经济得到快速发展，产业结构也逐渐优化和完善。从 1997 年开始，西藏第三产业产值首次超过了第一产业的产值，此时的三大产业结构变为"三一二"。究其原因是 1994 年中央第三次西藏工作座谈会的召开，此次会议提出在确保西藏经济继续高速增长的同时，要努力推动产业结构向高度化和合理化方向发展。通过两年的积淀，第三产业持续发展，产值首次超越了西藏长期的主导产业农牧业(表 5.3)。

表 5.3　1997~2002 年西藏 GDP 构成[①]　　　　　(单位：%)

年份	第一产业占 GDP 的比重	第二产业占 GDP 的比重	第三产业占 GDP 的比重
1997	37.8	21.9	40.3
1998	34.3	22.0	43.7
1999	32.3	22.5	45.2
2000	30.9	23.0	46.2
2001	27.0	23.0	50.1
2002	24.5	20.2	55.3

(4)第四阶段：2003 年~"十一五"结束。从 2003 年开始，西藏第三产业产值不断增加，第一产业产值不断降低，第二产业产值逐渐超过了第一产业，西藏产业结构自此从之前的"三一二"结构转型为"三二一"结构，整个产业结构持续优化。学界普遍认为，第三产业在整个 GDP 中所占的比重是衡量经济结构是否合理、是否高级的指标，更是衡量产业优化程度和城镇化水平的重要尺度，[②] 我们评判经济结构是否合理，经济发展质量是否较高，主要还是以第三产业占 GDP 的比重为准(表 5.4)。

---

① 西藏自治区统计局. 西藏统计年鉴(2013)[M]. 北京：中国统计出版社，2013.
② 孙英敏. 西藏产业结构研究[J]. 现代商贸工业，2010(3)：97.

表 5.4   1997～2002 年西藏 GDP 构成[①]   (单位: %)

年份	第一产业占 GDP 的比重	第二产业占 GDP 的比重	第三产业占 GDP 的比重
2003	22.0	25.7	52.3
2004	20.1	23.9	56.0
2005	19.1	25.3	55.6
2006	17.5	27.5	55.0
2007	16.0	28.8	55.2
2008	15.2	29.2	55.6
2009	14.5	31.0	55.5
2010	13.5	32.3	54.2

总体来说，西藏的产业结构在中央的指导下，在兄弟省市的援助下，不断取得优化。第一产业在西藏的经济史上始终占据着主导位置，其生产方式最为落后，吸引劳动力最多，却产业比最低。而第二产业在不到半个世纪的时间里快速发展，当然，这主要源于援藏机制的确立，整个西藏第二产业经历了从无到有，从小到大，从弱到强的过程。从近些年发展趋势可见，第二产业已经不再像之前孙勇教授所定性的"镶嵌式"产业体系，第二产业与第一、第三产业逐步融合和互动，形成了一定规模，具备了西藏特色，发展后劲十足。西藏的第三产业虽然起步于西藏和平解放以后，但由于得到了中央政府的大力扶持和兄弟省市的重点援助，发展速度极快，在 2006 年青藏铁路开通以后，更是迅猛发展，西藏以旅游业为主带动了较多生活服务业的发展。如果西藏保持产业发展的现状，那么，产业结构将更加优化，经济发展将更加优质，民生改善将更加明显。

5.2.3   西藏农牧民定居前产业发展面临的主要困境

多年来，在中央和兄弟省市的帮助下，西藏产业发展取得了明显变化和巨大进步，但受地域、气候条件、宗教文化等因素制约，与全国总体情况尤其是西部地区的其他省市相比，仍存在较大差距，要真正实现西藏地区在新常态下的跨越式发展，我们还面临着许多亟待解决的问题。

1. 产业结构和就业结构缺乏良性互动

尽管西藏产业结构不断优化，生产总规模和总水平得到了巨大提高，但与就业结构之间缺乏良性互动。从产业结构与三大产业从业人员的情况分析来看，结构性矛盾仍然比较突出。经过多年发展，西藏已经形成了"三二一"的产业形态，

---

① 西藏自治区统计局. 西藏统计年鉴 (2013) [M]. 北京：中国统计出版社，2013.

但是就业结构却依旧是"一三二"的形态，第一产业吸纳劳动力最多，第三产业次之，第二产业吸纳劳动力的能力很弱。换言之，第一产业劳动力严重过剩，第二产业仍需要充分吸纳更多劳动力，而第三产业吸纳劳动力方面存在较大潜力。

第一，从三大产业产值来看，西藏似乎跨入了工业化社会末期，但从三大产业的就业情况来看，西藏似乎还处于农业社会末期。其实就业结构远比产业结构更真实地反映出当地发展水平。通过对结构形态分析可以看出，西藏地区整体生产力水平还是偏低，第一产业表现出明显的劳动密集型特征，仍是大量吸纳就业人员的主要载体。同时，第二产业吸纳就业人员明显不足，甚至还有下降趋势，就其原因主要是受利润水平和劳动报酬较低影响，按照产业理论分析，如果第二产业对就业人员吸引力不足，就会直接导致大量劳动力转向第三产业，但实地调研发现，第三产业就业人员总数明显不足。深入分析发现，这主要还是由于第三产业比另外两大产业的劳动投入效率高很多，加之地方政府对第三产业的财政推动力非常大，按照劳动要素与资本的相互替换作用理论分析，如果资本投入偏高必然劳动投入会相对减少，因此第三产业没有能够达到本应拥有的吸纳劳动力的作用。

第二，从城乡就业实际来看，20 世纪 90 年代，西藏农村就业人员为 90.85 万人，占地区就业人员总数的 84.21%，而城镇就业人员只占到 15.79%；到 2000 年，农村就业人员所占比例降至 81.2%，城镇就业人员比例升至 18.8%；再到 2007 年，农村就业人口所占比例降到 71%，城镇就业人员比例升至 29%。在农村就业人员中，从事农牧业劳动的人数占比虽大，但逐年下降，2000 年时，农村就业人员中从事农业劳动的人员占到了农村劳动力总数的 89.38%；到 2007 年，从事农业劳动人员的比例降至 78%。但实际上农村就业人员所占比例还是远远超过城镇(图 5.2)[①]。

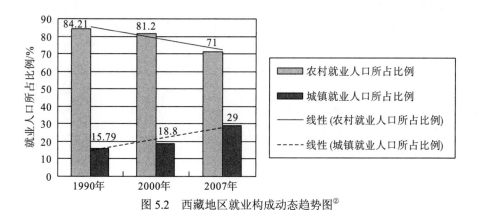

图 5.2　西藏地区就业构成动态趋势图[②]

① 王婷，陈朴，毛阳海. 改革开放 30 年以来西藏产业结构变迁及问题分析[J]. 西藏发展论坛，2009(6)：26，27.
② 西藏自治区统计局. 西藏统计年鉴(2013)[M]. 北京：中国统计出版社，2013.

第三，从传统农牧业就业演变过程来看，从业人数远高于其他行业。据统计，1990 年，西藏从事传统农牧业的人员总数达到 80.5%，到 2000 年，这一比例降至73.6%，到 2012 年，进一步缩减到了 50.3%。从数据可以明显看出，有一半的人员还在从事传统的农牧业。由此可见，西藏地区第二、第三产业就业结构构成比偏低，非农业生产的人力资源配置非常不足。

第四，从农村劳动力转移情况来看，西藏的农村劳动力转移问题是影响经济发展的突出问题。一方面，西藏本来就地广人稀，人口密度小，加之历史文化、宗教观念、民族习俗等因素制约，西藏农村的剩余劳动力转移问题主要面临三大特征，即转移人口少、转移时间长、转移形式单一；另一方面，西藏农牧业生产效率低、从业人员素质低、劳动报酬率低的三低特性，致使城乡收入差距较大，农村劳动力转移面临阻碍较多。再有，西藏特殊的地理位置、气候条件和发展水平，广大农牧民缺乏从事非农业劳动的技能，自我成长和发展的空间极为有限，这些都是阻碍劳动力转移的主要因素。

此外，从生产力角度考察，西藏的生产力水平决定了土地、生态和劳动力是支持第一产业发展的主要动力，而第二、第三产业主要依赖投资、贸易和旅游来支撑。加之第二产业占比较低，第三产业发展水平不高，导致产业间的关联度和融合度不够。通过文献发现，科学技术进步对西藏产业结构的演变影响甚微，西藏社会经济发展过程中罕有外生技术进步，[①] 因此，就业结构并没有随着产业结构的演变发生相应变化，资本对产业结构的演进影响明显，尤其是第二、第三产业，收入弹性远超第一产业，这也导致各行业间就业结构不合理。

2. 经济发展的共享度不高

自 1994 年确立援藏工作机制以来，援藏项目不断增多、资金不断增加、范围不断拓宽、内容不断丰富、方式不断多元，促使经济总量剧增。罗戎战堆认为这一系列优惠政策的支持来帮助西藏经济实现发展，出发点和现实效果都是积极的、必要的、正确的。但是，发展落后地区的经济最终的立足点还要依靠当地的人民群众。[②] 欧泽高等指出，我国少数民族地区，缺乏独立的经济体系和运行机制，虽然民主改革以后，当地居民可以获得土地和其他生产资料，也能形成以家庭为单位自给自足的自然经济，但过程很短，当地群众还没充分享受和思考独立的经济运作，便和汉族群众一道开始了集体生产。[③] 这就抑制了当地群众的积极性和首创性。这直接导致民间参与的积极性不高，民间资本流动性不强，人们所得实惠较少，民生改善有待提高。

---

① 陈刚，方敏. 西藏经济增长中的技术进步因素[J]. 西藏科技，2005(2)：9-14.

② 罗戎战堆. 西藏的贫困与反贫困问题研究[M]. 北京：中国藏学出版社，2002：4-9.

③ 欧泽高，冉光荣. 四川藏区的开发之路[M]. 成都：四川人民出版社，1999：16-18.

3. 可持续发展动力不足

陆大道等认为以大项目建设为主体，以能源原料工业基地建设为重点，以国家投资为主渠道的区域开发模式，带有强烈的粗放式特征，容易忽略该地域已有的民族特色和生态优势，缺乏独特的发展方式，产业结构和内地趋同，缺乏竞争力。[①] 西藏地处我国西南高海拔地区，空气稀薄，自我修复能力弱。近些年乱砍滥伐，导致土地沙化严重；过度放牧，加之对草场疏于管理，造成草场面积缩小，草原质量退化；大规模的城镇化及藏区人口的急剧增加，人为破坏了稀有动植物资源的生态链；全球气候恶化，冰川退缩，水资源减少，自然灾害频发，等等，这些已经为传统发展模式敲响了警钟。党的十八大提出要高度重视生态文明建设，将保护生态资源的理念植根于经济发展中。如果只重视速度和数量，轻视质量和生态资源的发展模式，无疑会对可持续发展造成较大影响。

4. 西藏特殊地域环境制约产业转型

青藏高原被誉为"世界屋脊"，平均海拔近 4000 米，常年温度较低，条件恶劣。西藏地处青藏高原，是我国人口数量最少，人口密度最小的自治区，社会文化和教育发展程度较低，这些客观环境严重阻碍了西藏经济社会发展，也决定了西藏发展模式不可能以资源开发型工业为主导。一方面，西藏城镇化发展滞后，发展水平低，截至 2012 年，西藏人口总数为 307.62 万人，城镇人口总数为 69.98 万人，城镇化率仅为 22.70%。另外，1990～2012 年，我国全国城镇化率由 26.41% 升高至 52.57%，年均增幅为 1.19%。相对这一时期，西藏地区的城镇化率从 16.40% 提高到 22.70%，年均增加仅为 0.29%，与全国平均水平相差明显。可见西藏城镇化发展严重滞后于全国平均水平。另一方面，西藏地区城镇规模普遍偏小，扩展功能不强，各城镇人口数量差距较大。总人口数超过 20 万的城市只有拉萨市，总人口数在 5 万～20 万的只有日喀则市，区域内人口数量小于 2000 人的城镇占到西藏总城镇数的 55% 以上。西藏几乎没有人口规模较大的大型城市，中小城镇数量也极少，因此没有办法形成大、中、小城市有机交融的形态，无法彻底消化从第一产业中转移出的剩余劳动力，也无法带动周边区域经济发展，整个城镇功能受到削弱，使西藏产业转型和经济发展面临巨大挑战。

---

① 陆大道，刘毅. 1999 年中国区域发展报告[M]. 北京：商务印书馆，2000：3.

5.3　西藏农牧民定居后续产业发展的影响因素及机理分析

5.3.1　地缘特殊性对产业发展的影响分析

学者罗绒战堆在 2007 年曾发表过《沟域中生存的西藏人》一文，该文通过大量的田野调查，分析出西藏 300 多万人口是如何在 120 万平方公里土地上生存的。罗绒战堆的观点非常有力地佐证了本书的论述思路，西藏之所以农牧业占比之大，吸引劳动力之多，正是因为西藏特定的区位特征和资源禀赋，要认清农牧民游牧生活背后的本质原因，就必须要对西藏的区位特征和资源禀赋进行分析。

西藏地处我国西南边陲，占地 120 万平方公里，接近陆地国土面积的八分之一，但全区人口却仅 300 多万，还不足北京市常住人口的六分之一。西藏平均海拔在 4000 米以上，高原气候特征明显。罗绒战堆在文中指出，藏族群众将家乡称作藏语"龙巴"，而龙巴的真实寓意是指山沟。[①]这看似很平常的称谓，却深层次地反映出藏族群众心目中认为自己的家就是在山沟之中。作者在实地调研中也发现，由于西藏境内山脉较多，山与山之间形成小块的平地，这些沟域规模有大有小，平地的两边则是山，西藏是高海拔地区，许多山上终年积雪，因而产生大量的雪水从山上流下，形成沟域，不同沟域海拔不同，多为高原草地，这样的环境只适合放牧，不适合耕作，长期下来，当地农牧民就形成了逐水草而牧、逐水草而居的游牧生活，这片区域也就是现在通常所说的"纯牧区"。在纯牧区，牧民为了生存，几乎不可能实现定居生活，必须要伴随着不同季节和气候条件到水草丰富的地域牧牛牧羊。没有集中连片的定居区域，因而当地就很难形成类似全国其他地区的村落。分散的居住特征也会提高政府公共产品的供给成本，更不利于实现基层的民主治理，本书后面的章节还会专门论述。在这些山沟的顶部往下会有高山草场，部分地区还夹杂着一定数量的耕地，当个别地方气候条件适宜农耕时，当地的藏族群众则除了选择牧业，还会从事土豆、青稞等农作物的耕作，这片区域就是我们所说的"半农半牧区"。在半农半牧区，藏族群众会围绕耕地修建一些居住的房屋，当数量达到一定程度时，就形成了原始的村寨或部落，较之纯牧区最大的不同，就是农牧民有了定居生活的需要。到了山沟底部，则几乎是地势平坦的高原平地，且西藏境内的一江三河，如拉萨河、年楚河、尼洋河、雅鲁藏布江，提供了丰富的水资源，在临江区域，土壤比较肥沃，多利于耕作，正如黄河、长江流域附近诞生了华夏民族的农耕文化一样，在西藏水资源丰富的区域有大量的耕地，藏族群众围绕着这些耕地集中居住，常年从事农耕作业，这些

---

① 罗绒战堆. 沟域中生存的西藏人[J]. 中国西藏(中文版)，2007(4)：17-23.

区域即现在所说的"纯农区"。罗绒战堆在文中还这样描述，对于不适宜耕地的其他区域，多为天然牧场，在夏季时，多数牧人会带着成群牛羊四处放牧，哪里草地丰盛，草质优良，牧民就会奔去哪里。到了冬季时节，高原极其寒冷，加上缺氧，高原上的草地全部枯竭，此时为了确保牛羊牲畜存活，藏族群众会将耕地拿来放牧，将耕地上种植的农作物当作食料，从这个角度讲，藏族群众中几乎没有不染指畜牧业的。也由此可见，牲畜对于农牧民来说非常重要。集中居住的特定区域，既是藏族群众居住的地方，也是各家各户牲畜集中居住的区域，当太阳升起时，藏族群众出工，牲畜出圈；当夕阳西下时，牲畜在藏族群众的吆喝下奔向圈里，这就是真实的人畜共居状况。实施安居工程的目的就是要改变这种生活状况，让农牧民与牲畜能真正分离开来，让农牧民住进干净、整洁、敞亮的房屋。

　　早在 20 世纪 90 年代，我国学界已经有人明确提出，西藏具有重要的生态屏障功能，不能盲目追求农业发展，因为一旦盲目追求农业发展，势必会破坏当地的生态环境和自然资源。但是这个观点在当时并没有得到全方位的认可。后来学界折中选择了一种方式，即用补偿机制来保障经济发展和生态保护。作者曾在 2013 年发表的《生态文明视角下西藏经济发展模式转变研究》一文中指出，生态文明、工业文明和农业文明是一个有机的整体，在追求工业文明和农业文明发展的同时，必须要处理好生态文明与两者的关系，对于西藏地区，若以工业文明和农业文明发展程度为标准来看，则西藏是落后的，若以生态文明发展程度来衡量，则西藏比全国其他地方发展得要好，整个西藏资源丰富，生态保护较好，很好地发挥着生态屏障功能，对于全国经济社会发展而言，不仅不是拖累，反而是一种优势，我们应该充分利用其优势将生态环境和资源禀赋转化为生产力，发展生态经济，走持续发展、科学发展之路。[①]

　　近些年，伴随着我国综合国力的增强，中央政府通过优惠政策、财政转移支付、发达地区的对口支援等手段来发展西藏，这些外力都会对西藏产业结构和产业布局带来冲击和影响。国家已经清楚地认识到，如果要改善藏族群众的生活质量，就必须要彻底改变西藏的产业布局和产业结构，要让西藏天然的生态环境和资源禀赋优势得到彻底释放。

5.3.2　经济社会发展的特殊性对产业发展的影响分析

　　西藏地区特殊的地理气候环境、地缘政治、宗教文化等因素决定了西藏的经济社会发展要经历特殊的发展历程，并在不断发展的过程中表现出一定的特殊性。因此，西藏的发展既不能简单地按图索骥走工业化道路，也不能照搬或模仿内陆的发展模式，而是要根据西藏经济发展的实际情况发展具有西藏自身特色的产业道路。

---

① 魏刚. 生态文明视角下的西藏发展模式转变研究[J]. 西藏发展论坛，2013（3）：45-49.

　　西藏产业结构演变过程具有特殊性。如前面所述,西藏产业结构经历了从"一二三"到"一三二",再到"三一二",最终到"三二一"的过程。然而却并没有经历"二三一"和"二一三"的发展过程,从产业结构发展过程的一般规律来看,这是极具特殊性的。究其主要原因,还是西藏地区第二产业的发展相对第三产业发展比较落后。而西藏地区第二产业主要依靠建筑业,工业相对建筑业来讲发展滞后,而且建筑业比工业发展速度要高很多。具体而言,也就是说以制造业为主体的工业发展非常缓慢。所以,西藏未来发展过程中还得进一步推进以矿业为主的工业及特色制造业的不断发展,从而提升第二产业发展整体水平,助力西藏经济跨越式发展。其次,西藏产业结构从"一二三"的结构形式不断完善到如今的"三二一"结构形式,并不能说明西藏就已经进入了相对高级的发展阶段。这种跨越发展主要得益于国家资金、政策扶持和兄弟省份的大力支持。从具体分析中就可以看出:西藏第三产业构成中非生产性产业如零售贸易、餐饮、物流、通信、文化教育及政府机关、社会团体等约占到 70%,而生产性产业如科研、金融、房地产等只占 30% 不到。也就是说支撑第三产业发展的主要动因是非生产性产业,因此西藏地区产业结构升级主要还是得益于中央支持及地方省份的帮扶。

　　西藏非典型的二元结构具有特殊性。孙勇早年曾论述西藏的地区产业属于非典型的二元结构形式,他提出,西藏原本没有任何工业基础,是在中央确立了援藏工作机制以后,由内地兄弟省市和国有企业援助西藏,新建了一大批工业企业,这些工业企业属于"镶嵌式",而不是典型的经济结构发展——从农业不断累积慢慢发展起来。因此,缺乏与西藏其他产业的融合发展,而且所创造的产值并不高,对当地 GDP 和国民收入没有做出太大贡献。①

　　西藏社会发展程度具有特殊性。西藏受气候、海拔、地势等条件制约,鲜有人口规模较大的大型城市,且中小城市数量也是屈指可数,因此没有办法形成大、中、小城市相互交融的有机网,再加之城镇体系本身也发育不健全,要获得和内地同样的生产值,西藏的经济成本要比国内平均值高出至少两倍以上,难以带动区域经济的发展。②这就说明西藏社会发展程度还处于比较低的水平,要推动地区发展就必须要遴选适合西藏社会发展程度、适宜农牧民和农牧区发展的具有西藏特色的产业。

　　正是由于西藏经济社会发展的特殊性,更加坚定了西藏的发展必须坚持走"西藏特色"的道路,尊重藏区的实际情况,不断改进发展战略,优化产业结构,加快城镇建设,充分发掘和利用西藏地区的资源禀赋,做大做强藏区特色产业,选择一条低碳、绿色、环保、可持续的发展之路。

---

① 孙勇. 西藏:非典型二元结构下的发展改革[M]. 中国藏学出版社,1991:37,38.
② 贡桑卓玛. 西藏产业发展的现状及趋势分析[J]. 西藏科技,2013(12):11.

5.3.3　政治文化与民族习俗的特殊性对产业发展的影响分析

西藏是我国西南边陲的重要门户，北邻新疆、青海，东接四川，南连云南，周边与印度、缅甸、尼泊尔、克什米尔等国家和地区接壤，是政治和军事的敏感地带。不仅经济相对落后，而且也是少数民族聚居的政治敏感地带。西藏地区的政治局势和社会稳定一直饱受压力，反分裂形势非常严峻；西藏地区必须在保持稳定的大前提下，集中精力搞好发展建设。此外，西藏自古宗教文化十分深重，加之西藏社会长期受到封建农奴制根深蒂固的影响，在此形态下催生出了"政教合一"的政治体制。由此，宗教和政治、经济在西藏高度融合、密不可分，对西藏的社会发展产生着深远的影响。即使在西藏和平解放过去 60 多年的今天，仍对西藏的社会发展产生着不可忽视的影响，特别是在一些偏远的山沟地带，这种封建制度带来的影响还非常深厚。

正是因为西藏民族宗教信仰和地缘政治的特殊性，在发展过程中所面临的问题会更加特殊和复杂，势必要深入进行研究和分析，把控好西藏发展的特殊环节，明晰西藏社会经济发展与藏区全面稳定的内部机理，采取稳抓稳打的发展战略，不断推进藏区的发展和人民生活水平的全面提高。

5.4　西藏产业转型发展的比较优势分析

5.4.1　西藏的自然资源优势

按照传统经济学的基本理论，产业布局始终与其资源禀赋相依存。要想对西藏产业结构调整提出正确建议，就必须要搞清楚西藏的自然资源禀赋，即比较优势何在。西藏拥有丰富的动植物资源，其中，哺乳类动物 118 种，爬行类动物 49种，鸟类动物 473 种，鱼类动物 61 种，两栖类动物 44 种，昆虫类动物 2300 多种。在藏北高原，还有藏羚羊、野牦牛、盘羊、野驴等珍稀动物。同时，西藏地区的植物资源也种类繁多，甚至被誉为"植物基因宝库"，野生植物高达 9600 多种，高等植物 6400 多种，具有药用功能的野生植物就有 1000 多种，常用中草药达到400 余种，如常见的藏药虫草、天麻、雪莲、灵芝、藏红花等，有可食用的菌类约200 余种，包括松茸、猴头菇、黑木耳等。在农业种植方面，有青稞、小麦、油菜籽等。

西藏除了丰富的动植物资源，还蕴藏着各种自然能源和矿产资源。其中，自然能源有太阳能、水能、地热能等。矿产资源类达 90 多种，有 11 种矿类储量排在全国前五名，其中，锂矿的预期储量位居世界前列；铬铁矿分布面积约 2500 平方公里，位居全国首位；铜矿预期储量位居全国第二；硼、菱镁、重晶石、砷的矿储量均排在全国第三；白云母、泥炭的矿储量居全国第四位；石膏、陶瓷土的矿储量分别居全国第二位和第五位；还有比较重要的矿产，包括食盐、芒硝、钾、硫、磷、硅藻土、刚玉、冰洲石、玛瑙、水晶等。西藏也是我国五大牧场之一，草地面积约 12.4 亿亩(1 亩≈666.7 平方米)，每年平均产出羊毛 9000 吨，牛羊绒 1400吨，牛羊皮 400 万张。

5.4.2　西藏的人文资源优势

相对于其他地区而言，西藏一直被世人誉为神秘的地域，有着不同于中国其他地区的民俗文化、宗教文化和游牧文化。西藏民间文学、戏剧、音乐、舞蹈源远流长，极具特色，传统藏戏、歌舞、民间体育流传至今；传统绘画、雕塑等艺术也随着寺庙等古建筑的修复而得到了重新弘扬。至今西藏有 1600 多种管理有序、保护完整的寺庙；西藏游牧文化极其发达，全区 90%以上的人从事农牧业，几百年来藏区农牧民逐水草而牧、逐水草而居，游牧文化已经深深植根于这片热土；西藏还拥有丰富的人文景观资源，西藏名胜古迹有 160 多处，其中，国家级重点文物保护单位就达 27 处之多，省级文物保护单位更是高达 55 处。[①] 这些非物质的文化遗产和人文资源为西藏发展旅游业和文化产业提供了夯实的先天基础。

5.4.3　西藏的产业结构优势

(1)西藏经济结构中第一产业即农牧业占比极大。作为传统产业，农牧业吸纳了当地 90%的劳动力和资本，占据大量可利用土地和草场，但第一产业增长速度非常缓慢，1978 年，农牧业增加值占三大产业结构比重的 50.7%，2001 年降到 27%，2010 年只有 13.4%，从投入产出比角度看，大量被占用的生产要素没有充分发挥经济效益，整个农牧业生产力低下，浪费了建设生态文明所需的大量资源。

(2)西藏缺乏发展现代工业的产业基础。西藏大多工业项目来源于国家和各省市的援助，孙勇将其定性为镶嵌性的产业，缺乏产业基础，没有与农牧业和第三产业形成产业融合，现代经济部门与传统经济部门之间关联性不高，无法长久推动西藏经济发展。西藏工业经济的发展没有解放和发展农牧业生产力，也没有实质改善农牧民生活状况，反而破坏了西藏脆弱的生态系统。

(3)西藏第三产业发展迅速。西藏凭借独特的人文和自然优势，加之政府对旅游业进行大规模的财政投入，旅游经济在西藏日趋火热。但深入剖析，会发现西

---

① 熊英. 西藏科学发展的重点难点问题分析[J]. 西藏发展论坛. 2011(6)：32-35.

藏旅游业带动下的第三产业发展并未对当地经济和民生带来联动效应。安德鲁·马丁·费舍尔认为，西藏地区一直是缺少高科技产业的高工资劳动领域，因而受过教育的外来移民比当地贫穷的原住居民更具有竞争优势，加上西藏当地教育水平不高，普及范围和力度不足，原住居民大多文化水平低、现代就业技能不高，这必然在市场经济的竞争中被日益边缘化。西藏当地的旅游公司及其服务提供者大部分来自外省，因此旅游业的收入大多还是流出了西藏，当地的藏民没有从火热的旅游经济中分得一杯羹。

实践证明，西藏现行的发展模式没有与其天然优势结合，现行的发展道路不是经济发展、改善民生的最优路径，必须转变发展模式。如果继续传统发展模式之路，只会让西藏失去更多发展机遇和发展优势。

5.5　西藏农牧民定居后续产业转型中的重点产业选择

5.5.1　现代旅游业

西藏拥有独特而丰富的自然奇景，独具魅力的宗教文化，独具特色的高原民族风情。农牧民定居后，可以充分利用得天独厚的旅游资源优势大力发展现代旅游业及其相关服务行业，着力打造上档次、高品位的生态旅游、文化旅游、探险旅游、休闲旅游等品牌项目。同时，借助安居工程建设的生活基础设施和具有传统民族文化生活风貌的藏寨，结合现代畜牧业、现代农业规划，着力发展特色餐饮、特色手工艺、藏家乐、藏式歌舞晚会，精心打造放牧体验、草原娱乐运动项目(如滑草、骑马)、酥油茶制作、帐篷住宿等特色旅游项目，形成特色鲜明的牧区文化旅游、生态旅游、探险旅游，促进带动西藏经济社会的发展。[①] 同时，西藏应借助旅游产业优势，通过发展旅游对第三产业发展起到积极推动作用，进一步打造文化产业，通过新媒体等多种渠道大力宣传，培育独具西藏地方特色的文化类企业，为西藏的经济发展提供强力支撑。

5.5.2　现代文化产业

与现代旅游业相结合，大力发展西藏文化产业。通过在农牧民定居点布局社区牧业文化园，依托社区旅游资源和主导产业，重点支持社区牧业观光文化园平台基础设施建设，包括牧业文化展示设施和平台、教育培训基地、游客服务点等方面。建成全方位、多样化、综合性、健康公益、文明和谐的社区产业发展平台

---

① 贡桑卓玛. 西藏产业发展的现状及趋势分析[J]. 西藏科技，2013(12)：14.

和文化活动交流中心，充分发挥牧区自然资源、社会资源、文化资源的综合效益。展示畜产品生产加工，牧区饮食、服饰、传统民俗文化、风土人情、自然风光、土壤水文、自然资源、历史变迁等；开展牧民能力建设，提高社区牧民参与意识，促进当地人和外来人对牧区、牧业、牧民的认识，对传统文化知识、草原生态系统和生态环境科普知识的理解；发挥文化观光体验功能，作为当地和外来游客观光体验、休闲放松的场所，牧业生产、牧业文化交流、畜产品消费场所；实现交易消费功能，开展各种高质量、高档次、具有民族风格特色的公益性展销活动，促进城乡交流交融；组织举办与社区生产生活紧密相关的各种大奖赛，开展牦牛选种、中草、割草、传统文化技艺等竞赛活动。

5.5.3   新型能源产业

新型能源作为西藏发展的战略性新兴产业，不仅对转变经济发展方式、促进经济社会可持续发展具有重大意义，还为造福西藏人民、保护高原生态环境奠定了良好基础。西藏拥有丰富的太阳能、生物质能(沼气)原料(主要是牲畜圈舍内粪便)。西藏部分地区户用型太阳能灶和便携式太阳能电池板已经得到广大牧民的认可和欢迎，主要布局在牧业生产基地，定居点的生产生活照明；高寒沼气开发的技术成熟，主要布局在牲畜数量较多的牧业生产基地，开展户用小型生物质能开发利用，沼渣可以用作草地改良施用有机肥；定居点开发中型工业化沼气发电，供应定居点牧民生产生活用电与冬季取暖，沼渣制作成有机肥产品，可以还原草地肥力，还可以开发成高档花肥产品，销售到大城市，增加牧民收入。重点扶持牧民定居点发展公共服务性中小型太阳能、高原沼气等新型能源。

5.5.4   现代畜牧业

传统畜牧业主要以天然草场为生产场地，牧民大多逐水而居，以天然放养的状态进行劳作。牧民对草原过度依赖，而草原生态环境比较脆弱，随着人口数量的日益增长，草原不断退化，人口发展与耕地、草场的矛盾日渐加深。再加之牧区受季节性、地域性影响，牧民又具有分散和游动性的特点，直接导致传统农牧业产量低，产品不稳定，受自然因素影响大，而且这种粗放式的游牧已不能适应现代经济社会的发展需求了。要想在保持生态系统平衡的情况下获取更多的收益，就必须向具有现代科学技术、装备和经营管理理念，资源节约型，环境友好型，高质高效特性的现代畜牧业转变。具体而言，可以以农牧民定居区域为中心，在周边修建农场饲养基地和牧草栽培基地，同时在周边牧场铺设围栏划分区域，根据季节草场和放牧小区按一定顺序定期轮流放牧和休闲，形成高质高效的现代畜牧业。还可以考虑在定居点将牲畜进行规模化圈养，利用秸秆作为牲畜饲料，这样一来正好缓解草原与人、畜之间的矛盾。

5.5.5　现代种植业

农牧民定居后，居住地点相对稳定，为发展现代种植业提供了条件。其中，部分农牧民可以在养殖牲畜的同时兼顾农业栽培，种植青稞、豌豆等作物，满足自身需求之后，还可以将剩余的作物在市场上进行交易，增加收入。另外，部分农牧民则可考虑将自己的牲畜和牧场流转出去，专心从事现代农业种植，可采取大棚和机械工具的耕作方式，种植青稞、土豆、豌豆等作物，将定居区域周围农田充分利用起来开展标准化、规模化的种植，并根据自身发展和市场需求发展成为专属的农产品现代生产基地。甚至还可以在经过现场调研、科学论证后找到一片合适的区域，建立牲畜养殖与种植作物有机结合的生产系统，形成资源的综合利用和产能一体的生产方式。这样不仅可以防治农牧业发展对生态的破坏，还能有效地推动现代农业的发展，提高农牧民的收入。此外，西藏地方政府应加大对现代农业的支持，鼓励、引导对现代农业进行投资，打造一批以生产绿色、环保藏式农产品为主导的专业化的品牌企业，在吸纳农村剩余劳动力的同时提升产业带动效应。

5.5.6　现代养殖业

在生态文明观指导下，谋划高原现代养殖产业，扶持原料生产基地，大力培育优良畜种，严格限制家畜数量过度增长，注重家畜质量安全，突出社区特色品种，发展标准化健康养殖。具体而言，可以用培植牧草和养殖业相结合的方式推动现代养殖业的发展：科学手段栽培富含各种微量元素和维生素的优质牧草，推动牧区优质牧草种植基地的建设；大力推动高原藏羊产业，积极建设藏绵羊规模化、标准化养殖基地；积极培育高品质的高原牦牛产业，建设高原牦牛种源和养殖基地；建设牦牛和藏羊标准化健康养殖社区，扶持社区牧民按照养殖环境生态化、品种良种化、投入品安全化、防疫消毒制度化、粪便处理无害化要求进行牦牛和藏羊的标准化健康养殖；大力发展奶牛养殖，全力打造高原优质牛奶品牌；大力养殖高原藏鸡，着力打造其成为藏式优质高原鸡肉品牌；推进高品质猪肉产业，着力推动生猪集约化养殖基地。

5.6　西藏农牧民定居后续产业发展的对策建议

5.6.1　增强西藏三大产业间的融合互动

西藏产业虽从"一二三"的结构形式演变到"三二一"的结构形式，却并不能说明西藏已经进入相对高级的发展阶段，反而当前产业产出效率仍然较低。在增强西藏产业互动的过程当中，无论在不同区域还是同一区域内部，各产业之间在空间和产业链上都需要强化互动，而市场化条件是西藏产业互动的重要资源配置机制。评价区域市场化条件的重大指标即市场化进程指数，近些年西藏该指数偏低，甚至处于全国同一指标的末位，因此，西藏市场化改革将是实现产业互动和经济增长的重要条件。鉴于西藏民族和政治的特殊性，在改革制度的同时还应适当建立和健全各类相应的保护机制，明确限度和适用范围，实现保护和市场化协调发展促进西藏经济增长。[①]

5.6.2　变生态资源优势为产业优势

生态文明是追求工业文明和农业文明过程中的产物，发展生态文明就必须要处理好三者的关系。对于西藏而言，若是从工业文明和农业文明发展来看，西藏的发展是落后的，若是从生态文明建设来看，就会发现当地生态资源丰富，对于全国经济发展来讲不仅不是拖累，反而是优势。保护生态资源就是保护生产力，改善生态环境就是发展生产力，这对全国来说都有极强的模范效应。熊英还特别提到了西藏生态资源的保护直接关系到国家生态安全体系的构建。[②] 因此，更要高度重视西藏生态文明建设。市场经济是以追逐效益为目的的，客观要求具有一定的生产规模和产业分工，发展生态产业是一个正在摸索的新型产业形态，既不能脱离现有产业的内在联系，又要有所创新和突破。首先，西藏地区应该立足自身特点，大力发展生态农业。侯霞提出把改善农业的生态水平作为农业生产和积极追求的目标，改变撂荒式的耕作方式，推行粮草轮作，提高农牧产品的附加值，延长生产链，大批量生产无公害的农牧产品。[③] 其次，运用高新技术和设备对已经破坏了的生态体系进行治理和修护，重新恢复青藏高原的天然生态屏障功能，择优选择工业项目，淘汰一批高污染、高耗能产业，对新上马项目加强环评审批

① 杨涛，柳应华. 西藏产业互动的经济增长效应研究[J]. 西藏研究，2012(1)：39.
② 熊英. 西藏科学发展的重点难点问题分析[J]. 西藏发展论坛，2011(6)：32-35.
③ 侯霞. 西藏发展生态经济的若干问题[J]. 西藏发展论坛，2012(2)：27-32.

和跟踪监测，实行严格的准入机制，适度适量发展农牧产品加工制造业、藏药产业和民族手工业。再次，要利用独特的地理、气候、藏民俗和宗教文化特点，充分发挥西藏雪域高原、朝拜圣地的品牌优势，对已开发的旅游资源要加强管理，对未开发的旅游资源要进行科学的规划和布局，将藏民俗文化和旅游业紧密结合起来，做大做强西藏的旅游文化产业。

5.6.3　完善援藏工作机制

自确立"中央关心、全国援助"的工作机制至今，西藏经济在中央和各对口省市（部门）的帮助下取得了快速增长，但也暴露出不少问题。现阶段要实现西藏经济转型发展，务必要进一步完善援藏工作机制，树立科学的援藏观，增强援藏工作的有效性。现行援藏机制中主要存在两个方面的问题：一是短期化现象严重，二是单向性问题严重。马戎认为，援藏工作机制带有较强的计划经济色彩，指令性的政治任务取代了市场需求下的经济效益，容易致使援助项目"水土不服"。[①]应该从国内外市场的客观需求出发，从西藏的生态资源优势出发，援助重点由投资于物向投资于人转变。[②] 本书认为，在新阶段完善援藏工作机制必须要坚持以下四个方面：一是改变观念，变输血为造血，以增强西藏自我发展能力和积累能力为目标，提升经济发展的内生动力；二是科学规划，全面覆盖，使援藏项目由中心城镇向传统农牧区倾斜；三是立足改造当地劳动力资源，继续引进和培养各类人才，要通过援藏干部的辐射作用，带动整个西藏农牧民群众有文化、懂技术、会经营；四是增强援助方与受援方的沟通和交流，保持双方信息渠道通畅，适当建立项目实施过程中的定期对话机制，以保证援助项目实施有效、规范。

没有质量的发展不是发展，没有民生改善的发展也不是发展，破坏生态资源和环境换来的发展更不是发展，在全国精准扶贫、全面建设小康社会的中国梦进程中，作为军事、生态和政治敏感地域的西藏，必须改变传统发展思维和发展方式，立足于自身已有的优势，坚持可持续发展理念，促进产业转型发展，从而推动西藏农村地区经济发展。

5.6.4　增强政府的系统规划

农牧民安居工程的实施为牧区产业发展转型和路径选择提供了良好的机遇。在工程规划建设过程中，要具体问题具体分析。在具备一定条件，特别是一定产

① 马戎. 重思援藏项目的经济和社会效益——为靳薇《西藏援助与发展》作序[J]. 青海民族研究，2011，22(4)：61-64.
② 周猛. 经济发展理论演变及其援藏工作的启示[J]. 西藏研究，2012(2)：65-75.

业支撑的地域，牧民安居工程建设要配套开展水、电、交通等综合配套设施建设，要谋划有利于教育、公共卫生等社会事业发展的规划方案，促进人口和生产要素的适度集中。坚持发展现代牧业与保护生态环境并重，充分利用生态资源优势，大力发展文化旅游业和生态保护业，适度发展高原新能源产业。坚持始终以生态文明建设为方向，以调整结构为抓手，优化资源和要素配置，以社区能力建设为核心，坚持政府引导，合作组织为载体，提高牧民素质与社区自我管理和发展能力，加强有效性扶持，依托当地社区自然资源、社会资源和文化资源，探索适合藏区发展特点的经济运行机制和发展模式，可以尝试将牧民定居点建成农牧产品再加工点、市场链接点和特色产业培育点，继续完善基础设施建设，实现定居点和牧业生产点"定"与"动"的有机结合。

发展现代牧业，坚持增草、限畜、提质、转型的基本原则发展牧区经济。"增草"主要是合理利用天然草地，适度扩大人工蓄草场，着力构建适宜社区的放牧制度；"限畜"主要根据草的总量和草地承载量来确定牲畜数量，提高牲畜质量，运用现代科技手段和技术增加改良畜、适龄母畜、生产畜的比例；"提质"主要着力于优化产品结构，提升传统畜产品质量安全、加工工艺和品质，重点生产能满足高端消费者需要的畜产品，拓展产品消费市场；"转型"主要是着力于优化产业结构，充分利用自然资源、社会资源和文化资源，重点培育草地生态、休闲观光、牧业文化等新型牧业形态，对草地畜牧业进行新的定位，注入新的内涵。

5.6.5　继续完善基础设施建设

实施农牧民安居工程以后，发展现代农牧业和非农产业成为推动经济增长的必由之路，这就客观要求完善的基础设施作为强有力的保障。在中央政府及兄弟省市的援助下，西藏基础设施和公共设施发展迅速，尤其是安居工程实施后，配套基础设施建设更加完善，着力打造了道路交通、通信、水电官网、光纤电缆，建设了学校、医院、储蓄所、社区活动中心等公共服务设施，让牧区实现了通水通电、通路通电话、通电视通网络，一改面貌换新颜，从根本上改变了西藏农牧区落后的生产生活条件。以交通建设为例，西藏通过几十年的发展，现在已经初步形成了航空、铁路、公路的立体化交通支撑体系，近些年重点建设农村公路，旨在打造畅通、便捷、安全的物流交通网，促进藏区内外经济交流；再如能源管网建设，当前首先要建立良好、通达的管网体系，充分保障藏区内部需求，其次，在此基础上做好将西藏电力资源输出其他地区的管网工程建设的充分准备；水利工程建设则集中在加强西藏水利资源的合理利用和保障功能；通信基础建设目标是加快、加大西藏通信设施和信息化建设，增加通信网络的覆盖面积，以及提升信息资源利用频率，为通信、信息活动提供有力保障，推动西藏信息化全面发展。

5.6.6　加强农牧民的技能培训和素质提升

西藏在产业结构升级和转化的过程中，农牧民普遍缺乏从事相关产业的文化技能和科学知识，加之严重缺乏市场经济观念和商品经济意识，自我发展能力薄弱，因此加强农牧民劳动力技能培训，提升农牧民素质十分必要。培训农牧民的根本在于培训资金问题，本书认为，解决培训资金问题可以从以下几方面来思考：一是政府要加大对农牧区职业技能培训的转移支付和倾斜力度，地方财政也要配套增加培训经费；二是通过设立藏区农牧民科技培训基金，充分保障培训场地、师资队伍、科研经费的合理开支，根据产业发展的技术需求，鼓励和引导国内优势单位和社会组织针对农牧区产业发展特点，制定适用技术和市场策划方面的培训方案，切实解决牧民定居和产业发展中的关键问题；三是加强院校和社区结对，组织相关专业技术优势单位、企业和社会力量对口帮扶，采取政府购买服务的方式，以及创办草场、田间学校、各类培训班、示范基地等多种形式，强化对农牧民的职业技能培训，提高农牧民的科学文化素质，培养一批懂科技、会经营、善管理的新型牧民。

第6章　西藏农牧民安居工程后续问题二：
农牧民定居后续增收问题研究

安居乐业、生活宽裕是西藏广大农牧民的热切期盼，西藏自治区党委政府也正是顺应这一客观要求和历史潮流，以推进农牧民安居工程为突破口启动社会主义新农村建设，这也是实现西藏经济社会跨越式发展、建设和谐西藏的必由之路。农牧民安居工程确实改善了农牧民的居住环境和生活质量，但安居只是手段并非目标，乐业才是根本。我们在调研中发现，农牧民对安居工程的满意度不高，其原因之一就在于选择定居生活方式后，失去了维持生计的基本条件，或者生活状况比定居前更加糟糕。因此，本书认为，在新形势下要真正提高西藏农牧民收入，让广大农牧民生活宽裕，就必须着眼于增强农牧民内生动力，提高自我发展能力，培育市场经济意识，积极主动地参与到西藏市场化经济改革的浪潮中来，这也是增加农牧民收入、实现农牧民生活宽裕的客观要求。

6.1　西藏农牧民收入增长的历史演进

长期以来，西藏受地理位置、气候条件、宗教文化等诸多因素制约，内生发展动力严重不足，经济发展滞后，农牧民收入增长缓慢。因此，改善农牧民的生活条件，提高农牧民的收入不仅是西藏社会主义新农村建设需要解决的问题，同样也是整个西藏"十三五"时期的工作重心。

在西藏和平解放和民主改革后，广大农牧民政治上翻身做了主人，经济上不再依附农奴主，尤其是在中央政府的关怀下，收入不断提高，归结起来主要经历了以下四个阶段。

（1）第一阶段：西藏和平解放和民主改革前。西藏和平解放和民主改革前，完全处于"政教合一"的农奴制社会，农奴阶级占西藏人口的 90%，多为破产的贫苦农奴，人身依附于农奴主。[①] 整个西藏社会可以划分为富裕农奴、中等农奴、

---

① 原思明. 西藏解放的历史特点[J]. 史学月刊，1990(2)：88，115-116.

贫苦农奴等几个阶层，其中差巴[①]和堆穷[②]是农奴阶级的主要组成部分。广大农奴既没有生产资料也没有人身自由和权利，几乎全部成为农奴主的家内劳役。[③]农奴制时期的西藏，农业生产力水平和生产效率极低，生产方式原始，生产工具简陋；畜牧业的牛羊成活率仅为 50%和 30%；手工业主要表现为家庭副业，如捻毛线、织氆氇、畜产品加工等，生产方式落后。[④]如此落后的生产力和生产关系，致使广大农牧民根本无收入可言。

(2)西藏民主改革后至改革开放前。1959 年西藏民主改革，在中国共产党的领导下废除了封建农奴制，百万农奴成为土地等生产资料的主人，大大激发了农牧民的生产生活热情。1959 年，西藏农牧民首次拥有了自己的纯收入，人均纯收入达到 35 元。在农作物的耕作方面，采取了一系列举措，粮食产量提高数倍，基本解决了西藏人民的温饱问题；在畜牧业草场养护管理方面，引进 80 多种牧草新品种，为畜牧业的发展奠定了坚实的基础，牧业科技也得到极大的推广与应用；在商品经济方面，农牧业经济的发展带动了牧区商品经济的发展，不定期的商品展销会和物资交流会基本结束了西藏传统的粮盐交换。西藏农牧民在民主改革后，生活水平得到进一步提升。

(3)改革开放后至今。伴随着 1978 年改革开放，中央政府对西藏的帮扶力度不断增强，尤其是中央召开的几次西藏工作座谈会，更是极大地推动了西藏经济飞速发展。在 1984 年，农牧区开始实行以家庭经营为主的生产责任制，政府鼓励广大农牧民发展家庭副业，这一举措极大地调动了农牧民的生产积极性。到 1994 年，中央政府又对西藏推行"两个长期不变"的重大政策，[⑤]并且以经济建设为中心，拉开了援藏序幕，时至 2001 年的第四次西藏工作座谈会，西藏自治区 GDP 年均增速高于全国平均水平，一直保持 12.4%的高速增长，不断推动农牧区工作重心从增产到增收的历史性转变。

在收入增长方面，农牧民收入实现了跨越式增长。1978 年农牧民人均纯收入仅为 175 元，2010 年农牧民人均纯收入达到 4139 元，年均增长 10%以上。同时，农牧民收入结构和收入来源发生了巨大变化，特别是 2006 年，农牧民安居工程的开工建设和青藏铁路的开通，极大地促进了农牧民生产生活方式的改变，增强了农牧民市场经济意识和商品观念。

在产业结构方面，农牧业经济结构得到优化，高原旅游、民族特色产业和对外劳务输出已成为农牧民收入增长的重要途径；农牧业产业结构不断调整，生产

---

① 差巴，意为支差者，是领种地方政府的差地，为地方政府和所属农奴主支差的人，地位高于堆穷。

② 堆穷，意为小户，主要指耕种农奴主及其代理人分给的少量分地，为农奴主及其代理人支差的农奴。

③ 陈宗烈. 纪念西藏百万农奴解放 50 周年(一)[J]. 军事历史，2009(2)：83.

④ 其昌. 从沧海到桑田：西藏和平解放 60 年[J]. 文史博览，2011(7)：1.

⑤ "两个长期不变"是指根据农民发展的需要，制定一系列休养生息政策，尤其是实行"土地分户、自主经营、长期不变和牲畜归户，私有私养，自主经营，长期不变"。

性收入和非生产性收入比例得到极大的优化，与此同时，西藏农牧民人均纯收入和人均 GDP 也实现了持续增长。[①]

经过改革开放 30 多年的努力，在推进西藏跨越式发展过程中，更加注重"经济增长、生活宽裕、文明进步、社会稳定、生态良好"的统一，[②] 中央政府对西藏建设的大力支持，更是加快了西藏农牧业的转型发展，使农牧民的生产生活条件得到了极大改善。

6.2　西藏农牧民定居前后的收入考察

前面已经指出了农牧民的收入保持逐年提高，生活状况得到不断改善。然而，农牧民的收入总量仍然偏低，收入结构仍然不合理，如收入总量不足，收入结构单一，区域差距和城乡差距较大。

6.2.1　收入总量分析

农牧民收入增长不协调、不平衡现象比较突出。自 1990 年至今，西藏农牧民收入增长过程呈现明显的阶段性变化。其中，1990～1995 年农牧民收入稳步增长，从 1990 年的 4.68%增长到 1995 年的 16.39%，年均增速 8.57%，波动系数为 51.27%；1996～2000 年农牧民收入年均增速为 8.68%，波动系数下降到 29.57%；自 2001 年以来，伴随国家援藏力度加大，特别是 2006 年安居工程实施以后，农牧民收入增速大幅提高，2006～2010 年高达 14.78%。西藏人均 GDP 增长明显快于农牧民人均纯收入增长，西藏农牧民收入增长与西部乃至全国平均水平相距甚远，表现出不协调、不平衡的态势。如 1990～2014 年，1990～1995 年西藏人均 GDP 平均增速为 13.07%，1996～2014 年，西藏人均 GDP 增速均在 14%以上，也就是农牧民增收速度远远比不上人均 GDP。从这些数据可以看出，21 世纪现代文明并没有使农牧民从贫困中解脱出来，也没有获得相应的发展，而且西藏人均 GDP 和农牧民人均纯收入间的差距还在扩大(图 6.1 和图 6.2)。

---

① 李芳利. 走中国特色、西藏特点农业现代化道路的思考[J]. 西藏发展论坛，2011(5)：39-41.
② 资料来源：中国共产党第十七次全国代表大会上的报告，2007.

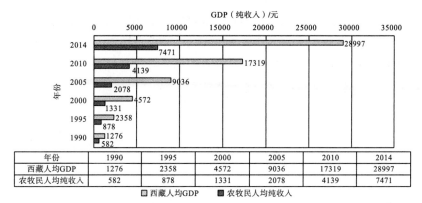

图 6.1　1990~2014 年西藏人均 GDP 与农牧民人均纯收增长总量比较[①]

年份	1990	1995	2000	2005	2010	2014
西藏人均GDP	1276	2358	4572	9036	17319	28997
农牧民人均纯收入	582	878	1331	2078	4139	7471

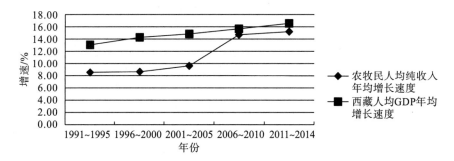

图 6.2　1991~2014 年西藏人均 GDP 与农牧民人均纯收入年均增长速度比较[①]

6.2.2　收入结构分析

　　西藏农牧民收入结构不平衡，收入来源比较单一。广大农牧民主要以种植业、畜牧业、手工业等生产性收入为主要收入来源，占比较大；以劳务输出、旅游业等非生产性收入为次要收入来源，占比较小。农牧业比重过大，吸引劳动力过多，导致大量的农牧民都依靠农牧业增加收入。从改革开放到安居工程实施前，西藏农牧民收入比重主要以农牧业、种植业等生产性收入为主，实施安居工程之后，农牧民收入在结构和来源方面均发生了一些变化，如 2006 年以来，农牧民收入结构中工资收入、转移性收入等非生产性收入在总收入中的占比增加，从事农牧业的收入占比降低。

　　从收入性质的构成来看，西藏农牧民非生产性收入占比稳中有升。近几年随着西藏工作座谈会的召开，"精准扶贫"政策的持续推进，中央及对口援藏单位在西藏的财政、科技、教育等方面投入力度越来越大，农牧民转移性和财产性收入逐年增高，生产性收入占总收入比例稳中有降，农牧民收入结构得到了一定的

---

① 数据来源：根据《新中国 60 年统计资料汇编》和《西藏统计年鉴 2015》整理。

优化。2014 年，西藏农牧民人均纯收入为 7471 元，其中非生产性收入 1489 元，与 2010 年相比，增加 841 元，增长 129.78%，非生产性收入由 2010 年的 15.66% 逐步上升到 2014 年的 19.93%（图 6.3）。

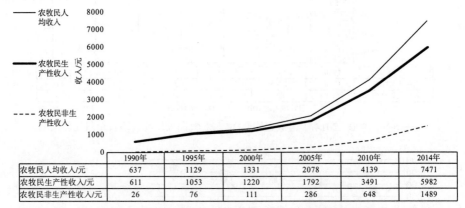

	1990年	1995年	2000年	2005年	2010年	2014年
农牧民人均收入/元	637	1129	1331	2078	4139	7471
农牧民生产性收入/元	611	1053	1220	1792	3491	5982
农牧民非生产性收入/元	26	76	111	286	648	1489

图 6.3　1990～2014 年西藏农牧民收入性质构成比较[①]

　　从收入来源的构成看，西藏农牧民长期以种植、养殖、牧业为主要收入来源。随着西藏第二、第三产业迅猛发展，国家实施支农惠农政策，加之安居工程的影响，为了农牧民能够"安居"和更好"乐业"，促进农牧民生产积极性，扩宽农牧民就业渠道，带动相关特色产业和区域经济的发展，打破自给自足的小农经济思想意识，诞生出多元化的收入分配体系，西藏农牧民家庭经营收入在家庭总收入中占比下降，　工资性收入增长较快。在收入来源中，财产性收入、转移性收入及工资性收入比重仍然偏低，收入结构仍须进一步优化。以 2014 年为例，农牧民的劳务工资收入、转移性收入和资产性收入比重已经占到全区农牧民人均纯收入的 52.67%，而工资性收入和家庭经营纯收入占到了人均纯收入的 78.87%（表 6.1）。

表 6.1　2014 年西藏农牧民收入来源[①]

收入来源	金额/元	占比/%
工资性收入	2356	31.54
转移性收入	1171	15.67
财产性收入	408	5.46
家庭经营纯收入	3536	47.33
总计	7471	100

① 数据来源：根据《新中国 60 年统计资料汇编》和《西藏统计年鉴 2015》整理。

6.3　农牧民定居后续收入增长的影响因素

　　西藏经济发展的关键点在于增加农牧民收入，而确保农牧民持续增收的举措是解决农牧民贫困的关键，是西藏农牧民安居和乐业的根本出发点和落脚点。因此，分析影响农牧民增收的原因，并在此基础上提出有效、合理、确实可行的解决方案成为一项势在必行的工作。[1]学界分析影响农牧民增收的原因有诸多类别，本书主要归纳为以下四个方面。

　　第一，宗教信仰和历史文化因素。在西藏，几乎百分之九十以上的人都信奉藏传佛教，藏传佛教对西藏和西藏农牧民的影响是根深蒂固的。在实地调研中发现，世代居住在西藏的农牧民与外来的其他民族相比，追求财富的欲望较弱。在宗教信仰的影响下，西藏老百姓崇尚"一切随缘，命中注定是你的，抢也抢不走，不是你的，即使再怎么追求也不是你的，然而，你尊重佛法，恪守规矩，严于律己，转世以后可能就是你的"。[2] 这种天赐观的信仰导致人们不愿意改变自己追求财富的欲望，西藏农牧民长期处在封闭的环境中，造成人们对自然的崇尚和依赖，以至于农牧民的市场经济观念淡薄，直接影响了农牧民收入的增长。加之旧西藏是封建农奴制社会，对农牧民求富欲望埋下了很多隐患。在旧西藏，5%的统治者拥有了将近90%的社会财富，绝大多数人必须依赖于这些统治者，导致农牧民的生产积极性降低，从而制约了他们追求财富的主动性，必然影响农牧民的收入增长。[3] 正是因为受到这种宗教信仰和历史文化的影响和熏陶，才导致农牧民追求财富的欲望不高，求发展的动力不足。

　　第二，西藏产业结构布局不合理，缺乏内生发展动力。自改革开放以来，西藏农牧民增收渠道不断拓宽，相应的产业结构也得到了优化，但是农牧民收入增长速度缓慢，西藏产业结构布局不合理也是制约农牧民收入增长缓慢的主要原因之一。在前面的论述中提到，长期以来，西藏第一产业比重过大，吸收的劳动力最多，生产方式最为落后，产出效益最低；第二产业是在援助机制确立后才形成的"镶嵌式"发展，严重缺乏与第一、第三产业的深度融合，互动性较差；第三产业发展滞后，水平不高，吸收的劳动力较少。西藏的农牧业现代化和集约化程度不高，没有形成规模化和产业化经营；西藏的乡镇企业特别是民族手工业由于缺乏资金和高水平管理人才，其发展规模也比较小，企业效益欠佳，发展水平和生产方式落后；西藏生态资源基础较好，旅游业发展潜力巨大，但是西藏缺乏对

① 罗绒战堆. 西藏农牧民收入问题研究[J]. 中国藏学，2005（1）：3-9.

② 才让. 藏传佛教民俗与信仰[M]. 北京：民族出版社，1999.

③ 郑生忠. 社会转型时期我国西部少数民族宗教问题研究[D]. 西安：陕西师范大学，2012.

旅游业的足够重视和科学规划，财力和人力投入不足，旅游业的产业化经营程度还不高；西藏工业的发展大多是采用"嵌入式"的发展模式，[①] 由于缺乏技术作为支撑，很多农牧民不能迅速适应工业生产，导致农牧民生产积极性受挫，从而影响他们的收入增长。由此可见，西藏农牧民收入增长缓慢与西藏产业结构布局不合理有着必然的联系。

第三，西藏农牧区基础设施建设发展滞后，制约了农牧区的经济发展，进而影响农牧民增收。基础设施建设对农牧民增收的影响机制是多方面的，本书认为，其主要体现在直接和间接两方面的影响：在直接影响方面，农牧区完善的基础设施能够有效降低农牧业生产成本，提高农牧业生产效率以获取更高利润，直接增加农牧民收入，此外，推进基础设施建设本身就能够为广大农牧民提供就业岗位，增加农牧业收入；在间接方面，基础设施完善了，尤其是交通运输、邮电通信的巨大进步，反而能推动非农产业的快速发展，为农牧民提供更多非农就业机会，青藏铁路开通之后，西藏旅游业快速发展，大量农牧业的剩余劳动力开始从事服务业。同时，假定在农牧民收入水平不变的情况下，基础设施的改善可以提高农牧民的购买能力，如西藏农牧区电网等基础设施的建设降低了电力输送成本，电价的降低会促使农牧民添置家电设备，从而提高农牧民的购买力，间接增加农牧民收入的同时提高了当地居民的生活水平。[②]

西藏农牧区属于高海拔地区，人口密度大，居住分散，配套设施不完善，基础设施建设滞后，导致农牧区与外界联系不紧密，获取信息的渠道单一。在西藏发展过程中，政府已经意识到了基础设施建设对农牧民收入增长的影响。因此，近些年来政府投入大量资金，开工了很多民生项目，促使农牧区的经济发展。截至 2014 年底，"十二五"期间投资累计完成 74.1%，拉日铁路已通车运营，拉林铁路正开工建设，拉林高等级公路也完成工程总量的 75%，嘎拉山隧道和雅江特大桥改扩建工程、米林机场至八一镇专用公路也在加快实施，新增通油路县 3 个、通油路乡镇 36 个。全区新增公路通车里程 4332 公里。在电力方面政府也采取了大量举措，川藏电力联网工程建成投运，拉洛水利枢纽和雅砻、恰央等重点水库开工建设。[③] 但这些也只是解决了部分地区的道路、水利、电力、网络等问题。早在安居工程开工建设之前，西藏很多农牧区道路交通、电力、网络等建设均为一片空白，安居工程建设后政府大力发展了基础设施建设，但道路交通、水电管网、信息化建设等问题依旧制约着农牧民增收。

第四，农牧民受教育程度偏低，市场观念和商品意识淡薄。由于西藏受宗教

---

① "嵌入式"一词在计算机系统中较为常见，主要是指"用于控制、监视或者辅助操作机器和设备的装置"，本书主要指"西藏的工业产业大部分是从内地直接把工业企业搬到西藏进行工业生产"的发展模式。
② 格桑塔杰. 解放前后西藏商品经济发展之比较[J]. 西藏研究，1991(2)：62-67.
③ 自治区主席洛桑江村于 2015 年 1 月 18 日在西藏自治区第十届人民代表大会第三次会议上的政府工作报告。

文化、区位条件等的影响，广大农牧民因循守旧、观念落后，对教育的重视程度不够，整个农牧区受教育的人数少，农牧民受教育的程度低，这也是农牧民就业竞争能力薄弱的重要原因。由此可见，文化素质的高低已经成为影响农牧民增收的重要因素。自安居工程实施以来，当地农牧民受教育程度有所改善。截至 2010 年，西藏文盲率占到了总人口的40.69%，中高等教育比重还是很低（表 6.2 和图 6.4）。

表 6.2　2010 年西藏文化程度（以每 10 万人口的文化程度计算）[①]

文化程度	人数/人	占比/%
大学文化	5507	5.51
高中文化	4364	4.36
初中文化	12850	12.85
小学文化	36589	36.59
文盲	40690	40.69

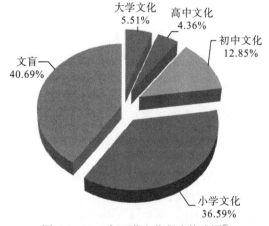

图 6.4　2010 年西藏文化程度构成图[①]

6.4　破除制约农牧民持续增收因素的对策建议

西藏自治区党委政府长期重视解决农牧民持续增收问题，包括学界也有大量研究。但通过对政策的分析和理论文献的梳理发现，多是从产业发展方面或农牧民个体竞争能力方面进行研究分析，是从单方主体切入分析，这样最大的弊端就是缺乏抓手。西藏本身有很多特殊性，在破除农牧民持续增收的影响因素方面，就必须有别于内地农民增收的观念和做法，要结合西藏地理位置、资源环境、宗

① 数据来源：第六次全国人口普查资料。

教影响、民族习俗等方面的特点，以提升农牧民内生动力为目标，增强农牧民的市场经济意识和自我发展能力，让农牧民不再依靠政府的政策刺激来提高收入，而要让自己主动适应市场经济竞争环境并积极作为。本书在思考解决农牧民增收问题上，打破过去旧有思路，立足于政府、农牧民、社会三方联动，创造和优化农牧民生存环境和生活方式，享受现代生活方式，实现生活宽裕。

6.4.1　基于政府层面的农牧民持续增收建议

增加农牧民收入的关键是要让农牧民有业可就，理论界较多的是从产业结构调整和布局方面来加以思考，观点多比较抽象，难以落到实处。本书认为，西藏农牧民生产方式原始落后，科技含量低，生产规模小，产品附加值不高，处于价值链的最底端。因此，政府应该加大引导和扶持农牧民合作组织，积少聚多，集小聚大，充分整合分散的生产主体，将西藏有限的市场资源进行高度整合和优化配置，让广大农牧民享受到产业组织积聚效应带来的好处。

1. 西藏发展农牧民合作组织的优势分析

我国的农民合作组织是在农村家庭承包经营基础上，同类农产品的生产经营者或同类农业生产经营相关服务的提供者、利用者，自愿联合起来，以民主的方式进行管理，以其成员为主要服务对象，提供农业生产资料的购买，农产品的销售、加工、运输、储藏及与农业生产经营有关的技术、信息等服务的互助性经济组织。

(1)农牧民合作组织有利于创新农牧业经营体制。在内地农村经济发展中，正在全面实现家庭经营向集约经营转变，统一经营向组织经营转变，农户联合与合作，逐渐在形成多元化、多层次、多形式的经营服务体系，大大提高了组织化程度。但是在西藏，由于多方面原因，这一进程非常缓慢，政府也没有更多的有效作为。本书建议，政府可以调整思路，着力在农牧区推行以联合的方式进行农业生产、参与市场竞争，以此提高农牧业统一经营的组织化程度和农牧业经营的专业化、规模化水平，提高农牧民进入市场的组织化程度，应对工业化、市场化及全球化冲击，解决"小农户与大市场"问题，达到农业生产的规模化、专业化、集约化，适应发展现代农业的客观要求。

(2)农牧民合作组织有利于降低生产成本、提高生产效率。对于西藏来讲，这一点至关重要，因为西藏基础设施建设滞后，信息化程度不高，农牧民受教育程度普遍偏低，在生产过程中，投入成本较大、产出效益较低是当前面临的一个重要难题。而发展农牧民合作组织，最大的优势就是通过合作组织雇派专业人员统一采购各类农资产品和机械器具，批量式的采购可以直接降低生产资料价格，同时也能保障所购物资质量，更重要的是帮助农户购买生产资料、拓展市场空间、捕捉有效信息。当然，西藏经济有着非常明显的自然经济特性，并且生产能力弱，产品少，短时期内农牧民合作组织发挥的作用有限，但从西藏发展长远来看，随着西藏生产力的提高，生产方式的专业化、规模化、标准化是客观要求，生产和管理效率的提高也是必然诉求。

2. 西藏农牧民合作组织发展情况及制约瓶颈

近年来，西藏农牧民合作组织发展迅速，入社农牧民持续增加，出资额度不断提升。据统计，截至2013年底，西藏登记注册的农牧民专业合作社达1895户，出资总额达13.41亿元。根据地区分类，拉萨为233家，日喀则为350家，阿里为150家，林芝为120家，那曲为162家，昌都为80家，各类市场主体达到13.45万户。[①]产业分布较广，涵盖建筑业、种植业、食品加工业、运输服务业、民族手工业等各个行业；业务范围宽，涉及农资供应、农机推广、农机作业、产品加工及储藏和销售等各个环节。但是，西藏农牧民合作组织发展缓慢，依旧面临着许多制约因素。

(1)农牧民合作组织发展的机制瓶颈。首先是成员与组织的利益关系松散，不能形成较强的组织凝聚力，组织内部的成员权利平衡较难，有很多农牧民合作组织的内部运行并不能遵循合作制的基本原则，事实上被"能人""大户"所控制，普通成员参与度低；[②]另外，由于西藏农牧民合作组织受政府扶持较多，有相当部分的合作社为政府推动型，很容易出现政府过度干预的情况；很多农民专业合作组织不能很好地处理积累与消费的关系，在按股分红与返利之间难以平衡，"大户""能人"倾向于按股分红，普通农牧民则希望按惠顾额返利，组织内部利益共享机制、利益激励机制和约束机制有待完善。

(2)农牧民合作组织发展的人才瓶颈。据调查，西藏农牧民合作组织的发起人大多是生产"大户"或"能人"，他们具备一定的经营管理能力，控制着合作组织的发展方向和发展内容。但是"大户"和"能人"大多属于"农牧一代"，年龄较大且缺乏相应的现代管理知识和基本的财会技能，无法适应现代农牧业发展对管理、组织等方面提出的要求。"农牧二代"作为与时代接轨的青年群体，适应新观念、新技术能力强，本应成为发展现代农牧业的生力军，但在调研中发现，大量的青壮年劳动力外流，西藏农牧区严重缺乏青年人才，加之西藏特殊的地理和气候条件，更是无法吸引外来人才，因此，人才紧缺已经成为农牧民合作组织下一步发展的重要瓶颈。

(3)农牧民合作组织发展的资金瓶颈。西方发达国家的农民合作组织资金主要

① 魏刚. 安居还要乐业：以农牧民合作组织为依托推进西藏社会主义新农村建设[J]. 中国藏学，2014(3)：133-137.

② 韩俊. 中国农民专业合作社调查[M]. 上海：上海远东出版社，2007：199.

来源是社员的认购,利润分配按照盈利共沾、风险共担原则,采用惠顾返还方式。[①]
而西藏农牧民专业合作社的资金筹集和投资经营项目都主要是依赖于政府扶持,
这在某种程度上就抑制了合作组织的发展。农牧民本来出资数量不多,西藏政府
财力有限,加之社会资金入股西藏地区农牧民合作组织的政治障碍较多、资金回
报有限,贷款融资体系不健全,因此缺乏资金也是合作组织发展的制约因素之一。

3. 完善农牧民合作组织的举措

(1)加大政府思想引导力度。农牧民合作组织是发展现代农牧业、实现农牧业
产业化经营的重要抓手,但西藏经济发展滞后,农牧民文化水平较低,市场经济
意识淡薄,农牧民合作组织发展不活跃,客观上需要政府加以引导。政府部门必
须要统一思想、提高认识,清醒地看到农牧民合作组织不单单是一个农牧民的生
产集合体,而是建立新型农牧业社会化服务体系、改革与创新农牧业经营体制机
制、实现农牧业现代化的客观要求;[②] 要把农牧民合作组织作为农牧民抗御市场
经济风险、适应多变的经济形势和最佳组织形式来对待,积极转变职能,理顺关
系,形成加快发展的合力,推进农牧民合作组织的健康发展。[③]

(2)加大政府资金支持力度。由于西藏地理环境的特殊性,其生态资源禀赋的
维持极其重要,因此它是以政府的"强干预"生态补偿为主,[④] 对于当地农牧民
合作社而言,政府的援助是必要的,可以采取多种形式,[⑤] 当前最为重要的是财
政支持和金融支持。加大财政扶持方面,具体而言,要通过中央和援藏兄弟省市
的资金支持,保证西藏在省级财政中设立农牧民合作组织专项发展基金,保证一
定比例的资金投入,推动农牧民合作组织的快速发展;要将扶持面由示范点拓宽到
整个藏区的农牧民合作组织,满足合作组织发展的基本需求,帮助其改善竞争条
件;要将财政扶持对象倾向于特别困难的地区和人员,西藏特殊的地理和气候条
件决定了发展的落后性和不平衡性,因此必须力推农牧民合作组织的均衡发展;
要将财政扶持与西藏现代农牧业发展结合起来,优先支持特色优势产业发展起来
的、能促进农牧业产业化经营的合作组织。

加大金融支持扶持方面,由于西藏特殊的经济发展条件,政府起初对农牧民
合作组织的发展给予了大量资本扶持,占比较高,但毕竟市场经济时代下竞争机
制才是资源配置的基础机制,金融支持才是符合市场机制的一种重要力量。深入
推进小额信贷担保机制和贷款贴息制度改革,形成财政补助、市场投资、社会集
资的多元化资金筹措渠道;指导农牧民成立自己的资金互助组织,如村镇银行、

---

① 包蓓蓓. 美国农民合作社发展的经验及其启示[J]. 甘肃农业, 2010(2): 15-18.

② 韩娟. 西藏农牧民专业合作社发展对策研究[J]. 西藏发展论坛, 2012(6): 42-46.

③ 仲月琴. 专业合作社对地区牧民增收思考[J]. 湘潮, 2013(1): 177-179.

④ 彭春凝. 论生态补偿机制中的政府干预[J]. 西南民族大学学报, 2007(7): 105-109.

⑤ 彭春凝, 倪邦贵. 西藏农牧民专业合作社的发展与思考[J]. 西藏研究, 2011(2): 45-51.

农牧区资金互助社等；在调研中还发现，农牧民有一定的还贷能力，信用度也比较高，可以考虑由政府出面引导保险机构介入，为农牧民合作组织提供保险服务，帮助农牧民降低风险。

(3)加强政府管理力度。对于西藏农牧业发展来讲，农牧民合作组织是一种创新和尝试，从组织管理到利益分配都有很多问题值得研究，随着农牧民合作组织的发展，健全完善经营管理和内部运行机制尤显重要。理顺内部运行机制，完善规章制度、管理方式和进退机制；理顺合作组织的成员结构，保证农牧民的主体地位，充分保障成员权利的行使，注意处理完善"大户""能人"与一般农牧民的合作关系；要避免政府的直接行政干预，注意处理引导与干预的界线，加强制度供给，为合作组织的发展营造良好的外部环境；完善利益分配机制，处理好农牧民合作组织内部积累与消费的关系，农牧民合作组织不是资合性组织，不应首先考虑投资获益，而应优先保证多惠顾者多得利，在按惠顾额返利的前提下，再将剩余盈余按股分红；健全民主监督机制，加强财务公开力度，确保农牧民利益不受侵害。

6.4.2　基于农牧民个体层面的农牧民持续增收建议

农牧民是推动农牧区域经济增长的能动因素和主体，必须要强化农牧民的市场主体意识，让他们适应并积极参与到市场经济中来。当然，青藏铁路开通以后，西藏旅游业的发展加深了内地与西藏民族文化的交流与融合，青藏铁路也相当于打开了内地市场经济观念和商品意识向西藏输入的渠道。在实地调研中发现，在拉萨、日喀则、林芝等中心城区或附近县区，随着西藏旅游经济的发展，农牧民也开始乐于通过市场行为为自己谋利。例如，在羊卓雍错湖畔，农牧民会牵着牦牛出来与游客合影，一次收费二十元。在安居工程实施期间，有部分农牧民自发成立工程队来承包房屋的修建、材料的采购等，这些都是农牧民市场经济观念和商品意识进步的表现，但这远远不够，就西藏全体农牧民来讲，整体的市场经济意识依旧淡薄，大家都热衷于磕长头，而不擅长搞买卖。尤其在拉萨市区，从事商业、服务业的几乎都是汉族人和回族人，藏族人很少。

因此，增强农牧民市场经济观念对农牧民收入增长至关重要。我们要帮助农牧民转变思想，改变以往的"等、靠、要"思想，把新农村建设主导的"要我富"转化为"我要富"，加大对农牧民市场经济观念的培育，让他们真正感受到市场经济客观规律发展带来的好处，进而让他们能够积极投身市场经济建设中去。加之西藏可供农业生产耕种的土地较少，且呈现逐年下降趋势，近年来，国家层面实行的退牧还草的生态环境保护发展战略，在现有的生产力条件下，畜牧业发展空间有限。农牧民从事农牧业生产经营，增加家庭收入的制约因素较多，因而农牧家庭应多渠道完善家庭收入结构。如兼业经营模式，农牧民以农牧业生产为主，农闲外出在建筑工地打工或旅游景点打工。再如非农就业模式，实行政府主导的"离土又离乡"的劳动力转移模式。具体而言，一是通过发展职业教育和基础教育让农牧民接受更多的先进思想和技术，提高农牧民生存技能，改变生产方式，进而改变生活方式，最终让农牧民收入增长；二是鼓励更多的大学生进入农牧区，对农牧民进行引导，促使农牧民增强市场经济观念和商品意识。

6.4.3　基于社会层面的农牧民持续增收建议

在西藏实地调研发现，农牧民增收与就业紧密挂钩，但是随着农牧业的有机构成不断提高，从农牧业转移出更多剩余劳动力，学界也有大量文献对此问题有专门研究。从对现有文献的梳理发现，大量农牧业产生的剩余劳动力除开自身就业竞争能力不强，还有一个根本问题就是社会氛围，这在目前理论研究中少有提到。

本书所提到的社会氛围主要是界定在民族之间的认同感和融合度。在内地，大量从农业转移出来的剩余劳动力可以背井离乡，到全国任何一个地方外出打工，寻找新的就业机会，并且收入会远远高于曾经从事农业劳动的收入，也就是说，内地其他城市的第二、第三产业吸纳了这些农业剩余劳动力，使他们获得了新的生计来源，并且收入逐渐增加，生活质量不断改善，生活逐步富裕。尽管内地农民外出打工会因户籍制度影响，在医疗、教育、社保等方面与城市居民相比受到差别对待，但总体来说，并不会涉及任何民族排斥感和不认同感，国内任何城市都是接纳他们的。但在西藏农牧业转移劳动力再就业问题上，就会存在藏族与其他民族尤其是汉族之间的融合问题。

归根结底，本书认为，正是由于民族间生活习俗与信仰的不同，西藏农牧民就业渠道变得更为狭窄，更多的农牧民愿意选择一生留在西藏，但是西藏自身经济发展水平滞后，产业结构不合理，根本无法完全吸收所有的农牧业剩余劳动力，随着农牧业现代化，将会有越来越多的农牧民需要新的非农就业岗位，西藏境内无法完全消化，西藏之外的地区也很难完全消化，这些都会制约农牧民收入增加和生活改善。因此，迫切需要整个社会逐渐营造一种良好导向，增强藏民与其他民族居民的融合，在思想观念上打通汉藏居民认同感，真正让藏民在内地得到归属感。

第7章　西藏农牧民安居工程后续问题三：
定居点社区治理问题研究

在中国的现代化进程中，社区治理越来越重要，这不仅是城镇化发展的客观要求，也是建设法治国家、民主国家的路径选择。以社区为中心辐射带动城乡全面发展是必然趋势，社区将社会个体联系得更加紧密，这一理念正在获得全社会的认同，从某种意义上讲，社区治理已经成为衡量社会发展成熟度的重要指标。2006 年，西藏自治区党委政府以农牧民安居工程为突破口全面推进新农村建设，其目的就是要改变农牧民过去那种分散的居住方式为集中居住方式，这样也是为了更加优质、便捷、低成本地提供公共服务，更是为了加强农牧区基层组织建设，推进社区化治理模式，让农牧区共享现代文明。农牧民安居工程建设之初，就将安居工程与农牧区新社区建设和全面建设小康社会紧密地联系在一起，坚持尊重农牧民意愿，突出农牧民诉求为核心，结合西藏的地理环境、气候条件、宗教观念和民族习俗，让全区农牧民生产生活条件得到明显改善，收入明显增加，精神面貌焕然一新，也正是农牧民安居工程，使农牧区配套的基础设施建设得到进一步完善，基层党组织凝聚力、战斗力得到进一步加强，农牧区新社会的发展，构成了整个西藏新农村建设的巨大进步。

7.1　社区治理的理论概述

7.1.1　国内外关于社区治理的理论研究

社区和社区治理问题研究发端于西方。最早可追溯到 1887 年，德国社会学家裴迪南·滕尼斯在《共同体与社会》一书中提出，乡村社区是以血缘、身份及习惯为主导的社会共同体，城市社区是以利益和契约为主导的社会集合体，而这两种共同体并不存在，真实的社会是介乎两者之间的。[①] 此后西方学界开始对社区进行专门研究。到 1917 年，英国社会学家麦基弗在《社区：一种社会学的研究》中

---

① 裴迪南·腾尼斯. 共同体与社会[M]. 林远荣，译. 北京：商务印书馆. 1999.

提出，只要生活在共同地域，人们之间一定有很多共性，如习惯、价值认同等，共同地域和共同利益就是社区的典型特征。[①]20 世纪初的美国社会学家罗伯特•帕克认为，社区就是一群生活在共同地域上的个体相互之间发生作用和关系。[②]美国哲学家约翰•杜威(John Dewey)认为，家庭、教堂和邻里所组成的处于一定范围内的社区是人们精神得到栖息的港湾，在人们回归地方家园的过程中，没有任何行为可以阻挡这种向家庭回归的信念。[③] 尽管在现实生活中，家庭和邻里组织中存在的问题各种各样，但不可否认的是，家庭、教堂和邻里社区在培养民众精神方面依然发挥着不可替代的作用。后来部分西方学者开始主动将社会关系、社会资源与农村社区研究相结合，如法国学者布尔迪厄(Pierre Bourdien)非常强调社会关系网络，他认为社区就是各类资源集合体间的相互合作。[④] 西方学界关注社区问题研究时，针对农村社区的理论研究还异常薄弱，直到城镇化加速发展，迫切需要农村提供资源、市场时，农村社区研究才开始引起广泛关注，而对农村社区治理的研究又主要集中在农村社区社会组织的研究上。

　　较之国外关于社区的理论研究，我国无论是研究还是实践都要略晚一步。从已有文献分析可见，我国社区方面理论多集中在城市社区研究领域，当然这与我国农村社区发展滞后有关。20 世纪 30 年代，社会学家费孝通在分析中国社会结构时首次引入社区概念，认为分析中国社会必须要深入分析到社区。伴随经济社会的全面发展，社区的理论内涵也逐渐得到完善和发展。何肇发提出，社区作为区域性的组织，是社会的最基本单位，社会是由多个社区构成的，人们切实感受到的社会就是社区。[⑤] 徐永祥则对社区进行了更为深刻的理论界定，他认为的社区是由相当数量集中地域居住的人群构成，且人群相互之间的文化差异、价值观和认同感极为接近。[⑥] 徐勇又对传统社区和现代社区进行了区分，他认为进行农村社会管理体制变革最为重要，需要建立健全的适应社会主义新农村建设需要的制度平台。[⑦] 针对现代农村社区治理模式，甘信奎将其归纳为三类：因城市化扩大而出现的农村社区，因农村城镇化出现的农村社区，在村民自治模式下自发形成的农村社区。

① 俞可平. 社群主义[M]. 北京：中国社会科学出版社，1998.

② 罗特. E. 帕克. 城市社会学[M]. 宋俊林，译. 北京：华夏出版社，1987.

③ 孙柏瑛，李卓青. 公民参与：社会文明程度和国家治理水平的重要标识[J]. 上海城市管理职业技术学院学报，2006(3)：5-9.

④ 布尔迪厄. 文化资本与社会炼金术：布尔迪厄访谈录[M]. 包亚明，译. 上海：上海人民出版社，1997：202.

⑤ 黎熙元，何肇发. 现代社区概论[M]. 广州：中山大学出版社，1998.

⑥ 徐永祥. 社区发展论[M]. 上海：华东理工大学出版社，2000.

⑦ 徐勇. 在社会主义新农村建设中推进农村社区建设[J]. 江汉论坛，2007(4)：15.

7.1.2　社区治理的内涵解析

　　社区治理的内涵外延极其丰富，学界对其概念界定也有多种版本，缺乏一个统一的定义。同时，在不同的社区之间，由于在结构、功能、区位、定位和发展水平之间存在一定的差异，且生活在社区中的人们具有各自的特点，这些差异和特点也会随着时间的推移而发生相应的变化，从这个方面来说，社区治理的内容也应伴随时间的变化而进行相应的调整，它具有一定的动态特性。换言之，社区治理不仅是历史范畴，同时也是随着社会时代变迁而不断变化的范畴。[①] 因此，不同的学者对于社区治理有不同的认识，在社区治理的定义上并没有取得广泛的一致性。有的认为，社区治理就是对人们居住生活的区域进行管理的一种行为；还有的认为，社区治理是为了促进和发展社区经济，同时满足社区居民的物质和文化需求，以提高居民的生活质量为目标，从而围绕社区有序发展对社区内的各项事务所进行的各种管理工作；还有的认为，社区治理是指在以社区和街道为范围，在社区和街道办事处指导下，社区各单位群体和社区居民积极参与对社区进行全面的自我建设和自我管理的过程。

　　综上观点，结合本书的研究内容，本书认为社区治理就是指社区各单位群体、社区非政府组织和社区居民在地方政府及相关行政机构的指导和协调下，进行自我服务和自我管理的活动。具体而言，社区治理是以共同地域为基础，由政府、社区基层组织、社区居民三方不同主体参与，各自发挥各自的资源优势进行相互作用的运行模式。[②] 通过社区化的治理模式可以进一步补充政府和市场在计划、调控和协调过程中的不足之处，发达国家早已将社区治理作为政府管理和市场调控的重要补充形式。

　　由于西藏是我国政治、军事和生态敏感区域，具有极强的特殊性，对西藏农村社区治理的研究非常必要。在实施安居工程前，西藏农村地区和内地有着巨大差别，广大农牧民分散居住于不同区域，逐水草而居、逐水草而牧的游牧生活状态严重制约了西藏农村地区的社区化治理。2006 年，西藏自治区党委政府以实施安居工程为突破口建设新农村，十多年过去了，安居工程建设早已结束，农牧区的广大农牧民现在已经集中居住在新建的定居点，定居点的社区化治理模式对于安居工程建设之初来说属于前沿理论问题，而当前已经属于迫在眉睫需要解决的现实问题。在实地调研中发现，定居点的社区化治理氛围与内地相比仍有较大差距。社会生活共同体常常离不开公共物品供给的问题，但农牧区社区公共物品的供给往往受到多种因素的影响，例如，济发达水平、区域位置优越等，因此研究

① 叶玮. 城镇化进程中的城市社区治理模式研究[D]. 长沙：湖南师范大学，2014.

② 刘娴静. 城市社区治理模式的比较及中国的选择[J]. 社会主义研究，2006(2)：59-61.

西藏农村地区的社区化治理模式有重要的现实影响和理论意义。

7.2　农牧区社区治理对西藏新农村建设的影响分析

加快推进农牧区的社区建设，有助于更好地整合公共资源，对于提高农牧民生活质量和推进西藏新农村建设有着重要作用。对牧民而言，政府通过实施安居工程让广大农牧民结束游牧生活，转向定居生活无异是一次飞跃和蜕变，让广大农牧民在较短时间内放弃习惯了一辈子的畜牧生活是一件比较困难的事情。广大农牧民从游牧到定居，不仅是生活方式的改变，而且生产方式、传统文化，甚至是基层治理模式的一次改变。通过实地调研发现，部分农牧民还不能轻易接受这种改变，有个别人还抱有抗拒和逃避的心态，加之农牧区覆盖面积区域较大，牵涉人口较多，因此做好西藏农村社区建设对于后安居时代具有重大现实意义。

1. 社区治理与农牧区经济发展

西藏农牧区的经济发展与社区治理紧密相关。由于财政拨款是社区发展所需要资金的主要来源，因此，当政府财政支出有限时，就会导致社区发展资金不足，而不足部分往往又只有依靠社区自身通过发展经济或社区内的单位群体来予以支持解决。实地调研发现，农牧区要努力发展社区经济，就会间接创造出更多就业岗位，变相拓宽了农牧民的就业渠道，让农牧民通过社区经济发展获取更多就业机会，从而增加收入来源。同时，农牧民收入增加了，生活条件改善了，又会更好地推动农牧区的经济社会全面发展，实现农牧区的和谐稳定。[①]

2.社区治理与公共服务供给成本

社区服务是社区治理的基本功能。社区治理水平的高低，取决于社区服务质量的优劣。政府通过向社区提供公共服务，使农牧民能够享受到经济社会发展的成果。既然政府是社区公共服务的供给主体，服务资金来源于政府公共财政，这就涉及公共服务供给成本问题。为了提供优质便捷的公共服务，政府总会思考供给成本问题，这就需要政府统筹协调，抓大放小，充分整合社区资源，不断发展和壮大社区服务队伍，充分调动农牧民的积极性和主动性，一方面可以减轻政府社区治理中提供公共服务的财政负担，另一方面，私人化的经济活动具有更低的成本和更高的效率。

---

① 周炜，孙勇. 中国西藏农村安居工程报告[M]. 北京：中国藏学出版社，2007.

3. 社区治理与基础设施建设

　　农牧区基础设施建设状况制约着农牧民的生活质量。社区基础设施包括村（居）委会、基层党组织、警务室、医疗卫生站、文化活动室等，基础设施建设作为社区建设的重要组成部分，为了提高社区治理能力，必须调动各方面的人力、物力和财力大力推进基础设施建设，否则就会影响农牧民积极性和主动性的发挥。我们在西藏林芝市米林县米林村调研时发现，该村设置了村民委员会，门口还专门设置了宣传栏，主要为了宣传党的政策和公开村务工作，在村委会的旁边就是公共澡堂，村委会的正前方就是篮球场和羽毛球场，可见，基层公共服务设施建设有了很大进步。

4.社区治理与生态环境保护

　　社区环境的好坏与社区居民生活质量密切相关，治理社区环境污染是社区治理发展中的一项特殊任务。改善社区卫生状况有助于改变快速发展的工业化和城镇化带来的严重的空气污染、水体污染、噪声污染等多方面问题，为了给居民创造一个属于大家的美丽家园，社区治理方面必须做到社区的街道办事处和社区的管理机构要通过建立一套完备的规章制度来改善社区卫生状况，治理环境污染。

5.社区治理有助于农牧区的和谐稳定

　　"千里之堤，溃于蚁穴"，基础不牢，地动山摇，基层是整个社会稳定的基石，基层不稳定就无法换取全社会的稳定。为此必须要从农牧区实际出发，通过强化思想引导和政治教育，让广大农牧民自觉维护祖国统一和民族团结意识。从社区工作角度来讲，应该进一步加强社区警务配备，依据社区管辖范围、农牧民人口数及农牧区治安情况来配置警务资源，在社区还要培养更多的人民调解员，专门负责调解和处理农牧民之间的纠纷矛盾。同时，社区要在党委政府组织下深入开展法制宣传，提升法律意识和自我维权能力，还要为广大农牧民免费提供法律咨询和法律服务。另外，社区要紧密配合公安机关做好流动人口的服务管理工作，全面实现各项工作制度化、规范化。[①]

6.社区治理与基层文化建设

　　根据马斯洛的需求理论，社区农牧民除对物质的需求，也渴望得到精神层面的满足。因此，加强社区文化建设构成了社区建设的重要内容之一。具体而言，政府方面，要加大对社区开展文化活动的支持力度，投入更多资金，建设更多文化设施；社区方面，要充分运用已有资源，以文化节日为载体，组织广大农牧民

---

① 彭姣君，刘恒. 统筹城乡发展，提高西藏社区治理能力[J]. 西藏发展论坛，2014(1)：66-69.

参加各类文化活动和竞赛项目；作为农牧民来说，可以自发组织各类不同范围的文化交流活动。社区建设离不开文化建设，要不断增强农牧民的认同感和归属感，培育农牧民的主人翁意识，提升农牧民的文化品位和参与文化活动的积极性，营造社区良好的文化氛围，倡导树立文明新风。因此，必须大力培养社区文化组织，加快社区文化设施的建设，开展丰富多彩的文化活动，提高居民参与的积极性，提高社区的文明程度。

7.3　西藏农牧民定居点社区治理现状考察

近些年，随着农牧民定居点生活配套设施的不断完善，农牧民的生活环境得到极大改善，在生产发展的同时，生活逐步宽裕，村容更加整洁，乡风更加文明，定居点的社区建设取得巨大进步。

在定居模式选择上，西藏自治区党委政府根据各地的具体情况，因地制宜，按照有利生产、方便生活的基本原则，采取不同的定居模式，归纳起来，主要表现为三种：一是由国家集中投资，集中搬迁，集中建设；二是以一个村落为单位相对集中定居，内部按个人的特长适当分工，有的放牧，有的从事种植业、乡镇企业和多种经营；三是大分散、小集中，然后由点成片。实践证明，在引导广大农牧民结束游牧生活走向定居生活的转变过程中，应当以多种形式并存，但是无论选择哪种形式，始终要加强对定居点的社区建设，以社区建设促进社会发展的总的方向不能改变。

7.3.1　藏农村地区社区治理的基本情况

西藏自治区党委政府通过各职能部门齐抓共管，广大群众积极参与，并且以健全社区组织和推进社区服务方面的工作为重点，同时以强社区基础设施建设为依托。农牧区的环境和农牧民的生活都有所改善，整个社区建设呈现良好的发展态势。

(1)治功能逐步完善。社区建设主要是通过农牧民自治实现，只有切实让广大农牧民依法行使民主权利，才能真正实现自我管理、自我教育、自我服务、自我监督。各地通过不断提高农牧民自治意识和自治能力，[①] 完善村民选举制度、村务公开制度，坚持依法行政和依法自治相结合，充分保障广大农牧民对本社区事务的知情权、参与权和监督权，维护农牧民的合法权益。[②]在农牧区党的领导不断

---

① 汤晋苏. 新时期社区建设工作的基本思路[J]. 山东科技大学学报(社会科学版)，2003，5(2)：20-24.
② 彭姣君，刘恒. 统筹城乡发展，提高西藏社区治理能力[J]. 西藏发展论坛，2014(1)：66-69.

得到强化，农牧民的法治意识不断获得提高，地方自治组织不断完善，整个社区民主自治环境得到进一步优化。

(2)社区组织体系不断健全。通过开展村级建制整合和调整社区规模，西藏社区组织体系已基本健全，各种社区组织已逐渐完善起来，并在社区的建设中发挥了重要的作用。其中，社区党组织的领头羊作用更是功不可没。在开展社区自治、居民自治及带领居民开展社区服务的过程中，社区党组织更是一马当先，实现了党的领导和推进社区建设的有机统一。同时，社区各类组织加强社区人才培养和人才队伍建设。目前全区已基本形成以社区党组织为领导核心、以社区自治组织为主体、以社区群团组织和志愿者组织为基础的社区组织网络体系。

(3)社区服务功能不断完善。社区服务是社区治理的基本功能。社区治理水平的高低，取决于社区服务质量的优劣。政府通过增加公共服务供给，使社区基础设施和文化活动越来越丰富多彩，广大农牧民切实享受到了经济发展带来的好处。地方政府主动将社区服务列为社区工作的重要内容，逐步形成了完善的社区服务体系，充分满足了农牧民的生产生活需求。目前西藏农村社区的公共服务已基本覆盖了所有定居点，大大提高了居民生活质量和对社区的认同感、归属感。

7.3.2　西藏农村地区社区治理的影响因素分析

与城市社区治理相比，西藏农村社区建设还比较滞后，社区治理能力和治理体系的现代化程度不高，究其原因主要有以下几点。

(1)经济发展相对缓慢。伴随着西藏经济社会全面发展，西藏农村社区建设仍处于不平衡状态，社区治理水平和制度规范程度有待提高。西藏社区治理制度规范还处于初级水平，治理方面的能力需要进一步提高。

(2)政府与社区、社区内部各组织之间的关系比较模糊，尤其是政府的权责义务关系不明确，致使社区行政化倾向较为突出，给社区指定的指标任务较多，社区疲于完成政府的硬性指标任务，造成无法集中精力抓社区建设。

(3)政府对社区建设资金投入虽然不断增加，但总体来说还有待进一步加强。政府并没有将社区现有资源充分利用和开发，没有完全调动起广大农牧民参与社区建设的激情和动力。

(4)社区基础设施建设还不完善。安居工程实施以来，国家通过财政转移支付对农牧区基础设施建设投入大量资金，但由于西藏农牧区的底子太差，条件过度恶劣，所以农牧区的基础设施建设的平均水平仍然不高，还需要继续加大基础设施建设。

(5)社区文化事业滞后。由于受到西藏较低的基础教育制约，广大农牧民在定居前几乎对文化事业是缺乏概念的，在定居以后，在政府主导下不断发展农牧民文化事业，尽管近些年教育投入不断加大，但文化素质不高依旧是阻碍文化事业发展的最大障碍，以至于更多农牧民缺乏参与的积极性，目前这些问题直接制约着西藏社区治理迈向现代化。

7.4 推进西藏农牧民定居点社区治理的对策建议

1. 不断推动经济发展，强化社区治理的物质基础

经济发展是第一要务。促进农村牧区经济的快速发展，要通过提高农牧业综合生产能力，优化农村牧区经济结构，统筹城乡经济社会发展，加快推进农村牧区小康建设，科学合理配置社会资源，提高城镇化水平，转移农村牧区劳动力，大力发展第二、第三产业。应当继续加大对社区硬件建设和社区工作人员经费的投入，加强基础设施建设和管理，提高公共服务效率，合理规划农牧区社区建设，按照人口适度、服务功能相对齐全、资源配置有效等原则进行合理的布局。由于政府的财政投入是社区建设资金的主要来源，所以要千方百计扩大融资渠道，形成多元化的投融资体制，确保社区建设资金充足，同时也要积极引导其他社会组织广泛参与和支持。在安居工程建设过程中，定居点的设立就必须要符合农牧民的生产生活习惯，配套建设生产生活服务设施和综合性的社区服务中心。

2. 加大教育普及力度，提高农牧民的法治意识和民主意识

教育是推动经济发展的重要因素，也是提升农牧民文化素质的关键环节。只有不断提高教育发展水平，才能促使西藏地区农牧民的思想水平得到提高，要加大义务教育的覆盖力度，扎实推进教育公平，确保所有农牧区的每一个孩子都能学有所教。不断加强德育教育、思想政治教育和法治教育，切实提高农牧民的法治意识和民主意识。完善西藏现代化职业教育体系，培养适合西藏地区经济发展需要的高素质人才和专业技能人才，增强农牧民的主人翁精神，调动农牧民参与西藏经济社会发展的积极性和主动性。

3. 充分发挥基层党组织在社区治理中的核心地位和引领作用

要继续增强党的基层组织在社区建设中的核心领导作用，协调好社区各组织间的相互关系，真正帮助解决农牧民最直接、最现实的利益诉求。要利用党的基层组织的政治优势，发挥好对社区的政治导向作用和协调作用，形成良好的政治环境和社会秩序。发挥好党组织的战斗堡垒作用和党员的先锋模范作用，党员干部要主动联系群众，紧密联系群众，让社区党员干部成为社区群众基础的骨干力量，增强服务群众的本领和能力。

总之，在农牧区社区建设上应当遵循"小政府、大社会"的基本原则，在党的领导下，紧紧依靠社区农牧民，利用社区各种资源，不断提高社区建设水平，让广大农牧民享受到物质文明和精神文明的发展成果，为推进西藏建设社会主义新农村、全面实现小康西藏创造良好条件。

第8章 西藏农牧民安居工程后续问题四：
城乡统筹发展问题研究

在我国城乡二元结构体制下，城乡发展出现了过大差距，严重制约了经济社会协调、持续发展，为了缩小城乡发展差距，尤其是改变乡村居民收入过低的情况，党的十六届三中全会提出要统筹城乡发展，通过统筹城乡发展，使城乡互为市场、互为动力、互相促进；使乡村不再成为落后、贫穷的代名词，变成我国经济社会发展的推进剂。同全国一样，在城乡二元结构的社会制度下，原本就落后的西藏农牧区，与极个别发展迅速的西藏主要市区之间的发展差距更大，农牧民收入水平较低、农牧区生活环境恶劣、基础设施发展滞后、公共服务供给不足。

8.1 关于城乡发展的理论研究

在理论界，城乡发展的理论渊源最早可以追溯至西方城市规划思想家和空想社会主义思想家提出的系列观点。城市规划学家霍华德是英国"田园城市"的提出者，他的代表作《明日的田园城市》（*Garden Cities of Tomorrow*）为解决城乡发展中的不平衡问题，提出了乡村城市、田园城市的设想。[①] 而美国城市规划学家芒福德在他的代表作《城市文化》中则提出了城乡关联发展的思想。[②] 恩格斯认为，不应当过分强调城乡的不同定位，城乡是一体的、融合的，应当进行生产融合、城乡发展融合，使社会全体公民融为一体，共同发展、共同进步。[③] 从历史上看，统筹城乡发展思想最先产生于空想社会主义思想家的著作中。[④] 在圣西门的统筹城乡发展理论中，他认为城乡是平等的，[⑤] 在傅立叶看来，城乡应当是和谐的。[⑥] 从时间角度看，本书认为西方学者关于统筹城乡发展的理论可以划分为

---

① 霍华德. 明日的田园城市[M]. 金经元，译. 北京：商务印书馆，2010：95.
② 芒福德. 城市文化[M]. 宋俊岭，等，译. 北京：中国建筑工业出版社，2009：305.
③ 中共中央马克思、恩格斯、列宁、斯大林著作编译局. 马克思恩格斯全集[M]. 1卷. 北京：人民出版社，1995：243.
④ 淮建峰. 国外城乡统筹发展理论研究综述[J]. 科技咨询导报，2007，(5)：205，206.
⑤ 圣西门. 圣西门选集（第1～3卷）[M]. 北京：商务印书馆，2004：9.
⑥ 傅立叶. 傅立叶选集（第1卷）[M]. 北京：商务印书馆，1997：5.

以下四个不同阶段。

1. 在 20 世纪 50 年代时期

　　这一时期的学者对城乡发展提出了一些新的观点。归纳总结起来就是一项基础，两个转移。一项基础是指城乡发展的础是经济的快速增长；两项转移分别是指城乡发展的生产方式要由农业的生产方式转向工业化的生产方式，农村的原材料、资金和剩余劳动力要向城市转移，以促进城市的发展。后来，支持该理论的学者如缪尔达尔也认识到该理论会导致过度投资城市工业、忽视乡村农业，甚至会使乡村和城市之间的发展差距拉大。[①] 为了解决城乡发展中可能会导致发展差距扩大的问题，朗迪勒等提出扩大乡村投资，减少劳动力的流动，在乡村发展劳动密集型产业。[②] 20 世纪 70 年代以来，统筹城乡发展方面的学者通过对 20 世纪 50 年代城乡发展具体实践的研究和反思，对 20 世纪 50 年代以来一直占据主导地位的城乡发展理论提出了批评，代表人物为著名学者利普特。利普特认为，20 世纪 50 年代城乡发展理论的实质就是城市人利用自己的优势地位，促使乡村资源不合理地向城市流动，促进城市的发展。他还指出，坚持农村资源单方向的流向城市会带来两个方面的负面影响：一是会削弱乡村发展的基础，二是会使不同乡村之间发展不平衡。现实中，这种理论的危害主要表现为四个方面：一是偏向城市的投资会使对乡村的投资减少，甚至是没有投资；二是由于投资的减少会导致农业技术更新缓慢；三是投资的减少会导致农村公共服务的减少，特别是交通、医疗、教育等公共服务；四是会导致以不合理的低价购买农产品，导致农民收入减少，扩大城乡收入差距。[③]

2. 20 世纪 80 年代时期

　　这一时期的统筹城乡发展理论出现了百家齐放、百家争鸣的状态。著名学者施特尔和泰勒认为城乡发展不是由上至下，由城市到乡村，而是由下至上，由乡村到城市；不是由工业到农业，而是由农业到农业；不是以城市投资为核心，而是以乡村投资为基础。而朗迪勒则提出了城乡统筹发展的理念，他认为城乡发展是一个整体，应当适当分配城乡之间的投资比例，促进城乡经济互补，促进城乡协调发展。

① 陈晓华，张小林，梁丹. 国外城市化进程中乡村发展与建设实践及其启示[J]. 世界地理研究，2005，14(3)：13-18.

② Dennis A，Rondinelli A. Secondary Cities In Developing Countries：Policies For Diffusing Urbanization[M]. Beverly Hills：Sage Publications，1983.

③ Temple，Jonathan. Growth and wage inequality in a dualL，econo-my[J]. Bulletin of Eonomic Research，2005(2)：145- 169.

3. 20 世纪 90 年代时期

在 20 世纪 90 年代初期，随着经济和社会的进步，全球出现了众多的超大城市，在这些城市发展过程中，产生了一些新的发展路径，特别是这些城市中城乡之间的界限逐渐模糊，城乡发展融为一体。著名学者麦基把这种现象称为"desakota"，[①] 通过分析这些超大城市的发展路径，得出这一时期的统筹城乡发展模式具有的一些显著特征：一是城乡之间在功能上逐渐模糊；二是城乡在区域空间上出现混合，显示出乡中有城、城中有乡的特殊情形；三是城乡经济结构的一体化，农业与非农业生产方式联系更加紧密。

4. 进入 21 世纪之后

进入 21 世纪以来，统筹城乡发展理论逐渐步入成熟期，城乡发展理论也出现了一些新特征。此时的城乡发展理论更加显著地强调城乡之间的联系、和谐与统一，弱化城乡之间的差异、区别和不同功能划分。[②] 美国著名学者梅多斯在他的著作《增长的极限》中指出，城乡之间的生态发展、和谐发展和可持续发展成为这一时期的主题。[③]

8.2　我国统筹城乡发展的具体实践

8.2.1　我国城乡发展的阶段性特征

我国的城乡发展实践主要分为两个阶段：城乡二元发展时期和统筹城乡发展时期。

在城乡二元发展时期，由于我国经历了漫长的以小农经济为主导的封建自然经济时代，城乡界限和城乡关系模糊，城即乡，乡也即城，几乎不存在明显的城乡差距。新中国成立以后，伴随着社会主义建设的开展，我国才真正迈入城乡二元发展时期，这个时期又可以划分为两个时段。1953～1957 年，这也是我国的第一个五年发展计划，其间有两项重要制度奠定了城乡二元结构的形成，即始于 1953 年的统购统销政策和社会主义三大改造。发生在新中国经济领域的三大改造的结局是将传统的小农经济转型为合作社经济，把广大农民约束在农村，把众多工人

① 郝寿义, 安虎森. 区域经济学[M]. 北京：经济科学出版社，1999：103.

② 柳思维, 晏国祥, 唐红涛. 财经理论与实践[J]. 2007(28)：112-114.

③ 德内拉·梅多斯, 乔根·兰德斯, 丹尼斯·梅多斯. 增长的极限[M]. 李涛, 等, 译. 北京：北京机械工业出版社，2013.

约束在城市，这就构筑起了城乡二元结构的基本框架；[①] 1958～1961 年，经过新中国成立初期进行的统购统销经济制度和生产方式上的合作社经营，再加上这一时期生活方式上的人民公社化变革，我国的城乡二元发展结构彻底形成。为了巩固城乡二元结构，国家又配套性地出台了户籍登记制度，强化对人员流动的限制和规范管理，又进一步地强化了人民公社制度。[②] 通过对城乡二元结构进行剖析发现，农民在生产关系上必须依附于人民公社，在生产方式上必须依附于生产合作社，在生活上必须依附于户籍制度，不能随意离开特定的户籍地、人民公社和生产合作社。[③] 截至 1978 年，我国的城乡二元结构一直保持着强化状态。[④]

改革开放以后，特别是进入 21 世纪以来，在城乡二元结构模式下，我国城市发展迅速，城市化水平不断提高，涌现出越来越多的大城市和特大城市，北京、上海、广州属于典型的特大型城市，其现代化程度甚至高于欧洲一些国家。而与此同时，乡村地区发展迟缓，现代化程度较低，村容不整洁、乡风不文明，我国的城乡差距不断加大。到 2003 年，党的十六届三中全会提出要统筹城乡发展，缩小城乡发展差距，我国由此正式进入统筹城乡发展时期。这一时期的突出特征是以工促农，以城带乡，工业反哺农业，城市支持农村。2005 年，为了加快改善农村地区的生活环境，中央又提出了建设社会主义新农村的战略任务，到 2006 年，为了更好地解决农民的后顾之忧，国家推行了农村社会保障体系战略。到 2008 年，中央更加明确地提出了统筹城乡发展的明确目标：争取到 2020 年基本建成城乡一体化。进入 2016 年，为了进一步推动城乡社会经济统筹发展，实现城乡居民公平享有基本医疗保险权益，国务院发布关于整合城乡居民基本医疗保险制度的意见。[⑤] 这一系列举措的出台，旨在缩小城乡发展差距，是中央为全面建设小康社会做出的努力。

8.2.2　我国统筹城乡发展模式

改革开放以来，特别是党的十六届三中全会以来，我国在统筹城乡经济社会协调发展中探索出了独特的发展模式和实现路径。

(1) 自力更生型城乡发展模式。这是我国乡村城市化的优先发展模式。在苏州、无锡、常州等城市的乡村地区，当地居民充分利用本地资源优势、劳动力优势和区位优势，大力发展服装加工业、电器组装业、工业服务业等劳动密集型产业，

① 顾朝林，等. 中国城市地理[M]. 北京：商务印书馆，2002：56.

② 中共中央党史研究室. 中国新时期农村的变革 (中央卷)[M]. 北京：中共党史出版社，1998：115.

③ 许涤新. 当代中国的人口[M]. 北京：中国社会科学出版社，1988：93.

④ 颜华. 我国统筹城乡发展问题研究. [D]. 哈尔滨：东北农业大学，2005：31.

⑤ 国务院. 国务院关于整合城乡居民基本医疗保险制度的意见[EB/OL] (2016-01-12). http://www. gov. cn/zhengce/content/2016-01/12/content_10582. html. [2016-01-12].

以此带动更多就业岗位，增加当地居民收入，改善生产方式和生活条件。这种模式的突出特点主要是乡村地区利用自己特殊的产业资源、有利的区位资源、便利的政策资源等其他优势，通过发展经济实现本地区生产方式的非农化，实现公共服务和基础设施的现代化，实现生活方式的现代化和城市化，并通过自身的发展带动其他农村的发展，走出了农村包围城市的城乡发展模式，并顺利实现城乡一体化。①

（2）外援型城乡发展模式。这种模式的限制因素比较多，特别是要求有明显的区位和政策优势，外援型城乡发展模式主要发生在大城市的城郊区域，通过中心城市带动城郊地区，工业带动农业，通过使农业从业人员工业化，进而实现城市郊区生产方式的非农化，同时加强基础设施建设，提供更加便利的生活条件，形成更加现代化的生活方式。城市综合实力比较强、带动作用比较明显的成都地区是这种模式的典型代表，成都通过在三圣乡等城市郊区发展生态农业、生态服务业、特色农村旅游业等补充型产业，走出了一条工农协作、城乡融合的发展模式。②

8.3　西藏城乡发展情况的比较分析

西藏自治区地广人稀，面积约占全国八分之一，人口却仅有 300 多万人。西藏地处西南边陲，平均海拔接近 4000 米，空气稀薄，加之传统的农牧生产生活方式，西藏城镇发展严重滞后，城市化水平极低，尽管在中央政府和兄弟省市的援助下，西藏也形成了如拉萨、日喀则等中心城区，但总体来讲，西藏平均城市化水平和现代化程度不高，大型中心城市较少。在拉萨实地调研发现，城市规划、城市管理和配套生活设施建设尚需要加强，城市供水管网、垃圾污水处理、公共交通设施不完善，整个城市的服务能力还不足，尤其在旅游旺季，拉萨城市承载能力受到极大挑战。和全国其他地区类似，西藏地区的城乡发展具体表现在城乡居民收入差距较大、城乡基础设施水平差距较大、城乡公共服务供给效率差别较大等。总体来说，西藏的城乡发展最大的特点就是城市化率严重偏低。

8.3.1　城乡居民收入差距

改革开放以来，西藏城乡居民收入差距持续扩大（表 8.1）。在 1978 年改革开放初期，西藏城镇居民的人均可支配收入为 565 元，农牧民的人均可支配收入为

---

① 宋田桂. 苏南城乡一体发展的新趋势[J]. 江南论坛，2009（7）：17，18.

② 陈伯君. 逆城市化趋势下中国村镇的发展机遇——兼论城市化的可持续发展[J]. 社会科学研究，2007（3）：
　　53-57.

175 元；步入 21 世纪，以 2002 年为例，西藏城镇居民人均可支配收入为 7762 元，而农牧民人均可支配收入为 1521 元；[①] 西藏实施农牧民安居工程以后，2008 年，西藏城镇居民人均可支配收入 12482 元，而农牧民人均可支配收入仅为 3176 元，城乡居民绝对收入差距达到 9306 元，是改革开放初期城乡收入绝对差距的 23 倍多。[②] 可以清楚地看到，西藏城镇居民的收入增长非常迅速，人均可支配收入从 565 元到 1613 元用了 12 年，从 1613 元到 7762 元用了 12 年，而从 7762 元到 12482 元，仅仅用了 6 年时间。而同时期的农牧民收入增加非常缓慢，30 年的时间仅增长 3000 元。

表 8.1　西藏城镇居民与农牧民收入比较（1978～2008 年）[③]

年份	城镇居民人均可支配收入/元	农牧民人均可支配收入/元	城乡收入差距/元
1978	565	175	390
1990	1613	582	1031
2002	7762	1521	6241
2008	12482	3176	9306

8.3.2　城乡基础设施差距

西藏城乡发展差距扩大不仅仅表现在收入方面，在基础设施建设方面表现也比较突出。为了更好地展示安居工程实施前后西藏在城乡基础设施建设方面的资金投入情况，我们选择 2005 年、2006 年和 2007 年三年的数据进行分析。在 2005 年，西藏累计完成固定资产投资 196.18 亿元，其中在城镇基础设施建设方面总计投入 190.15 亿元，在农牧区基础设施建设方面投入仅为 6.03 亿元，城乡固定资产投资比为 31.5；在 2006 年，西藏累计完成固定资产投资 232.35 亿元，其中在城镇基础设施建设方面总计投入 201.84 亿元，在农牧区基础设施建设方面投入为 30.51 亿元，城乡固定资产投资比为 6.6；在 2007 年，西藏累计完成固定资产投资 271.17 亿元，其中在城镇基础设施建设方面的投入为 231.64 亿元，在农牧区基础设施建设方面投入为 39.53 亿元，城乡固定资产投资比为 5.9。比较发现，西藏在城乡基础设施建设投入上的差距较大，自治区政府在农牧区的基础设施投入明显偏低，而且增长缓慢，仅 2005 年的基础设施建设的投入还不及西藏城镇投入的 1/30。城乡之间如此悬殊的资金投入比，导致西藏城乡之间的基础设施出现了畸形化发展（表 8.2）。

[①] 向亚克. 试论西藏区域经济的协调发展[J]. 西藏发展论坛，2012（2）：52-56.

[②] 王太福，王代远，王清先. 西藏经济跨越式发展研究[M]. 拉萨：西藏人民出版社，2004：59.

[③] 师学萍，宋连久，龚红梅，等. 西藏城乡居民收入差距特征与农牧民增收对策[J]. 农业现代化研究，2012，33（5）：589.

在西藏城镇基础设施已经基本完备化、现代化、智能化的情况下，广大农牧区的基础设施仍然十分落后。部分农牧区甚至还存在没有通电、没有通柏油马路、不通广播电视、不通电话等情况，农牧民的生活方式变革速度慢，严重阻碍了农牧民与城镇居民共享现代化的生活方式。

表 8.2　西藏城乡基础设施投入对比 2006[①]

年份	西藏总投入/亿元	城镇投入/亿元	农牧区投入/亿元
2005	196.18	190.15	6.03
2006	232.35	201.84	30.51
2007	271.17	231.64	39.53

8.3.3　城乡公共服务差别

除开收入比和基础设施建设方面的差异性之外，在西藏城乡公共服务上也呈现着巨大差距。

一是在西藏公共医疗卫生方面，通过实地调查发现，在西藏城乡公共医疗事业中的医疗服务方面，如表 8.3 所示，城镇医疗卫生服务水平远远高于农牧区，城镇医疗卫生服务人员远远多于农牧区，城镇医疗设备和技术和水平也是远远高于农牧区，城镇医疗卫生机构更是远远多于农牧区。在农牧区的乡镇只设立卫生院，其他如妇幼保健、疾病预防等医疗机构则设在县以上城市。

8.3　西藏卫生机构床位数和技术人员数[①]

年份	床位数/张	技术人员数/人	每千人拥有床位数/张	每千人拥有技术人员数/人
2001	6372	8820	2.51	3.35
2003	6216	8287	2.40	3.07
2005	6767	8914	2.44	3.22

二是在西藏基础教育方面，如表 8.4 所示，西藏城乡基础教育存在的问题首先是教育投入上的不合理，城镇基础教育投入明显高于农牧区，城镇基础教育入学率也明显高于农牧区，城镇在教学设施上也明显优于农牧区，更为严峻地还是农牧区学校教学设施不足、师资队伍薄弱，直接导致城镇基础教育质量远高于农牧区。

---

① 钟振明，房玉国. 西藏公共基础设施建设研究[J]. 西藏科技，2010(10)：12.

表 8.4　西藏基础教育发展情况[①]　　　　　　　　　　(单位: %)

指标	2000 年	2004 年
学校数/所	956	1010
普通高等学校/所	4	4
中等学校/所	110	120
专业学校/所	12	10
小学/所	842	886
普通高等学校在校生/人	813	1081
中等学校在校生/人	5048	8145
专业学校在校生/人	742	774
小学在校生/人	13181	13610

　　三是在西藏社会保障及社会福利方面,因为社会保障事业事关民族团结和社会稳定,是重大民生问题,[②] 因此,考察城乡之间在社会保障事业方面的差距显得尤为重要。就目前西藏城乡社会保障事业发展情况来看,在社会保障标准上,财政对城镇居民的补贴远多于农牧民,导致城镇居民的医疗报销限额高于农牧民;在社会保障种类上,城镇居民有养老保险、医疗保险、失业保险、住房补贴等多种形式,城镇居民拥有完善的现代化社会保障体系,而农牧民的养老保险发展缓慢,医疗保险待遇偏低,还不能享受失业保险;在社会保障方式上,城镇居民可以参加有财政补贴的基本养老保险,而农牧民养老基本上还是家庭式、分散式的自行养老。

8.4　西藏农牧区发展滞后的原因剖析

　　要切实改变农牧区经济社会发展滞后的现实情况,客观上就必须要真正认识到滞后的原因,对症下药才能制定出行之有效的举措来改变现状。毫无疑问,西藏城镇和农牧区之间的巨大差距是历史制度、经济结构、教育水平、自然条件等一系列原因综合作用的结果。

　　(1)城乡"二元"结构模式的制约。西藏和平解放后,基于当时西藏严重缺乏工业体系,城市发展极为落后的现状,国家运用政府的"有形之手",将大量资源投入到城市和工业的发展中,制定了优先发展城市和工业的战略计划,始终坚

---

① 桑木旦,翟元娟,陈文博,等. 国内基础教育均衡发展问题研究对西藏基础教育研究的启示[J]. 西藏大学学报(社会科学版),2014(4): 147-152.

② 王艳君,黎康. 西藏社会保障制度浅析[J]. 西藏大学学报,2010,25(5): 170-172.

持城市投入高于农村，工业投入高于农牧业。[①] 正是由于对农牧区和农牧业的过低投入，导致西藏农牧业发展迟缓，后劲不足，也致使农牧区各项事业发展严重落后于城市。同时，特殊的城乡二元结构模式使农牧业商品化、市场化程度非常低，从全国水平来看，猪牛羊肉商品率为17.16%，奶类产品商品率为10.49%，而在西藏猪牛羊肉商品率仅为全国水平的19.66%，奶类产品的商品率为全国水平的1.05%。[②] 然而，作为传统的主导产业农牧业，其落后、原始的生产方式占用了大量劳动力，导致入产出比严重失衡，也制约了广大农牧民生活条件的改善和农牧区的经济发展。[③]

(2)扭曲的经济结构制约。和平解放之初确定的偏重城市工业的发展模式，严重影响了传统的种植业和畜牧业的转型升级，加上对农牧区基础设施建设投入不足，使原本就很落后的农牧区经济呈现下滑势头。如种植作物单一、产品质量差、生产方式原始、生产效率低，畜群数量大、品种单一、商品化低、难以运输等。居民收入增加是衡量经济社会发展的重要指标之一，农牧区单一的经济结构使农牧民增收困难，城镇居民之间的差距越来越大。

(3)基础教育滞后的制约。西藏农牧区基础教育事业发展滞后，广大农牧民的受教育程度普遍不高，缺乏科学文化知识和职业技能，自我发展能力不强，因此多数只能选择从事原始落后的农牧业以维持生计，自身缺乏市场经济观念和商品经济意识，缺少提高收入的手段，无法参与到市场经济竞争中。实地调研发现，少数农牧民对科学种植、机械化农业、农业科技前沿等完全没有概念，只会按照传统落后的生产方式去从事他们半生劳作的农牧业。除此之外，西藏农牧民还存在严重的小农意识和宗教意识，他们内心认为收入只要满足生活就可以了，本世的受苦是为来世的幸福，缺乏现代市场经济意识和文明意识。对社会主义市场经济竞争缺乏必要的了解，经营思想非常淡漠。[④]

(4)恶劣自然条件的制约。西藏地处青藏高原，自然气候条件比较恶劣，特别是在广大的农牧区，生活更为艰苦，这是西藏与国内其他地区的最大不同。因为农牧区不仅气候条件、土壤结构、地形地貌极其复杂，还时有发生地震、暴风雪、泥石流等自然灾害，[⑤] 导致农牧区并不都适合种植各种作物，有些地方适宜种植青稞，有些地方适宜种植土豆，有些地方适宜种植蔬菜，但有些地方完全不适宜种植任何作物。加上农牧区基础条件差，基础设施建设的成本较大等多种原因，导致西藏农牧区发展严重滞后。[⑥]

---

① 向亚克. 试论西藏区域经济的协调发展[J]. 西藏发展论坛，2012(2)：52-56.
② 国家统计局. 中国统计年鉴(2005)[M]. 北京：中国统计出版社，2005.
③ 彭泽军，绒巴扎西. 西藏二元经济结构的实证分析[J]. 贵州民族研究，2008，28(2)：156-164.
④ 边巴. 论西藏农村经济发展的制约因素及其对策[J]. 西藏发展论坛，2012(1)：33-37.
⑤ 土多旺久. 西藏社会主义新农村建设的难点与对策[J]. 西藏发展论坛，2006(3)：23-26.
⑥ 向亚克. 试论西藏区域经济的协调发展[J]. 西藏发展论坛，2012(2)：52-56.

8.5　西藏农牧民安居工程与统筹城乡发展的内在关联

统筹城乡发展是在特定的历史条件下为缓解城乡发展差距过大、提高乡村居民收入、促进城乡协调发展作出的抉择。2006 年实施的农牧民安居工程是西藏自治区党委政府在统筹西藏城乡发展的背景下，为改善西藏农牧民生活条件、提高生活质量、转变生产方式作出的战略安排，从背景、目标上看，两者具有十分紧密的联系。具体来看，西藏农牧民安居工程与统筹城乡发展的联系表现为以下三个方面。

(1)两者都是社会经济发展到一定阶段的产物，农牧民安居工程和统筹城乡发展的提出都是基于特定的时代背景。西藏实施农牧民安居工程时，城乡发展不协调，城乡居民收入差距过大，农牧民生活质量不高，生活环境恶劣，生活方式落后，而且农牧民自身严重缺乏自我发展能力，要真正让农牧民享受现代生活方式，仅靠农牧民自身是无法实现的。而统筹城乡发展的提出是基于当时我国城乡发展不协调，城乡居民收入差距不断扩大，农村基础设施、公共服务和各项社会事业严重滞后，广大农民迫切需要改善生活环境、提高生活质量。

(2)两者都是为了更好地促进经济社会全面发展，改善民生。因为只有农牧民收入高了，经济改善了，才可以改善生活品质、生活环境。实施农牧民安居工程旨在帮助广大农牧民彻底改变人畜共居、人畜共饮的生活状态，而西藏自治区党委政府通过实施安居工程，为促进经济发展提供了一个突破口和抓手，让广大农牧民安居下来之后，有条件学习新的知识和新的技能，接受和运用新的生产方式提高生产效率和产品附加值，从而推动西藏经济社会的全面发展。统筹城乡发展是通过实现生产方式的非农化，进而改善乡村生活品质、生活环境和生活方式，促进经济社会发展。

(3)两者都是为了促进社会更加和谐。实施农牧民安居工程和统筹城乡发展都是为了消除城乡之间的差距，实现社会的和谐健康发展。农牧民安居工程是为了顺应广大农牧民对现代生活方式的渴望，实现农牧民生活品质、生活环境和生活方式的城市化、现代化，促进西藏社会和谐发展。而统筹城乡发展是为了消除城乡发展鸿沟，缩小城乡收入差距，提高农民收入，实现基础设施的现代化、公共服务的一致化，促进农村生产方式的非农化，生活品质、生活环境和生活方式的城市化、现代化。

通过上面的分析，可以清楚地认识到实施农牧民安居工程和统筹城乡发展两者在背景、目的和目标方面的内在关系，因此，西藏农牧民安居工程对于促进城乡和谐发展具有十分重大的战略意义。

8.6 西藏农牧民安居工程对统筹城乡发展的重大意义

西藏农牧民安居工程的实施，有助于改善农牧民生活方式，提高农牧民生活质量，为农牧区经济社会的发展提供保障，对西藏统筹城乡发展，缩小城乡差距、改善生态环境、平衡西藏农牧区基础设施的投入、提高西藏城乡保障水平具有极大的意义。同时，西藏城乡的统筹发展也是对全国统筹城乡发展的一个极大的促进，具有极大的基础性、战略性和全局性意义。

(1)有利于促进城乡经济协调发展。西藏城镇和农牧区之间经济发展不协调问题一直是西藏经济社会发展面临的现实难题。目前，西藏农牧区和城镇之间的经济发展差距较大，对统筹城乡经济发展是极大的挑战，对全国城乡经济统筹发展也是极大的考验。[1] 通过以实施农牧民安居工程为突破口和抓手，可以最大限度地实现农牧区现代化、农牧业工业化、农牧民知识化，为统筹农牧区和城镇发展提供保障和劳动力资源。[2] 农牧区经济发展可以为城镇提供广阔的市场，可以推动城镇经济的转型升级，提高经济的总体发展水平。因此，西藏农牧区可以充分利用特殊的自然条件、区位环境、高原气候等比较优势，大力发展特色经济作物和特色畜禽产业，大力开发独特的农畜品种资源和农产品资源。而农牧区安居工程的完成可以为上述特色经济发展提供大量的劳动力和销售市场，有助于提高农牧民收入，促进西藏城乡经济协调发展。[3]

(2)有利于促进城乡基础设施均衡发展。农牧区基础设施投入不足的问题一直是制约农牧区发展和统筹城乡发展的重大问题。通过实施农牧民安居工程，可以加大农牧区基础设施投资力度，改善农牧区基础设施，促进西藏城乡基础设施均衡发展。[4] 安居工程建设还可以使村庄布局更加合理、规划更加科学、基础设施建设更加集中，可以减少过往不合理的分散性基础设施建设，通过将分散的农牧民集中居住，降低基础设施的建设成本，从而大大加快建设速度。因此，集中性的安居工程基础设施建设可以使农牧区基础设施建设水平显著提高，进而为促进西藏城乡基础设施均衡发展打下基础。同时，安居工程可以使农牧区基础设施较快地融入城市的交通体系，使城乡之间在基础设施方面达到共享。

(3)有利于促进城乡社会事业协调发展。安居工程有利于教育事业发展。安居工程实施以前，由于农牧民居住比较分散导致农牧区教育投入分散，效果不明显，

① 土多旺久. 西藏社会主义新农村建设的难点与对策[J]. 西藏发展论坛，2006(3)：23-26.

② 彭泽军，绒巴扎西. 西藏二元经济结构的实证分析[J]. 贵州民族研究，2008，28(2)：156-164.

③ 郑洲. 安居工程与西藏社会主义新农村建设[J]. 黑龙江民族丛刊，2007(5)：56-62.

④ 王洛林，朱玲. 市场化与基层公共服务——西藏案例研究[M]. 北京：民族出版社，2005.

农牧民文化素质偏低的状况没有显著改变，通过实施农牧民安居工程，可以使农牧民居住地实现极大的集中，可以方便地对农牧区劳动力进行培训，进而实现有组织的劳务输出，[①] 同时，安居工程也可以显著地提升农牧区教育水平，促进城乡教育协调发展，可以更加集中地办好每一所学校、关注每一个农牧民孩子的健康成长。安居工程实施以后，义务教育可以就近办学，优化农牧区中小学布局，提高办学规模和效益。可以显著改善农牧区基础教育学校的办学条件，提高农牧区教育水平，缩小城乡教育差距。安居工程有助于实现对农牧区教师资源的统筹安排，合理配置，有助于农牧区教师队伍的建设，可以说安居工程可以彻底改善西藏牧区的教育面貌，消除地理环境对教育发展的不利影响，提高农牧区教育发展水平，促进农牧区教育事业发展；安居工程有利于农牧区医疗事业发展，农牧民安居工程可以更加集中地加大对农牧区卫生服务体系建设的投入力度，加快新型农村牧区合作医疗建设进程，优化基层卫生院布局，从而实现城乡医疗卫生事业协调发展；安居工程有利于农牧区社会保障事业的发展，农牧民安居工程之前，农牧民居住比较分散，为建立统一的农村社会保障体系造成比较大的困难，且投资成本较高。农牧民安居工程有助于农牧区社会保障体系的构建，通过在农牧民安居区建立政府救助制度、紧急救援机制和社会互助系统，进一步在农牧区实现农牧民基本养老、医疗、失业、工伤、生育保险制度，统筹西藏城乡社会保障的协调发展。

(4)有利于促进城乡生态环境协调发展。青藏高原是我国的生态屏障，生态系统非常脆弱，再生和自我修复能力脆弱，一旦受到外界污染将很难清理和恢复。西藏地处青藏高原，在统筹城乡发展、提高农牧民收入的路径选择中，必须坚持严格保护环境、促进城乡生态协调发展的基本要求，要主动将实施农牧民安居工程与促进城乡生态环境协调发展相结合，通过发展生态林业、水电等清洁能源、生态农业、有机食品工业、生态建筑及材料产业、生态旅游业和环境保护产业等，[②] 有效避免各类环境污染问题的出现。可以将传统的、分散的、低下的、破坏性的农牧业生产方式转型升级为现代化的、工业化的、市场化的生产方式；[③] 通过实施安居工程，调整农牧区产业结构，转变农牧民生产方式，更新农牧民生活观念，发展生态农业区等，降低、减少、消除对生态环境的破坏，实现城乡生态环境协调发展；[④] 通过实施安居工程还可以调整城市产业结构，提高城市旅游、科技等绿色产业比重，加快城市绿色、生态产业发展；通过实施农牧民安居工程，还可以实现西藏的城镇与农牧区、人与自然的和谐相处。[⑤]

---

① 姜长云. 统筹城乡发展需要协调处理三个关系[J]. 宏观经济管理，2005(2)：32-34.

② 侯霞. 西藏发展生态经济的若干问题[J]. 西藏发展论坛，2012(2)：27-32.

③ 张静. 统筹城乡进程中的生态文明建设研究——以成都为例[D]. 成都：西华大学，2010：43.

④ 贾后明. 以科学发展观统筹城乡环境保护[J]. 乡镇经济，2006(11)：29-33.

⑤ 土多旺久. 西藏社会主义新农村建设的难点与对策[J]. 西藏发展论坛，2006(3)：23-26.

第9章 结论与展望

2006～2013 年，历时七年多的西藏农牧民安居工程给西藏农牧民生活带来了翻天覆地的变化，让广大农牧民的生活条件有了大大改善。此项民生工程，对西藏产业结构与产业发展、农牧民就业与收入增长及定居点的社区治理带来了积极影响，总体来说，西藏农牧民安居工程推动了整个藏区的经济社会发展和民生改善。但相比全国其他地区来看，西藏经济社会发展水平仍然滞后，城乡收入差距很大，广大农牧民的整体生活水平仍然滞后，这与全面建设小康社会的目标还有很大差距。

西藏农牧民安居工程是西藏建设社会主义新农村的突破口，搞农牧民安居工程的目的是要推进西藏新农村建设。因此，我们要客观总结安居工程的经验和价值，就必须立足于西藏新农村建设的现实情况来分析，从这点来说，西藏农牧民安居工程不仅是惠及广大农牧民生产生活的基础工程，更是西藏经济社会发展的一项全局性的战略工程，具有重大战略意义。

2015 年 8 月，中央第六次西藏工作座谈对经济新常态下的西藏发展稳定工作提出新的要求，进一步明确了西藏工作的指导思想、发展战略、目标任务和一系列政策措施，牢固树立发展是解决西藏所有问题的基础和稳定压倒一切的思想，坚定不移地促进西藏跨越式发展和长治久安。"十三五"时期是西藏新农村建设的关键时期，也是实现西藏与全国同步跨入小康社会的关键时期，继续深入推进西藏农村地区不断发展，把工作重点、资金投入等集中到改善农牧民生产生活条件这个首要任务上，加强农村地区基础设施建设，推进教育、卫生、文化事业发展，推动农牧区生产生活条件和整体面貌的改善。同时把对农牧民思想政治教育、普法宣传教育和科技文化教育作为新农村建设的关键环节来抓，解决农牧民素质较低、生产生活方式落后的问题，推动西藏经济社会从加快发展进入跨越式发展的快车道，实现到 2020 年建设和谐西藏与小康西藏并与全国一道进入全面小康社会的目标，这些都是完全符合西藏新时期总任务根本要求的。

9.1 结　　论

(1)结论一：西藏农牧民安居工程具有公共产品属性。房屋原本属于私人产品，但是由于个体能力和诸多因素影响，人均财富高低不同，在住房商品化的浪潮下，必然会出现一部分购房能力弱小人群，政府运用公共财政为这部分人群修建保障性住房，因此，私人产品准公共化以后，住房便具备了公共产品属性。我们运用西方经济学关于公共产品理论的基本观点，通过分析公共产品的内涵外延和特征类别，结合西藏地区的特殊性，揭示了西藏农牧民安居工程本属于准公共产品，但由于农牧民经济能力不同，部分农牧民尚能偿还部分贷款，而仍有部分农牧民无力偿还贷款，为了确保西藏稳定和农牧民生活改善，政府最终会对无法偿还的贷款实行兜底，这就让安居工程披上了公共产品属性的外衣。

(2)结论二：西藏农牧民安居工程对建设社会主义新农村具有重要意义。西藏的地理位置、气候条件和资源禀赋决定了农牧业成为西藏的重要产业，西藏绝大多数的农牧民依靠农牧业来维持生计。农牧业生产方式需要逐水草而居、逐水草而牧的游牧生活方式，而动态的游牧生活存在诸多问题，如公共服务成本较高，政府不便于管理等，因此，实现农牧民定居意义重大，不仅能直接改变农牧民的生产生活条件，提升广大农牧民生活品质，还会对西藏经济社会发展带来诸多积极影响。长期以来，西藏农牧民的居住环境都比较恶劣，直到 2006 年，西藏地方政府建设社会主义新农村选择了以安居工程为突破口，开启了农牧民生活状况的变革之路，如今的西藏农牧区，一排排新建住房，加之周边配套设施的完善，呈现出欣欣向荣的面貌，从这一点来讲，西藏农牧民安居工程是具有重大现实意义和深远历史影响的。

(3)结论三：西藏农牧民安居工程具有重大经济效益和社会效益。西藏农牧民安居工程自实施以来，时间跨度大、涉及人数多、社会影响大，到底这项重大民生工程产生了多大的经济效益和社会效益尤其受到关注。本书通过运用科学的评价方法，立足于一手材料的论证分析，对安居工程的实施进行定性和定量分析，揭示了农牧民安居工程取得的成功，改变了农牧民居住状况，还对西藏经济发展和农牧民就业带来了新的机遇，是深得人心的民生工程。

(4)结论四：后安居时代需要解决产业发展、农牧民就业与增收、社区化治理和城乡统筹发展问题。安居工程已经实施完毕，但是，定居后续产业发展问题、农牧民定居后续增收问题、定居点社区治理问题、城乡统筹发展问题是仍需要研究并解决的四大后续问题，也是最为紧迫的现实问题。

后续问题一是定居后续产业发展问题。西藏传统的农牧业占整个三大产业比重最大，吸引劳动力最多，产生经济效益最低，尽管多年来，在援藏机制的影响下，三大产业结构发生着巨大变化，但是，镶嵌的第二产业、无序发展的第三产业与农牧业的融合度不高，存在诸多不协调的地方。在产业转型发展的战略选择上，还存在着一些错误的导向，建议应该立足西藏实际，重新优化产业布局，调整政府规划思路，放弃追求 GDP 增速，变经济快速增长为跨越式发展。

　　后续问题二是农牧民定居后续增收问题。农牧民游牧的生活状态是由于从事的游牧业所致。政府通过外力改变了农牧民的生活状态之后，迫切需要考虑的就是重新创造适宜于定居生活的就业岗位，以确保农牧民定居后能有不低于过去的收入来源，能确保生活质量不降低，这样也才可能真正实现农牧民定居又定心。

　　后续问题三是定居点社区治理问题。政府通过规划形成的若干个定居点，除了必要的生活配套设施建设，还应该考虑基层民主发展和精神文化需求，可以借鉴内地社区治理模式来推动农牧民定居点的政治、文化建设，让农牧民享受到的不仅是现代物质文明，还能充分感受到现代政治文明和精神文明。

　　后续问题四是城乡统筹发展问题。西藏自治区党委政府以安居乐业为突破口全面开展新农村建设，目的是促使广大农牧民安居乐业，彻底改变过去的人畜共居、人畜共饮状况，逐步改善农牧区生产生活条件和城乡整体面貌。城乡发展则是在生产力高度发达的条件下，城市与乡村实现结合，以城带乡，以乡补城，互为资源，互为市场，互相服务，达到城乡之间在经济、社会、文化、生态方面协调发展，两者有着深刻的联系。安居工程的实施对西藏城乡发展带来了重大的影响和良好的经济与社会效益。

9.2　展　　望

　　(1)展望一：增强农村地区公共产品供给效率。农牧民安居工程实施过程中，虽投入大量资金用于改善农牧区基础设施建设，但是考虑到西藏地区底子薄、基础差，仅仅只是投入资金建设硬件是远远不够的，尽管西藏迫切需要进行道路交通、水电管网、光纤电缆、通信、医疗机构、教学场所等的建设，但是西藏更为缺乏的是观念，是软性环境的建设。西藏农牧民普遍文化水平不高，缺乏专业知识技能，缺乏市场经济意识和商品交易观念，对现代市场运行机制全无所知。同时，藏区需要培养大量的具备先进理念、文化技能的藏族居民，用西藏人自己来引导西藏人适应市场经济，同时，需要政府运用制度设计，让更多优秀的医疗队伍和师资队伍进入西藏，彻底解决西藏面临的现实问题。

　　(2)展望二：真正发挥农牧民安居工程这个突破口的作用。2006 年，西藏自治区党委政府从西藏发展实际出发，以农牧民安居工程为突破口，全面启动社会主义新农村建设。农牧民安居工程已于 2013 年底全部完工，就农牧民满意度来看，并没有达到预期的目标。当然，从安居工程实施的直观效果来看，彻底结束了农牧民逐水草而居、逐水草而牧的原始生产生活方式，为农牧民过上现代生活创造了条件。但是，深入分析可以发现，安居工程在实施过程中出现了很多问题：在建房资金方面，首先政府补贴资金存在着程序正义但结果不正义的情况，对于经济条件较好的农牧民来说，政府补贴资金的作用非常有限，对于经济状况较差的农户，这笔资金意义重大，因此，补贴资金的不公平、不正义会影响农牧民对安居工程的拥护程度，甚至个别农牧民还会因安居工程再度返贫；在金融机构贷款问题上，虽说商业银行为农牧民提供的是低息或无息贷款，后期又为农牧民提供不同额度的信用卡办理，但这些都无法从根本上解决建房资金问题，对于部分农牧民来说，政府强力推行的安居工程并非自己所愿，向银行所贷的低息贷款也无力偿还，最终只可能变成呆账、坏账、死账。

（3）展望三：增强援助发展机制的有效性。自 1994 年确立援助发展机制以来，在中央和兄弟省市的帮助下，西藏经济增长速度长期高于全国平均水平，但西藏面临的现实问题是经济有增长无发展，援藏发展机制中确立的产业布局和产业体系带有较强的政府行为主导，与西藏自身优势没有实现很好的结合，并且援藏单位对援助地区经济发展和产业布局所制定的各类规划，会打破西藏经济内在运行规律，对西藏可持续发展非常不利。在西藏农村地区，援藏单位镶嵌式地引入了市场主体，但这类企业与农牧业没有实现良好互动，致使西藏始终存在着产业结构与就业结构不匹配问题。

（4）展望四：充分利用西藏的比较优势，增强西藏发展后劲。对于西藏的特殊性，本书已有很多论述，西藏是我国的生态保护屏障，具有非常好的生态资源基础，这也是西藏较之全国其他地区发展的比较优势，西藏政府也好，企业也好，农牧民个体也好，都应该充分认清这个事实，科学合理地利用这个比较优势，既能推动西藏经济发展和社会进步，又能让广大藏族同胞，尤其是农牧民共享发展成果。因此，在新时期推进社会主义新农村建设，必须要重新审视现有产业布局，结合西藏实际，走一条"中国特色、西藏特点"的发展之路。

西藏农牧民安居工程满意度调查问卷

一、基本情况

1. 您的性别：(1)男　(2)女
2. 婚否：(1)是　(2)否
3. 年龄_____岁
4. 您的文化程度：(1)小学及以下　(2)初中　(3)高中或中专　(4)大专
   (5)本科以上
5. 您家共有_____人，家庭年收入大概_____元，在当地收入水平属于：
   (1)中等以上　(2)中等　(3)低于一般水平
6. 您所参加的安居工程类别？
   (1)农房改造　(2)游牧民定居　(3)地方病搬迁　(4)兴边富民　(5)其他

二、西藏农牧民安居工程实施的满意度评价

(一)房屋建设情况

对安居工程建设的满意度指标	非常满意	满意	一般	不满意	很不满意
1. 您对安居工程实施顺序的满意程度	□	□	□	□	□
2. 您对房屋设计的满意程度	□	□	□	□	□
3. 您对政府财政补贴的满意程度	□	□	□	□	□

(二)农牧民就业与收入情况

1. 您定居生活前从事的行业是什么？
2. 您定居生活后从事的行业是什么？
3. 您定居生活前的年收入是多少？
4. 您定居生活后的年收入是多少？

(三)基础设施建设情况

对定居点设施建设的满意度指标	非常满意	满意	一般	不满意	很不满意
1. 您对道路建设情况的满意程度	□	□	□	□	□
2. 您对电网建设情况的满意程度	□	□	□	□	□
3. 您对光纤电视设施建设的满意程度	□	□	□	□	□
4. 您对网络通信设施建设的满意程度	□	□	□	□	□
5. 您对绿化设施建设的满意程度	□	□	□	□	□
6. 您对人畜安全饮水情况的满意程度	□	□	□	□	□

(四)公共医疗和卫生发展情况

对定居点医疗卫生事业发展的满意度指标	非常满意	满意	一般	不满意	很不满意
1. 您对定居生活前疾病治愈的满意程度	□	□	□	□	□
2. 您对定居生活后疾病治愈的满意程度	□	□	□	□	□
3. 您对卫生预防与保健工作的满意程度	□	□	□	□	□
4. 您对处理突发公共卫生事件的满意程度	□	□	□	□	□
5. 您对地方病治疗情况的满意程度	□	□	□	□	□
6. 您对普及健康知识的满意程度	□	□	□	□	□
7. 您对卫生防疫机构建设的满意程度	□	□	□	□	□

(五)科教文化与体育事业发展情况

对定居点科教文化和体育事业发展的满意度指标	非常满意	满意	一般	不满意	很不满意
1. 您对定居前儿童受教育情况的满意程度	□	□	□	□	□
2. 您对定居后儿童受教育情况的满意程度	□	□	□	□	□
3. 您对定居点教育设施建设的满意程度	□	□	□	□	□
4. 您对定居点公共文化设施建设的满意程度	□	□	□	□	□
5. 您对定居点公共体育设施建设的满意程度	□	□	□	□	□
6. 您对定居点公众文化获得开展的满意程度	□	□	□	□	□
7. 您对科学技术和文化知识普及的满意程度	□	□	□	□	□

(六)村容村貌情况

对定居点生活环境的满意度指标	非常满意	满意	一般	不满意	很不满意
1. 您对普及环保知识的满意程度	☐	☐	☐	☐	☐
2. 您对定居点周边治安情况的满意程度	☐	☐	☐	☐	☐
3. 您对定居点生活垃圾处理的满意程度	☐	☐	☐	☐	☐

噶尔县农牧民安居工程建设的交流材料

2006 年 12 月

噶尔县农牧民安居工程及边境村民小组活动场所建设，在地区党委、行政公署的坚强领导下，在地区安居工程领导小组办公室的正确指导下，在县委、县政府的高度重视之下，结合党中央提出的"生产发展、生活富裕、乡风文明、村容整洁、管理民主"社会主义新农村建设的总体要求，按照"整村推进、统一规划、集中连片建设"的原则，认真贯彻落实自治区、阿里地区关于农牧民安居工程的一系列决策，提前安排、精心组织、狠抓落实，促进了全县安居工程建设健康有序发展并取得了一定的成果。现总结如下。

一、指导思想、总体要求和基本原则

(一)指导思想

高举中国特色社会主义伟大旗帜，以邓小平理论和"三个代表"重要思想为指导，深入贯彻落实科学发展观，全面贯彻党的十八届三中全会、中央关于进一步做好西藏发展维稳工作的意见、区党委八届五次全委会议、地区党委扩大会议和县委扩大会议精神，紧紧围绕"一个中心、两件大事、四个确保"，突出首要任务，丰富"安居"内涵，加大"乐业"力度，强化基础建设，改善农村环境。统筹规划、整体推进、分类指导、科学设计、综合配套、体现特色，全面推进以安居工程建设为重点的社会主义新农村建设。

(二)总体要求

实施农牧民安居工程建设的总体要求是：统筹规划、因地制宜、整体推进、科学设计、综合配套、突出特色、体现风格、注重实用。农牧民安居工程建设要做到坚持"六个结合"，即

坚持把改善农牧民居住条件与建设社会主义新农村的目标结合起来。按照建设"生产发展、生活宽裕、乡风文明、村容整洁、管理民主"的社会主义新农村的总体要求，统筹安排房屋建设和配套设施建设，扎实推进农村水、电、路、信、

气、广播电视、邮政和优美环境"八到农家"工程，全面提升农村整体面貌。

坚持把"安居"与"乐业"结合起来。要积极稳妥推进城镇化，在生态环境脆弱、生存条件较差、人口居住高度分散的牧区，进一步加大科技扶贫开发力度，加强科技培训，提高农牧民就业技能，促进劳动力转移就业，多栽"摇钱树"，广开致富路，让更多的群众集中生活、整体发展、共同富裕，做到"安居"与"乐业"并举。

坚持把体现特色与满足群众需求结合起来。工程实施要充分体现民族特色、地域特色、时代特色，方便群众生产生活，尊重群众生活习俗，宜建则建、宜改则改、宜修则修、宜迁则迁。

坚持把政府引导与发挥群众主体作用结合起来。群众是安居工程建设、投资、受益的主体，各级政府要在做好政策引导、加大投入的同时，鼓励群众充分发挥主体作用，做到引导扶持不包办代替，帮助建设不包办"买单"。

坚持把实施工程建设与保护生态环境结合起来。无论是适度聚居，还是修建房屋与整治庭院和村容村貌，都要妥善处理好安居工程建设与保护耕地、草场、森林等自然资源的关系，严禁乱占耕地草场，严禁乱砍滥伐。

坚持把工程建设进度与保证房屋建设质量结合起来。认真领会"小房屋有大政治"的深刻内涵，牢固树立"工程质量百年大计，住房安全重于泰山"的思想，建立健全监督机制，严格按照工程设计标准和规程施工，做到时间服从质量，确保工程经得起群众、实践和历史的检验。

(三)基本原则

实施农牧民安居工程遵循的原则：一是坚持政府主导、民办公助、分级负责、有奖有补的原则；二是坚持高规格改造与新建并重的原则；三是坚持高质量与高实用性相结合的原则；四是坚持优势区域优先建设、适度集中原则；五是坚持保护耕地、草场、生态、环境的原则；六是坚持统一规划设计，体现民族特色、地域特色的原则。

二、结合实际，创新工作思路、方式、方法

(一)强化组织领导

为确保安居工作的顺利开展，成立县安居工程工作领导小组及下设办公室，2006～2010年办公室设在县农牧局，2011～2013年办公室设在县财政局，组织实施2011～2013年的安居工程工作，统一协调全县安居工程建设工作。

(二)制定实施方案

按照地区下发的安居工程实施方案结合本县实际,制定符合噶尔县情的安居工程建设规划及实施方案,并组织论证、审定,上报最终通过地区安居办的审定。

(三)明确职责,落实责任

按照规定并根据实际,我县与各乡镇签订了责任书,进一步把安居工程建设任务明确到村、组、牧户,确保其各自职责,以确保安居任务保质、保量完成。

(四)多方筹措安居工程资金

按照国家补一点、援藏贴一点、自己筹一点、劳务投一点的方式整合资金。依靠现行扶贫贴息贷款政策,县财政对安居工程贷款从 2006~2013 年给予 7 年贴息。

(五)全面宣传安居惠民政策,进行建档工作

(1)政策宣传:每年 5 月份开始进行安居工程政策宣传工作。把政策宣传作为安居工程工作的一项重要环节,通过广泛召集各村组的老百姓,认真传达地区安居办有关文件精神,广泛宣传我县安居工程实施方案的各项政策内容,让老百姓切实感受到这一民心工程带来的实实在在的好处。

(2)建档工作:每年 11 月份开始认真采集有关安居工程的第一手资料。通过广泛的群众宣传,采集建设户的相片资料,填制《户主须知表》《工程建设明白卡》,给各施工队负责人制定档案,通过各种方式充实、完善安居工程资料归档工作。2013 年对 2006~2013 年的农牧民安居已建户数建立了一户一档归档工作。

(六)充分尊重群众意愿,坚持做到"七个好"

(1)建房选好址:建房选址既要充分尊重群众意愿和需求,也要符合社会主义新农村建设规划,充分考虑采光、水源、地质灾害等各种因素。建设户提出选址意见后,需要经村委会、乡政府、安居办审定后方可最终确定。

(2)选好施工队:原则上老百姓自己雇佣施工队,政府不予参与。除一些特殊情况,例如,有的建设户实在找不到施工队,县安居办、乡政府、村委会有职责帮其寻找施工队。

(3)选择好材料:从 2011 年起材料采购上县政府不进行大规模统一采购,一切由施工队与老百姓自己决定用何种方式采购。但是在质量合同上明确规定相关材料标号、规格、实际间距(原木之间)并同施工队到阿里市场选择好材料。

(4)工程造价定价:老百姓与施工队通过商量最终确定造价,政府只提供市场

参考价格让其参考，但不参与其中。

(5)签订一份好合同：考虑到老百姓的切身利益，工程的质量要求，合同由县安居办统一制定样本，其中可写老百姓特殊的建房要求。同时，施工队与县安居办签订质量责任合同，严禁工程转包、跨年建设等。

(6)落实好资金：设立专款，专人负责。在自治区及援藏资金未到位的情况下，县安居办想方设法调剂资金，确保工程质量及进度。

(7)做好适度规划设计：坚持区域优势优先建设的原则，2006年对狮泉河镇加木村进行了集中规划设计，2013年左右对乡朗久村进行了集中规划设计。

三、强化措施，规范程序，严把质量关

为保证我县2006~2013年农牧民安居工程建设工程质量，我们在加大技术说明及服务的同时重点狠抓以下几点工作。一是牢固树立"工程百年大计，住房安全重于泰山"的思想，认真参照地区安居办提供的图纸，组织施工队培训，严格按照图纸施工。二是领导重视。在建设期间，县委、县政府及财政局领导按施工进度，多次下乡进行现场指导和监督检查工作，为安居工程顺利实施奠定了坚实的基础。三是落实责任，强化措施，狠抓质量。工程的好坏关系重大，如果广大群众不能真正从中受益，住不上安全、舒适的新居，那就是一个失败的工程。为此我县安居办根据上级要求和实际工作需要，加强巡回检查力度，由县政府、乡政府、村委会、驻村工作队等时时对安居房及边境村民小组活动场所建设进行监督检查。严格按照图纸及质量合同进行建设，质量不合格的责令整改，存在严重质量安全的都推倒重建等，确保让老百姓住上满意的新房。

四、2006~2013年安居工程建设任务完成情况

我县按照方案要求，对长期生活在户口所在地，从事农牧业生产的农牧民，本着以自然村为单位整村推进、一步到位、全村覆盖的原则，主要建设范围为边境村、公路沿线村。

2006~2009年四年，自治区安排我县1061户建设任务，其中，2006年完成541户，2007年完成299户，2008年完成98户，2009年完成123户（自治区安排108户，我县援藏资金100万元与国家补助差额54万元整合后新增15户）。

2011~2013年三年，自治区安排我县744户建设任务，其中，2011年完成366户，2012年完成191户，2013年完成187户。

五、资金投入情况

2006～2008 年，国家补助配套 1750 万元，其中，扶贫点建设配套 550 万元，地方病搬迁配套 375 万元，游牧民定居配套 825 万元。2009 年，国家补助配套 183.6 万元。

其中，2011 年，国家补助配套 587.957 万元，地区配套 180 万元，援藏配套 366 万元；2012 年，国家补助配套 356.27 万元，援藏配套 227.68 万元；2013 年，国家补助配套 81 万元，援藏配套 400 万元，县级配套 139.84 万元。

六、资金来源

2006～2008 年补助标准：

(1) 扶贫点建设国家补助 2.5 万元/户；

(2) 地方病群众搬迁国家补助 2.5 万元/户；

(3) 游牧定居工程国家补助 1.5 万元/户。

2009 年国家补助标准：

经过调整后户均补助 1.7 万元。

2011～2013 年补助标准：

(1) 自治区补助标准：农房改造 1.5 万元 / 户，贫困户定居 2.5 万元 / 户，包括抗震设防 0.5 万元 / 户。

(2) 县级补助资金。

(3) 援藏补助资金。

以上三项补助后，户均补助达到 3.32 万元。

七、相关政策

(一) 贷款贴息

2006～2009 年，银行信贷 "三卡" 的要求不低于 6000 元，不高于 20000 元，实行信贷支持，县上通过地区财政争取部分资金，用于进行信贷贴息 (5 年)。2011 年起，根据金融机构要按照《中共中央、国务院关于推进西藏跨越式发展和长治久安的意见》(中发〔2010〕4 号) 精神，继续执行现行扶贫贴息贷款政策，将农房改造贷款纳入扶贫贴息贷款范围。县财政对安居工程贷款从 2011 年起也给予 3 年贴息。

（二）减免相关税费

对承揽安居工程建设的农牧民施工队，继续减免相关税费。

八、今后努力方向

今后我们将继续扎扎实实推进农牧民安居工程建设任务，踏踏实实走群众路线，继续把党的强农惠农政策落到实处，让广大群众切身感受到党和国家的温暖。

总之，噶尔县安居办按照阿里地区党委、行政公署、县委、县政府的总体部署和工作要求，创新思路，加强调研，加大投入，强化措施，着力解决困难群众、弱势群体、低收入家庭和进城务工人员的住房问题，努力把这项造福百姓、惠及民生的好事办实。

附录 3

洛扎县洛扎镇农牧民安居工程建设交流材料

2006 年 12 月

　　洛扎镇按照建设"生产发展、生活宽裕、乡风文明、村容整洁、管理民主"的新农村的要求，从实际出发，以人为本，统筹兼顾，坚持以"三个代表"重要思想为指导，全面落实科学发展观，以构建和谐社会为目的，在全镇扎实开展以"村容整洁"为目标的农牧民安居工程建设。

　　洛扎县地处西藏南部，喜马拉雅山南麓，是边境县，也是自治区级贫困县。洛扎镇则位于县城所在地，土地面积 870.9 平方公里，平均海拔 3850 米，下设 5 个居委会，25 个居民小组，现有 1121 户，4569 人，其中劳动力 2413 人；2005 年，洛扎镇农牧民人均纯收入为 2108.01 元，人均现金收入为 1475.6 元，耕地面积为 7134.09 亩，牲畜总头数为 31455 头（只、匹），是一个典型的半农半牧镇。由于诸多因素的制约，洛扎镇还不同程度地存在着农牧区基础设施条件差、农牧业发展水平低、农牧民增收难度大的情况，60%的农牧民群众存在住房简陋，生活、居住条件差等困难和问题。为切实改善农牧民的住房条件，真正实现社会主义新农村和全面建设小康社会的宏伟目标，自年初以来，我镇按照上级有关指示精神，积极整合财政资金、社会资金和援藏资金，把实施农牧民安居工程作为建设社会主义新农村、构建社会主义和谐社会的重要突破口，加快实施以农房改造、游牧民定居和扶贫建设为重点的农牧民安居工程，切实改善了农牧民的生产生活条件。

一、洛扎镇农牧民安居工程建设基本情况

　　"十一五"期间，洛扎镇计划用 4 年的时间完成 1102 户农牧民安居工程建设，其中新建 898 户，维修 204 户，使全镇农牧民 100%住上安全适用房。今年我镇安排农牧民安居工程建设 267 户，截至 11 月初，我镇已整合资金 829.2 万元，完成了 255 户的安居工程建设，完成全年计划的 82%，总建筑面积达 42672 平方米，受益农牧民 1008 人，人均 42 平方米。其他 12 户主体建筑已全面成型，到 12 月初可望全部完工，届时将再有 44 名农牧民受益。

二、洛扎镇在农牧民安居工程建设中的主要做法和措施

(一)统一思想,加强领导

为把这一事关农牧民切身利益的好事办好、实事办实,切实把劲使在基层,把钱投向基层,把人用在基层,自今年年初,我镇党委、镇政府就成立了由镇长挂帅的农牧民安居工程建设领导小组,具体负责协调指挥安居工程,落实人员、经费、办公场所,专门负责指挥、组织、协调安居工程建设等各项工作。领导小组经常深入安居工程建设第一线,检查指导安居工程建设。据不完全统计,自年初以来,我们在听取和征求广大农牧民群众的意见和建议的基础上先后召开联席会议 30 多次。另外我镇领导干部按照联系包村制度,带队深入到联系点,蹲点督导安居工程建设的进度和质量,解决相关事宜。对安居工程的每户农牧户进行逐户鉴定,形成客观翔实的报告。他们真正做到了"组织领导有保障,摸底调查有深度,宣传动员有力度,规划建筑有特色,建筑材料有准备,生产建设有协调,资金信贷有落实,发展建设有结合"。

(二)加强宣传、注重引导

宣传群众、教育群众、联系群众是党做群众工作的一大优势。我镇把农牧民安居工程的宣传工作贯彻于整个工程实施过程中,通过召开群众大会、走村串户等形式,耐心细致地宣讲农牧民安居工程的目的、意义、工作原则、实施范围、优惠政策,使这项造福工程家喻户晓、人人皆知。我们在宣传中,积极引导农牧民群众转变传统形式的修修补补、小打小闹的做法,树立全盘考虑、整体推进的大观念。使广大农牧民群众思想上实现了从"不理解"到"理解",观念上由"要我建"到"我要建"的转变,从而自觉、自愿、主动地参与到安居工程中来。此外,在农牧民安居工程建设期间,镇里通过组织群众到其他乡镇实地看一看、比一比,到典型农户家中,走一走、学一学,以此来促进农牧民转变观念,发挥群众的积极性、主动性和聪明才智,使群众与镇之间形成上下联动、互相配合的良好氛围。同时,针对农牧民安居工程建设实际情况,我镇安居工程领导小组将有关政策、法律宣传资料翻译成藏文发放到农牧民群众手中。通过宣传教育引导,使广大农牧民群众充分认识到在安居工程建设中群众既是投资主体,又是投劳主体,更是受益主体。

(三)科学规划,统筹兼顾

安居建设,规划先行。按照县里制定农牧民安居工程建设的总体规划,镇里抽调了专门的技术人员,根据全镇各居委会、居民小组的地理地质条件、经济发

展水平及风俗习惯都不尽相同的实际情况，按照"三靠一远"的要求，进行了全面科学的规划。根据县安居办提供的 4 种户型图纸设计，提出相应的规划设计方案和具体实施方案，分发到各村组，由农牧民选择自己喜欢的户型进行施工。

充分考虑区位优势和经济优势也是我镇安居工程规划的一大亮点。鉴于我镇嘎波居委会协其村、贡康村、麻木村靠近县城的情况，按照小城镇建设的要求，适度集中，合理规划。在一些住房建设中，我镇首先考虑其经济优势的发挥，建成集商用民用于一体的格局，即有的是上层为住房，下层为商品房；有的建成家庭招待所、家庭茶园等格局。

立足大局、立足长远是我镇工程规划的又一大亮点。今年年初，我镇吉堆居委会农牧民群众在选择建房地点时，没有考虑县城公路未来规划，纷纷在沿公路两边选择建房地点。镇领导在得知此事后，深入现场，积极为群众做工作，并教育群众占道建房是违法的，使已经画好线的几户群众，向后移动了 5～6 米，为县公路的改建扩建留出了足够的空间。

(四)统一部署，分类指导

正确估计和分析群众自身生产、生活基础和承受能力，充分考虑长远发展规划，并顾及当前实施安居工程的实际情况，因地制宜，量力而行。按照"宜改则改，宜建则建，宜迁则迁，宜集中则集中，宜分散则分散"的原则实施安居工程建设，在建设中，不搞整齐划一，强行规划。我镇对经济条件较好的村，在发展新产业、营造新环境、培育新农民、建立新机制、树立新风尚和建设新农村上下功夫；对经济条件一般的村，以提高生产力水平为目标，以发展农牧业产业化为方向，以加强基础设施和社会事业为重点；对贫困的村则以帮助贫困群众为重点，结合搬迁工作，加强农牧民安居工程建设。另外，我镇还结合长远发展生态旅游的需求，在安居工程建设中注重突出民俗特色，努力建设具有藏南民俗特色的安居小区，为今后旅游业的大力发展创造了有利条件，并且在形成促进农牧民增收的长效机制上进行了有益的探索。

(五)全面落实科学发展观，坚持以农牧民群众为本，出台相关优惠政策，激发群众参与热情

在建房备料过程中，我镇按照就地取材的原则，通过各种途径组织农牧民开展备料工作。积极组织本地石匠和村民合理开采砂料和石料等建材，为本镇农牧民群众供应低价的砂石料，用于全镇的安居工程建设。并结合本镇的实际，针对弱势群体集中采购水泥等建筑材料，采取了统一管理的办法，从而降低了建房成本。在木材的用量上严格按照县政府指定的优惠返还政策(每立方米木材由原来的650 元下降到 550 元，下江木由原来的每根 6.5 元下降到 5.5 元，每户用木不超过

5 立方米和下江木平均 400 根的原则），加强木材供应的协调和管理工作，仅此一项就为群众让利 20 多万元。使安居工程建设的各项备料工作提前到位，保证了安居工程建设顺利开展。

另外，为了使新居美观、大方、具有民族特色，调动群众自我投入的积极性，我镇对凡用花岗石建一楼一底的农户给予每户 2000 元的补贴，对弹涂外墙的农户给予每户 1000 元的补贴。

(六)整合力量，加大投入

农牧民安居工程建设需要大量的人力、物力和财力。我镇在筹措资金方面，多次向上级有关部门协调，积极争取专项资金，争取贷款优惠政策。在劳务投入中，积极引导农牧民群众以邻帮邻、户帮户、相互换工等方式共建家园。各村成立了党、团员先锋队，帮助农牧区五保户等社会弱势群体建房。在安居工程建设中，我镇还利用职业技术教育时机，举办木匠、石匠、泥匠、绘画等技能培训班 8 期，培养有文化、有技能、懂经营、会管理的新型农牧民 200 多人(次)，为农牧民安居建房直接创收 293.7 万元。另外在资金管理和使用方面，严格执行"专人、专账、专户"的"三专"资金管理制度，及时足额下拨，确保了整个工程健康、有序地进行。截至目前，自治区安排安居工程建设补助资金到我镇的达 110.8 万元，中粮公司援藏补助资金达 25 万元，县配套补助资金达 7.64 万元，群众自筹资金达 401 万元，群众争取银行各类贷款达 353 万余元。

三、农牧民安居工程建设的主要体会

(一)以安居工程建设为载体，提高了广大农牧群众的收入

推进农牧民安居工程建设，让农牧民得到实实在在的好处。这其中的一个关键环节是努力形成促进农牧民增收的长效机制，使农牧民生活水平不断得到提高。在这方面，我镇着力抓好这几项工作：一是壮大村级集体经济的新路子，如今年 6 月份成立的我镇次麦居委会顿珠农牧民施工队，截至目前，就已组织劳务输出 162 人(次)，积极参与到安居工程建设中，总收入已达 47.4 万元，其中群众现金收入达 16.58 万元。二是进一步实施"农牧民培训工程"，培养有文化、有技能、懂经营、会管理的新型农民，提高农牧民的就业竞争力，提高劳务输出的组织化程度，今年我镇各居委会共组织了 39 个农牧民施工队，施工人员达 987 人。在施工过程中，我镇对安居工程承包费进行了调控，对民工工资作了统一的标准，从而防止了因施工队擅自提高承包价，增加群众建房负担，也防止了民工因工资问题而引发劳务纠纷。

(二)在促进村容村貌变化上有了新的突破

我镇坚持立足现实、着眼长远，切实搞好乡村建设规划。通过安居工程建设，开展村庄综合治理，实现乡村布局合理、规模适度、建设规范、设施完善、村容整洁、环境优美，使乡村面貌发生根本变化。通过政府推动、典型带动，组织实施好农牧民安居工程建设，改善农牧民居住条件和生存环境。以改水、改厕、改路和村容整洁卫生为主要内容，不断完善农牧民的出行、用电、用水等基础设施建设。同时，突出新农村示范点建设这一亮点，在原有的建设示范村和样板村的基础上，以示范建设、积累经验、形成典型，辐射带动全镇的安居工程建设。

(三)在乡风民俗上有了新突破

我镇在安居工程建设中采取群众喜闻乐见的形式，大力推进农牧区精神文明建设，倡导健康文明的生活方式，形成体现本地实际和时代特点的新的居住条件和生存环境，实现干群关系融洽和谐、友好和睦，社会安定有序，民风健康文明。深入开展以"改陋习、树新风"为内容的宣传教育活动，引导农牧民解放思想、更新观念，崇尚科学、远离迷信，破除陈规陋习，在农牧区树立依靠解放思想、更新观念走上致富路的先进典型，带动农牧区文明乡风的形成。通过开展农牧民安居工程建设活动，使群众更加热爱我们的党，热爱社会主义。

附录 4

贡嘎县农牧民安居工程建设交流材料

2006 年 12 月

一、农牧民安居工程实施情况

自地区召开经济工作会议及农民牧民安居工程会议以来，为了积极响应区党委、政府及地区党委、行政公署实施农牧民安居工程的号召，我县立即召集全县干部召开农牧民安居工程动员大会，同时借召开人大会议之机，对全县人大代表动员和宣传实施农牧民安居工程的部署。我县实施安居工程近一年来，在地区党委、行政公署的正确领导及地区农牧民安居工程办公室的精心指导和地区相关部门的关心支持和帮助下，我县农牧民安居工程进展顺利，已保质保量地超额完成了今年地区下达的任务。截至今年 11 月 23 日，我县农牧民安居工程已竣工 941 户，（地区年初确定的 101 省到边的乡(镇)和东拉乡、昌果乡已竣工 706 户；地区计划 630 户，超额完成 76 户）。正在建设的户数为 248 户，近期陆续竣工。并完成《贡嘎县农牧民安居工程实施方案》竣工户的农牧民安居工程农户个人建房档案及部分有条件集中搬迁的规划选址工作，完成了工程摸底调查工作，据初步统计调查，在我县"十一五"期间地区确定的总户数不变的情况下，8205 户(新建 5744 户，整修 2461 户)的计划具体为 2006 年新建户 739 户，整修 180 户；2007 年新建 1581 户，整修 1026 户；2008 年新建 1555 户，整修 800 户；2009 年新建 1869 户，整修 455 户。已到位国家补贴资金 378.6 万元(不含代交木材款)，已发放国家补贴 396.25 万元。发放贴息贷款共 630 户，累计贷款额 1413 万元，贴息贷款户均 2.24 万元。群众自筹资金户均约 5 万元，发放计划内木材 1397.34 立方米。我县今年安排的 630 户中绝大部分分布在沿 101 省道的甲竹林镇、吉雄镇、杰德秀镇和昌果乡(扶贫搬迁)，共 508 户；少部分安排在高寒偏远的东拉乡，共 122 户。示范点为杰德秀镇的杰德秀居委会和甲竹林镇的沃拉居委会、吉雄镇红星居委会。

二、主要做法

在民居改造工作中，始终按照"一个中心、两个结合、三个重点、四个依靠"

的总体原则开展工作，即紧紧围绕大力发展农村经济这个中心不动摇；促进农牧民安居工程与增加农牧民现金收入相结合，促进安居工程与建设社会主义新农村相结合；全力抓好民居改造的宣传动员工作，紧紧依靠"上级领导的支持、县委政府的支持、各部门和群众的支持"，在农忙生产生活中大力开展农牧民安居工程。同时按照"一个主题、两个先行、三个不误、四个到位、五个控制"的工作举措开展工作，即一是认真贯彻落实区、地两级经济工作会议及安居工程会议精神；二是实施安居工程做到两个先行：规划先行、基础设施先行；三是要做到三个不误：不误农牧民生产生活、不误增加农牧民收入、不误新农村的建设步伐；四是要确保四个到位：人员到位、经费到位、组织到位、措施到位；五是要做到五个控制：控制占用耕地、控制大规模的集中搬迁、控制单个房屋面积、控制贷款额度、控制取土挖沙。

　　同时在实施安居工程中始终严格把握四个原则：规划是基础，一定要高标准；设计是关键，一定要合理；建设是重点，一定要保质保量；管理是主题，一定要跟得上。

(一)紧抓两大工作任务

　　党的十六届五中全会提出了建设社会主义新农村的号召，民房改造是建设社会主义新农村的突破口和切入点，就是要紧紧抓住这一有利时机，着力改善农牧民的生产生活条件，通过政府扶一点、援藏帮一点、银行贷一点、群众筹一点的方法，多渠道筹措资金，在条件允许的情况下高标准、高起点地规划好并建设好我县农牧民群众的新居，从而改善农牧民群众的居住条件和生活环境，进一步加大小城镇建设的步伐。在"十一五"期间，使全县农牧民群众感受到党和政府的温暖。在实施安居工程中，我们充分认识到农牧民安居工程和增加农牧民收入的重要性和必要性。在工作中，为确保统一规划、统一实施的任务落到实处，我县动员各种力量，组织当地农牧民施工队伍。一是整合项目区现有的人力资源，让有技能的农牧民组建农牧民施工队；二是动员各乡(镇)加大对项目区的劳务输出力度；三是加大与外县优秀农牧民施工队伍的联系。

(二)紧抓三大工作重点，确保工程顺利完成

1. 加强宣传教育，为顺利实施好民居改造工程打下良好基础

　　我县自1月份开展民居改造工作以来，充分利用"经济工作会""人代会"及落实地区党委扩大会议精神之机，配合各乡镇、各村委逐组宣传，本着群众意愿至上的原则宣传好相关的国家方针政策。各(乡)镇认真结合第三批党员先进性教育活动，做好、做通群众思想工作。通过大力宣传，我县已然上下同心、齐心协力拧成一股绳。同时，为了具体完成好今年地区下达的民居改造任务，我县多

次召集各乡(镇)主要领导和具体工作人员,对民居改造中的规划选址、时间安排、建房面积、质量标准、合同签订、补贴标准、炸药供应和管理、贷款需求、木材指标、验收标准、基础设施建设、安全施工、统计工作等问题作了进一步强调,签订了安全生产目标责任书、民用爆炸管理责任书、农牧民安居工程协议书,以确保今年工作任务的顺利完成,同时指挥部人员经常深入基层,有针对性的召集相关人员加班加点现场办公,认真研究解决相关问题,从而达到化民怨、顺民气、达共识的目标。

2. 采取有效措施,着力解决工作中遇到的热点难点问题

由于此次民房改造项目的国家投入有限,加之又涉及农牧民群众的根本利益,如果国家补助资金的兑现标准确定等问题处理不好,就会引起一系列的问题和矛盾。为了切实把实事办好、好事办实,真正把各项工作做深做细,保证民房改造任务圆满完成,让地区党委、行政公署放心,让农牧民群众满意,使有限的资金充分发挥效益,指挥部协助各(乡)镇先后召集项目区的人大代表召开了五次人民代表会议,由人大代表研究确定各项国家补助资金标准,真正使各项标准既科学又合理,且反映群众意愿,有效地解决了工作中遇到的热点难点问题,有力地推动了民房改造工作的顺利实施。

3. 强化工作指导,确保工程质量和进度

经过充分的思想动员和前期准备工作,2006 年 1 月份开始,民房改造项目全面备料、动工。根据施工问题,指挥部采取了一系列有效措施,加强了管理,加大了指导力度。一是各乡镇与项目区群众签订了民房改造项目建设协议书,定目标、定任务、定要求,进一步明确双方责任,确保了工程建设的质量和进度。二是聘请专业人员按照统一标准,对指挥部工作人员进行培训,强化素质,提高指导能力和水平。三是建立健全了"蹲点指导"制度,指挥部指定了 4 名工作人员,常驻施工现场,对建设质量和进度进行监督和管理。四是充分利用项目区内有名的工匠及农牧民施工技术员,组成"土专家"服务队,深入项目区进行巡回指导。五是召集各相关村组代表、人大代表,召开初验安排会,组成民房改造初验组,挨家挨户对民房改造项目进行了全面细致的初验,划清了资金等级标准,进一步调动了项目区群众的积极性,明确了查漏补缺的目标。六是逐村、逐户建立了农牧民安居工程档案卡,使房屋结构、占地面积总投资等做到了情况明、底数清。

同时立足施工安全,认真落实建设过程中的各项安全措施。一是把安全问题作为一项重要内容,在每次召开的项目区大会上进行强调和宣传,提高项目区广大农牧民群众的安全意识。二是层层签订安全生产目标责任书,指挥部与镇、镇与居委会、居委会与组、组与户、户与农牧民施工队负责人签订了安全生产目标

责任书，做到了"横向到边、纵向到底"。三是妥善保管民房改造所需爆破物品，对爆破物资实行"专门房屋，专人看守，双人双锁"的管理办法，并由县公安局对采石点上 50 位爆破员进行专业培训。四是切实加强了外来务工人员的管理。对外来的每一支施工队，指挥部都及时登记备案，并督促户主与施工队责任人签订用工协议和安全生产协议。同时，公安局、各乡镇派出所与施工队负责人也签订了安全生产及治安协议书，定期或不定期地巡回各施工点进行治安检查。五是加强交通、用电等方面的安全管理，对交通安全、用电安全都安排了专人负责。

(三)紧紧依靠各级部门的支持，促进工程顺利实施

1. 紧紧依靠上级部门的支持

在安居工程实施过程中，我们首先将区党委、政府及地区党委、行政公署的各项政策进行宣传动员，我县分别三次在各乡(镇)大规模地传达学习区地两级经济工作会议精神。一是通过会议学习传达，使各乡镇、各部门进一步认识到自治区党委、政府、地区党委、行政公署实施农牧民安居工程的决心，也认识到了做好这一"德政工程""民心工程"是建设社会主义新农村和全面建设小康社会的要求，使政府意图变为老百姓的意愿。二是积极向上级争取资金及贷款，使木材等及时到位。

2. 充分依靠县委、县政府的支持

为切实开展民居改造工作，我县成立了以县委副书记、县人民政府县长为组长的"贡嘎县民居改造领导小组"。各乡镇据此先后成立了民居改造领导小组。这些机构的建立健全，为我县民居改造工作组织上提供了保障，人员得到了落实。同时，县政府为切实促进该项工作的顺利开展，安排了 30 万元专项经费，同时还从各乡镇、各部门抽调了责任心强、政治觉悟高的 12 名人员脱离原岗位在民居改造指挥部办公室开展工作。指挥部建立健全了考勤制度、工作制度、财务制度。这一有效的工作机制，大大增强了此项工作力度。

3. 调动各部门积极性，形成合力

此次民房改造，国家按 0.5 万元、1 万元、1.2 万元三种不同标准兑现补助，今年我县 630 户的补助资金为 630 万元，然而整个项目主体工程和基础设施工程所需资金约 5803 万元，资金缺口较大。怎样使群众搬出来，房子建起来，需要结合我县拉贡沿线甲竹林民居改造经验：一是要依靠自治区、地区各相关部门的大力支持，特别是地区发展和改革委员会、财政、建设、农业综合开发办公室(以下简称农发办)、交通、水利、民政、林业、农业银行等，通过他们积极配合支持，齐心协力，在政策、资金上予以倾斜，促使项目区各项建设顺利实施。二是要充

分调动各部门和各乡镇的积极性，做好做通群众思想工作，使他们已有的资金和物资在保证生产生活的基础上愿意用到民居改造上，从而改善农牧民的居住条件和生活环境。

4. 召开人大会议，加强民主，是民房改造项目破解工作难题的好办法

在民房改造工作中，有很多向群众执行的标准是很难确定的，如参与此次民房改造对象的确定、国家补贴的发放标准、贫困户及特困户的划分依据等。这些看似小问题，但稍不注意就会引起群众的强烈不满，影响整个工作大局。每次遇到这样的情形，指挥部都是创新工作方式，将这一矛盾、标准交给群众自己，通过召开项目区人大会议，集体商议，确定相应的执行标准，指挥部领导只列席会议。总之我县农牧民安居工程工作取得了较好的成绩，同时也积累了很多宝贵的经验，为后三年的农牧民安居工程建设奠定了良好的基础。

加查县农牧民安居工程建设交流材料

2006 年 12 月

加查县着眼于社会主义新农村建设,始终围绕农牧民安居工程和农牧民增收这一中心工作,切实加强组织领导,深入宣传发动,科学合理规划,狠抓工作落实,取得了阶段性成果。现将我县安居工程的实施及进展情况汇报如下。

一、基本情况

加查县地处雅鲁藏布江中下游河谷地带,以农业为主、农牧兼营,县城所在地海拔 3240 米,区域面积 4646 平方公里,森林覆盖面积 14 万公顷,草场面积 19 万公顷,总耕地面积 1315.13 公顷。全县辖 5 乡 2 镇,88 个村民委员会,总人口 4546 户 18058 人,其中农村 4171 户 16816 人。

2006 年,我县安居工程共安排 486 户,其中民房改造 286 户、游牧定居 100 户、地质灾害搬迁 100 户,主要分布在 4 乡 2 镇。截至 11 月 20 日,安居工程完工户数 526 户,占地区年度计划安排建设户数的 108.2%,受益人口已达 1960 人;自治区补助资金计划安排 766 万元,其中包括农房改造 286 万元,游牧定居 150 万元,地质灾害搬迁 330 万元(含上级民政部门配套资金 80 万元)。目前已到位 428.8 万元,占总资金的 55.98%。其中包括农房改造资金到位 228.8 万元(总资金的 80%),游牧定居资金到位 120 万元(总资金的 80%),地质灾害搬迁资金到位 80 万元(上级民政部门配套资金)。投资完成 3406.32 万元(群众自筹 2342.42 万元,银行贷款 790 万元,木料款 174.9 万元,水泥款 28 万元,垫支地质灾害搬迁款 71 万元)。

另外,虽然加查县划为有林县,地区未对加查县安排锯材指标,而我县的锯材根本无法保证,给我县安居工程的及时开展带来了一定的影响。为此,县政府主要领导积极协调,向上级有关部门争取,经过与地区、自治区及林芝市林业局协调,最终统一从林芝市采购和调运了 1500 立方米及崔久乡自购 240 立方米共 1740 立方米的木料。同时结合本县森林承载能力,今年为实施安居工程户统一安排采伐椽子木,每户安排 150 根共 72900 根,有效解决了全县大部分安居工程所需的木料,极大地缓解了我县安居工程缺木料的问题。

二、主要做法

为完成好安居工程，使广大农牧民群众住上宽敞、舒适、适用的新房。我县认真贯彻落实党的十六大、十六届五中全会和中发〔2005〕12号文件精神，坚持以人为本，统筹城乡发展，积极落实各项支农惠农政策，把农牧民安居工程作为我县"三农"工作的重点，切实为农牧民办好事、办实事。

(一)深入宣传，层层动员

针对今年安居工程时间紧、任务重的具体情况，我县于2006年2月召开全县干部职工大会，集中传达学习上级安居工程文件精神，充分把握建设社会主义新农村工作的目标和要求，之后又陆续召开15次安居工程专题会议，对我县的农牧民安居工程做出了具体的安排部署。为使安居工程这一惠农、支农政策家喻户晓，人人皆知，县委、县政府及各乡(镇)党委、政府组建宣传专班，采取发放宣传资料、走村入户宣讲等形式进一步加大政策宣传力度，让农牧民群众切实了解、掌握党和政府的惠民、利民政策，并积极投入到农牧民安居工程建设工作中。同时，县自办电视台开辟宣传专栏，对农牧民安居工程工作进行深入宣传，对我县安居工程的规划和实施进程进行了详细报道。另外，我们组织发放了450余本藏汉双版的《农牧民增收和安居工程相关精神》，使参与今年安居工程建设的农牧民群众进一步了解和掌握国家的政策及区、地、县的具体措施，提高了农牧民的积极性和热情。

(二)摸底调查，科学规划

今年3月份，县安居办组织专人深入6个乡镇对列入今年规划的全县486户农牧民家庭进行了详细摸底调查，对各乡镇村户逐一进行统计，确定了民房改造的规模、地点和户数，并组织动员群众备料。为全面摸清加查县486户农牧民的家庭基本情况，确保安居工程顺利、有序进行，我县建立了486户安居工程农户的家庭档案，对户主姓名、人口数、建筑类型、拟建地点、拟建户型、拟建面积、拟贷金额、备料情况(木料、石料、水泥等)及拟建地点的水、电、路、土地开发等相关配套情况进行了详细登记造册，并实行了电子化管理。在搞好调查统计的基础上，县委、县政府结合加查县实际，本着尊重意愿、量力而行的原则，适当控制集体搬迁，尽量控制搬迁总量，详细制订了农牧民安居工程实施方案，明确了"十一五"期间全县民房改造、游牧民定居、扶贫搬迁工程的目标任务和总体要求，并对年度的规划进行了细分。根据实施方案，我县力争在四年内完成4085户的安居任务，使全县80%以上农牧民的居住条件得到根本改善。同时，我县组织城建、发展和改革委员会等部门，按照安居工程统一要求，结合各乡(镇)实际和群众意愿对实施安居工程的乡(镇)进行了统一规划设计，把通水、通电、通路等基础设施配套建设与安居工程统一规划，通盘考虑，切实让农牧民安居工程成为"民心工程"和"政德工程"。

(三)分期指导，狠抓落实

我县每年 4～6 月份为虫草采挖季节，在此阶段，我县把工作重点放在增加农牧民收入上。此后，我县全面进入安居工程建设阶段，为抓好安居工程备料工作，我县多次组织专班深入到各乡(镇)督促检查，组织群众加紧备料。考虑到 7～9 月份雨季来临，易造成交通运输不便，县政府安排县财政预先垫支 50 万元用于安居工程前期准备工作，购买水泥 500 吨及其他物资备用。在安居工程实施阶段，我县组织部分乡(镇)、村领导干部及县安居办工作人员 26 人到相邻兄弟县参观学习，借鉴好的经验和好的做法，为我县安居工程的顺利实施提供了参考指导作用。为确保安居工程的进度和质量，我县采取派工作组分赴各乡镇蹲点督促的办法，由县级领导带队，逐乡逐村检查指导安居工程实施情况，并与各乡镇层层签订《加查县农牧民安全生产工作责任书》《加查县农牧民安居工程民用爆炸物品管理使用安全目标管理责任书》《加查县农牧民安居工程建设组工作责任书》等，做到任务明确、责任到人，保证了安居工程的顺利实施。

(四)加强领导，统筹协调

首先，年初我县召开了安居工程专题会，先后成立了由县长平措任组长、负总责的县安居工程领导小组，以及由各乡(镇)长、村主任担任乡(镇)和村级安居工程领导小组组长的县、乡、村三级农牧民安居工程领导小组，明确了职责分工，做到了专班领导、专人负责。各项工作任务及时分解到乡(镇)，责任落实到人，形成了县级干部分片包乡(镇)、乡(镇)干部包村、村干部包户，具体责任到人的组织领导格局。在此基础上，由 15 名县级干部和 9 名科级干部组成农牧民安居工程领导小组，并设立了专门办公室。为进一步加强安居工程工作力度，我县还指定了两名县政府副县长普布次仁和多吉分别负责县安居和增收工作，特别是还明确了一名人大常委会副主任普布次仁专职负责县安居工作。为充实县安居办力量，我县还从各部门、各单位抽调了 15 名工作人员组成县农牧民安居工程和增收工作专班，并配备了电脑、电话、传真机、打印机、档案柜、办公桌椅等办公设备和安居工程专用车一辆，安排了实施安居和增收的专项经费，拟定了农牧民安居和增收实施方案、任务分解方案和工程资金测算，建立了翔实的农牧民安居工程档案，分阶段完成了各乡镇资金落实情况的督促检查、有关数据的统计等工作。在资金管理方面，我县开设了安居工程补贴资金专户，做到了专人负责，专款专用。

截至目前，我县安居办已完成安居信息 52 期，下发和转发文件 5 期。截至目前，全县农牧民群众人均收入实现 2770 元。

其次，为掌握进度，严把质量关，我县今年以来先后组织召开了 15 次安居工程领导小组协调会议。一方面全面掌握全县安居工程的整体进展情况，及时总结实施安居工程好的做法；另一方面着重解决实施安居工程过程中存在的问题和困难，确保农牧民建得起、住得进、不返贫。目前，我县安居工程领导小组每月采取不定期的方式下乡入村督促检查安居工作。为顺利完成年内的安居工程任务，切实搞好我县社会主义新农村建设工作，安居办工作人员每月还定期到各乡(镇)统计工程进度，以确保工程质量。

最后，为进一步搞好我县的地质灾害搬迁工作，由县委书记、县长、县人大主任等"三大家"主要领导及县农发办、民政局、水利局、安居办及加查镇主要负责人一行 20 余人组成工作组，多次赴加查镇 11 村、12 村地质灾害搬迁点现场检查指导工作。针对部分群众不愿搬迁这一情况，工作组一行深入到每户开展思想教育工作，根据上级部门的要求和指示精神，提出搬迁意见。为对群众的生命财产安全负责，工作组要求群众必须尽快搬迁。"三大家"领导在耐心进行说服教育的同时，还详细询问了他们的家庭人口、劳力、经济收入、存在的困难等情况，要求搬迁户在实施搬迁过程中将存在的各种问题及时向镇、县政府反映，以便更好、更快地完成好此次搬迁工作。另外，我县根据地区行政公署会议精神，为开展好我县地质灾害搬迁工作，经县政府研究决定，成立了以县委副书记、政府县长平措为组长的加查县地质灾害搬迁工作领导小组(包括 5 名县级干部和 12 名科级干部)。同时还专门成立了地质灾害搬迁指挥部，指挥部由县农发办、民政局、安居办、加查镇及相关村委会组成，工作人员正在地质灾害搬迁点蹲点督促检查搬迁建房工作。

(五)各方合力，互帮互助

我县在实施安居工程过程中，进一步发挥驻地部队和党、团员力量，在我县安居工程建设中起到了积极的模范带头作用。如今年 8 月份，加查县兵站党支部看到安绕镇部分群众建房困难，主动组织全体官兵 20 余人帮助他们建房，受到了当地群众的好评。同时，我县还组织群众党员、团员 80 多人积极参与安居工程建设，在施工建设中发挥出了模范带头作用，如我县安绕镇全体干部职工多次帮助困难群众建房，为我县安居工程的开展起到了良好的推动作用。

三、经验及体会

总结一年来的安居工程实施情况，有四条经验值得在今后的工作中加以借鉴和运用。

　　(1)抓好政策宣传是顺利实施安居工程的前提。农牧民安居工程受益的主体是农牧民群众,建设的主体力量也是农牧民群众,主要工作在基层、农牧民。因此,必须把思想宣传工作放在首位,狠抓宣传发动工作。今年,在实施地质灾害搬迁工作中,有部分农牧民思想观念陈旧,不愿支持和参与搬迁工作,我县先后组派了 7 个工作组入户蹲点做思想工作,讲清国家的优惠政策和具体措施。通过反复的说服教育,使他们明白了安居工程的重要意义及地质灾害的重大隐患,使他们全部搬出了地质灾害地段。县自办电视台自安居工程实施以来,多次把镜头伸向广大农牧区、农牧民,宣传报道安居工程进展情况及典型代表,为顺利实施安居工程营造了浓厚的舆论氛围。

　　(2)抓好摸底调查是顺利实施安居工程的基础。按照建设社会主义新农村的总体要求,必须做到对全县农牧民的基本情况了如指掌,只有通过建立家庭档案的办法才能真正做到底数清、情况明,才能对实际工作进行宏观指导。

　　(3)抓好示范引导是顺利实施安居工程的动力。在具体实施安居工程的过程中,采取试点示范的方法,充分发挥基层老党员、干部的模范带头作用,积极带动农牧民群众参与建房。我们把安绕镇桑东村作为全县 2006 年民房改造示范村,通过该村委会主任的示范引导,全村 65 户农牧民多渠道筹集资金,整合人力、物力,加大施工进度,确保建房质量,65 户农牧民现已全部住进新房,成为全县安居工程的一个样板。洛林乡江惹 6 村 11 户村民因自然灾害搬迁,虽没有列入今年的安居工程任务,但是该村村主任主动向人民政府提出要求搬迁建房,并积极组织该村群众参与到重建家园当中,在他的带领下,目前该村 11 户受灾群众已全部新建家园,主体完工,确保了在冬季住上新房。

　　2006 年安居工程的主要成效有三点。一是农牧民“等、靠、要”思想得到了部分转变,激发了他们提高生活水平和质量的渴望。今年,洛林乡没有列入安居计划,但许多农牧民多次向县安居办要求尽快安排他们的住房改造。同时,许多农牧民改变了过去仅仅依靠虫草增收的观念,积极参与建筑适用技术等各类培训,并自发地组织了采石队、运输队积极投身到新农村建设中来,拓宽了增收的渠道。二是拉动了农牧区的消费。随着居住环境的改善,农牧民群众添置家用电器、家具等消费品的需求在不断增长,带动了农牧区消费市场的活跃。三是密切了党群干群关系,树立了党和政府在群众中的良好形象。在安居工程建设中,广大党员干部想群众所想、急群众所急,一心一意帮助群众解决实际困难和问题,服务群众意识进一步增强,党群干群关系进一步密切。

四、存在的问题和困难

　　虽然我县在克服虫草采挖、秋收工作、木材和施工队缺乏等影响进度的诸多因素上做了大量的工作，使安居工程得以按计划实施，但还存在一些亟待解决的问题。

一是我县地质灾害搬迁点的部分群众对灾害隐患认识不够，特别是个别户不愿搬迁，在一定程度上影响了地质灾害搬迁工作的顺利开展。

二是 2006 年加查县划为有林县，但我县却只能解决少部分群众自用木材及椽子木，而锯材根本无法保证，虽然最后经过努力争取到了木料 1500 立方米，但极大地影响了我县安居工程的总体进程，希望上级有关部门在明年的木料计划中进行调整，以保证我县以后安居工程工作的顺利开展。

三是我县现有施工队和专业技术人员数量少，影响了安居工程进展速度。

五、下一步工作计划及目标

结合当前我县安居工程的整体进度，我们将积极采取有效措施，在确保质量的基础上倒排工期，赶超进度，确保顺利完成 2006 年安居工程任务及后续工作，并认真做好 2007 年安居工程工作的安排部署。

一是进一步督促各乡(镇)完成好年内安居工程任务的年末收尾工作，认真做好年底安居工程县级自验及迎接地区验收准备工作，确保 2006 年安居工程顺利通过上级验收。

二是认真总结工作经验，"举全县之力、行利民之路"，充分尊重农牧民意愿和要求，结合实际，加强宣传，深入发动，为 2007 年安居工作的顺利实施造势。

三是加大对我县农牧民施工队的培训及引导力度，吸纳本地有一技之长的农牧民群众加入施工队，进一步壮大我县农牧民施工队力量。

四是安排部署好 2007 年安居工程工作任务。2007 年计划在安绕、拉绥、洛林、冷达、加查、崔久、坝乡实施 1343 户。其中，扶贫搬迁 217 户、游牧定居 138 户、区财政渠道民房改造 600 户、地区补助民房改造 13 户、整修 225 户、地区援藏补助民房改造 100 户、县级援藏补助民房改造 50 户，力争使 4904 人入住新居。任务已经明确，我们必须早准备、早行动，保质保量完成年度计划。

隆子县农牧民安居工程建设交流材料

2006 年 12 月

一、加强领导、加大宣传

为加强领导，确保我县农牧民安居工程建设的顺利实施。今年 2 月 13 日，我县成立了隆子县农牧民安居工程领导小组，组长由县委副书记、县长巴珠担任，副组长由政府副县长平措旦巴担任，成员由政府办公室、发展和改革委员会、财政局等相关部门和各乡镇的主要负责人组成。领导小组下设办公室(办公室设在财政局)，由财政局局长任办公室主任。

农牧民安居工程是我县的一项中心工作，同时也是以农牧民群众为实施主体和受益主体的惠民工程。为此，一方面我们通过召开干部职工大会、张贴宣传标语等形式，广泛宣传和传达了区、地两级农牧民安居工程的相关会议精神，明确了社会主义新农村建设的目标和要求，对我县农牧民安居工程进行了全面、认真的部署；另一方面我们深入到农户家中，将这一惠民、利民政策进行了大力宣传，真正做到了家喻户晓、人人皆知。同时，在安居工程建设中，我们还特别注重耕地保护、文物保护等相关政策的宣传，并认真做好政策的引导工作，防止了乱建、重建、盲目投资等情况的发生。

在此基础上，我县农牧民安居工程领导小组在深入各乡(镇)、村进行调查研究、分析论证的基础上，采取纵向管理、横向监督的方式，把具体工作细分到各单位、乡(镇)和村。同时还建立了联系点工作制度，各级党政干部按照县、乡(镇)、村分片承包的分工原则，即县级领导包乡(镇)、乡镇领导包村(居)委会、村(居)委会干部包农户，全面推行目标责任制，层层签订了《安全生产责任书》和《任务目标责任书》，并将任务层层分解落实到个人，把农牧民安居工程各项工作纳入干部考核的重要内容，从而不断增强各级干部的工作责任心，形成了层层有人抓、事事有人管、户户有人帮的工作局面。

二、进展情况

总体任务："十一五"期间我县将完成 7742 户农牧民的住房改造和整修计划，共需资金 7387 万元。其中扶贫搬迁 1183 户(绝对贫困户 70 户)，民房改造 1936 户，"兴边富民"(包括人口较少民族聚居区民房改造)2327 户，民房整修 2296 户。

完成情况：今年地区下拨给我县的农牧民安居工程任务指标为 862 户，从扶贫口子解决的 90 户民房改造项目也归为我县安居工程的总体指标，所以我县今年安居工程的任务指标变为 952 户，总投资 869.8 万元。截至目前，主体完工的有 866 户，在建的 86 户，竣工入住的有 770 户，已完成年度计划的 91%，补助资金到位 504.64 万元，群众自筹 2554.44 万元，银行贷款 155 万元。

三、主要特点

1. 科学规划、合理布局

根据我县各乡镇的具体情况，结合斗玉乡去年民房改造的成功经验，主要采用三种民房建筑结构类型：一是屋顶铁皮，主体石木结构；二是石木结构；三是土木结构。有条件的村、户必须采用石木结构。同时按照一楼一底、人畜彻底分开的原则，人均居住面积不得少于 40 平方米，整体要美观大方、院落要干净整洁、布局要合理适用。房屋的装修既要体现当地的民族特色和风俗习惯，又要体现时代气息，墙壁的粉刷要与房屋的整体风格相适应，户型可多样化，但标准不能低于全县的总体要求。

2. 通盘考虑、整体推进

我县把农牧民安居工程的总体规划同城镇建设、村镇建设、农业开发、产业开发相结合，按照"山林田村户，综合治理；水电路住行，统筹兼顾"的原则，搞好以日当镇宗那村为示范的农牧民安居工程建设，以三林乡格西村为代表的村镇建设，以娘嘎坝开发为典型的农业综合建设，以隆子河谷开发为链条的产业建设。真正使农牧民群众既能安居又能乐业。

3. 部门联动、团结协作

为确保我县农牧民安居工程的顺利实施，我县把安居工程中的具体工作细分到了各单位、乡(镇)和村。财政局主要负责资金的管理、概算、调配工作；建设局根据我县各乡镇的具体情况，制定出了整村推进的规划设计方案；扶贫开发领导小组办公室着重抓好贫困户搬迁的选址和建设工作；发展和改革委员会积极向区、地争取对口扶贫、以工代赈等农牧民安居工程配套资金；交通、水利部门加紧对农牧民安居工程配套项目的申报和建设；银行、林业部门对农牧民安居工程所需要的信贷资金和木材开放"绿灯"，并积极配合其他成员单位开展工作。

4. 资金分配严格管理

我县切实按照区、地农牧民安居工程的有关规定和要求，设立了专用账户，指定专人管理，同时加强了对资金的跟踪管理，定期审核每笔资金的兑现和使用情况，确保了农牧民安居工程资金的落实到位。

5. 木材供应有条不紊

农牧民安居工程建设所需的木材按照地区相关单位的指示精神，有林乡镇从民用指标中解决，无林乡镇从商用指标中解决，并严格按照封闭性管理的原则解决所需木料。在满足内需的同时，按照地区下发的指标支持其他县的民房改造工作。截至目前，已向县内供应木材 1887.8 立方米，县外(乃东、曲松、桑日)供应木材 4918 立方米。同时，严格按照林区作业标准，防止了乱砍滥伐的现象发生。

6. 公示图表直观明了

按照地区安居办公室的指示精神，结合"十一五"期间我县安居工程任务执行计划，为全面、直观地了解各年度及总体任务目标，我们作了《隆子县"十一五"期间安居工程建设项目专栏》《隆子县安居工程年度具体实施情况公示》《隆子县"十一五"期间安居工程实施计划及经费测算表》。另外，还定期邀请各乡镇的群众代表前来参观相关图表，并把一些群众的意见及时地反馈给安居领导小组，保证了指标分配和资金补助的公开、公平、公正。从而有力地推动了我县安居工程的顺利进行。

7. 档案管理真实准确

为确保我县农牧民安居工程的档案资料完整、准确、安全地送到地区档案馆，更好地为社会主义新农村建设服务。我们利用每次下乡的时机，采用拍照、记录等方法收集到了一些具有代表性的图片、文字资料等，并予以整理和归纳。同时按照档案建设的规定进行了存档，为安居工程综合档案的建设打下了坚实基础。

8. 互帮互助、全体动员

在我县安居工程的实施过程中，一些农牧民群众采取换工换劳的办法来解决资金和劳动力不足的问题，基层党组织和农牧民党员在安居工程中也充分发挥出了模范带头作用，如列麦乡组织党员义务为贫困户建房投工投劳 16 人次；扎日乡组织群众为贫困户和五保户义务建房投工投劳 40 人次；日当镇了解到部分村、户缺少技术人员的情况后，把全镇所有的建筑技术人员组织起来，统一调配到各个村、户，帮助群众建设房屋；加玉乡为了加快建设速度，缩短建设周期，降低建材成本，减轻群众负担，从乡政府拿出资金，派专人到拉萨统一采购建筑材料，大到木材、水泥，小到铁钉、涂料，只要有市场差价的材料都采购了回来，然后按照采购的成本价格出售给农牧民群众，为群众省下了 5 万多元的建房成本。以上种种做法都体现了我县广大干部和群众对安居工程建设的热情，有力地推动了全县安居工程的顺利进行。

9. 群众满意、热情高涨

今年的安居工程已接近尾声，总的来看，广大农牧民群众十分拥护和支持这一政策，干群关系也显得更为融洽。一些群众从刚开始的"要我建"转变为现在的"我要建"，今年没有建房的群众，纷纷找到乡政府和安居办公室，要求明年一定要把自己纳入建房指标，能早日住上政府补贴建设的新房。而今年建房完毕的群众则表示：现在房子好了，我们的生活起居有了更加舒适的环境，今后我们要把主要精力放在发展生产生活上来，积极配合政府的各项工作，共同建设社会主义新农村。

四、存在的问题

一是边境乡、村交通条件落后，物资运输困难。由于部分边境乡、村受季节性通车、俗马边防公路还未建成等条件的制约，给工程物资运输带来了一定的困难，从而影响了工程的进度。

二是技术人才缺乏。我县部分乡镇的建筑技术人才严重不足，一定程度上影响了工程的进度和质量。

三是由于我县自然资源分布不均，所以在安居建设的标准和质量上存在差异。

四是我县贫困户民房改造的任务指标较少，且补助资金不足。

五是自治区渠道补助资金到位较快，而从其他渠道补助资金到位迟缓。

五、下一步安排

我县农牧民安居工程在地区党委、行政公署的统一部署下，在地区安居办的认真指导下，在县委、县政府的高度重视下，在各乡镇及相关单位的积极配合下，已经取得了阶段性的成果。下一步，我们要进一步抓好安居工程的后续工作，积极配合自治区、地区相关部门的验收工作，争取一次性达标。同时要认真总结安居工程建设中的成功经验和不足之处，安排规划好明年的指标建设任务，切实把这一惠民工程作为新农村建设的亮点工程抓紧、抓好。

乃东县农牧民安居工程建设交流材料

一、基本情况

(一)项目建设过程中指导情况

(1)加强组织领导,成立县乡两级安居工程建设领导小组。为确保安居工程的顺利实施,乃东县成立了以政协主席为组长、以政府主要领导为副组长的建设领导小组,并下设领导小组办公室。在工程前期县里投入 80 多万用于各级组织的建设及工程建设的启动。

(2)做好安居工程前期准备工作。在工程前期工作中,我们起草了《乃东县农牧民安居工程实施方案》,制订了《乃东县农牧民安居工程建设计划》,与此同时与各乡镇签订了《乃东县农牧民安居工程建设责任书》和《乃东县农牧民安居工程安全生产责任书》。

(3)稳扎、稳打,进一步做好安居工程建设工作。自安居工程建设工作开展以来,乃东县在不断创新工作方法、拓宽工作面的同时也积累巩固了安居工程建设的成果。进一步加强了对重点村镇的规划编制力度,完善了建设开工至竣工、验收至资金兑现的管理体制,在工程建设中加大了公众参与力度,对村(居)委会、县乡两级主体验收的完工户进行公示,把安居工程建设做实做细。对于在安居工程建设过程中出现的比较特殊的群体也采用了比较特殊的办法,在亚堆乡以整合国家资金、民间资金、社会资金的方法集中建立了两处五保户居住区,方便了五保户生活。

(二)项目建设计划情况

山南地区农牧民安居工程建设领导小组办公室今年对乃东县下达的民房改造计划任务为 1772 户,其中,新建 1472 户,改造 300 户。按照山南地区农牧民安居工程建设领导小组办公室计划任务,我县也及时制订了全县农牧民安居工程建设计划,计划完成建设总户数为 1917 户,其中,新建 1617 户,改造 300 户。

(三)建设进度情况

按目前备料、建设情况来看，形势良好，据统计，全县截至目前主体完工 1307 户，在建 303 户，备料 307 户。已完成地区计划任务的 73.75%，完成县计划任务的 68.18%。

(四)新建房屋入住情况

截至目前，农牧民新建房屋里入住达到 954 户，至年底有望达到 1300 户。

二、农牧民安居工程资金使用及筹集情况

(一)资金到位及使用情况

截至目前，农牧民安居工程建设到位资金 560 万元，已兑现安居工程资金 560 万元，其中，主体完工户兑现建房补贴资金 281 万元(含五保户建房补贴资金 28 万元)，垫支农牧民安居工程建设木料款 279 万元。

(二)资金兑现方式

对新建或整修的房屋，其建设完工后由户主提出申请报乡镇安居工程领导小组，由乡镇安居工程领导小组进行初验形成书面材料报县安居工程办公室，由县安居办进行入户验收，达到建设要求后进行补助资金的兑现。如在建设过程中出现房屋主体工程完工，附属工程未完工要求兑现资金的，采用进度拨款的方式兑现部分资金，进一步督促其完成收尾工作。

(三)资金的筹集

建设项目资金的筹集除国家投入，采用了以整合其他项目渠道资金、民间资金、社会资金的方式进行村镇基础设施及农房项目的建设，目前新建 1307 户，应投入资金总额为 8078.31 万元，其中国家补助 1307 万元、贷款 889.81 万元、自筹 5881.5 万元。

三、工程建设过程中采取的措施及经验

(一)突出重点、体现特色、积累经验

一是在建设过程中积累好的经验。如对亚堆乡集中建立五保户住宿用房、集中建立五保户公用活动室等好的经验进行了积累，并逐步在全县五保户集中的村

镇进行推广。

二是进一步完善工程管理体制，完善项目验收程序、贷款手续办理、贷款资金使用监督及管理体制。

三是提出项目建设"2345"的总体实施要求。即"两个先行"就是规划先行、基础设施先行；"三个不误"就是农牧民增收与农牧民安居工程不误；农牧业生产与农牧民安居工程不误、全面工作与农牧民安居工程不误；"四个到位"就是组织到位、人员到位、经费到位、措施到位；"五个控制"就是严格控制占用耕地、严格控制搬迁、严格控制贷款、严格控制建房规模、严格控制取土、挖沙、采石、伐木，确保安居工程建设扎实推进，取得实效。

(二)做好建设项目规划设计工作

为使农牧民居住条件达到人畜彻底分开、生活配套设施齐全、突出民族特色和地域特色，我县已结合拉贡沿线民房改造图集及地区建设局所出民房改造设计方案，结合本县实际提出了五套民房改造设计方案，并对泽当规划区内的泽当、乃东、结莎三个居委会民房搬迁提出了搬迁区总体规划设计及详细规划图出图的具体要求，到目前已完成了乃东居委会 75 户、结莎 150 户、泽当 200 户的搬迁总规设计、效果图的制图工作，另完成雍布拉康门中岗、玉莎、克松等居委会建设规划图的编制工作。

(三)做好农牧民建房贷款工作

对于此项工作，为防止出现不良贷款、建房款项挪为他用等情况，截至目前，我县以尽量控制贷款规模为原则，对农牧民贷款情况进行了调查与核实，并确定了由乡里统一把关，由各乡镇、村采用统一采购和统一支付的方式对所贷款项进行严格管理。

(四)做好农村剩余劳动力调配工作

为做好农牧民安居工程建设，避免出现劳动力区域分布不平衡的情况，进行有组织的空间调控，充分利用剩余劳动力、调动广大群众的积极性，由县安居办组织三组农牧民施工队伍共 107 人前往林芝米林县打工。截至目前，农牧民参与农牧民安居工程项目建设达 11.4 万人次，增收达 2287.49 万元。

(五)做好农牧民安居工程建设宣传工作

采用电视、报纸等各类媒体渠道开展宣传工作，为整个工程的实施营造了良好的舆论氛围。

(六)结合我县实际情况，科学制订了安居工程实施方案、木材供应计划和项目验
　　收办法

(七)确立了农牧民安居工程建设工作责任制，并向各乡镇推广拉贡民房改造中的
　　经验，层层签订了工程质量和安全生产等方面的责任书

(八)发动群众，依靠群众，充分发挥群众主体作用

　　农牧民群众是安居工程建设的受益者和主体，又是安居工程建设的创造者和
推动者，只有充分发挥农牧民群众的主体作用，使农牧民从接受转变到主动支持
并参与农牧民安居工程建设，切实把这项惠民大事办好。

四、目前存在亟待解决的问题

　　历年来泽当镇作为山南地区政治、经济、文化中心，国家重点项目安排得较
多，大部分建设资金也用于重点项目的建设，而对于旧城区的民房改造及旧城区
基础设施建设的投入较少。目前，旧城区大部分房屋住房面积小(据初步调查，人
均居住面积只有 15～20 平方米)、给排水设施差、火灾隐患多、交通不便、房屋
建设紧凑、人畜混居，在旧城区实施农牧民安居工程建设将会使旧城区的面貌有
较大的改善，但想从根本上彻底改善旧城区落后的状况，必须要加大对基础设施
的投入，望上级有关部门给予各方面的支持。

琼结县农牧民安居工程建设交流材料

2006 年 12 月

琼结县是一个以农为主的农牧结合县，建设社会主义新农村，是我们当前全面建设小康社会进程中带有战略性、全局性的重大课题，是一项根本举措。我县的新农村建设活动首先从建设新村镇入手，逐步向发展新产业、培育新农民、组建新经济组织、塑造新风貌迈进。把坚持以人为本和农村经济社会全面、协调、可持续发展统一起来，通过对广大农民潜移默化的教育和陶冶，摒弃陈规陋习，提高整体素质，组织引导帮助农牧民群众告别贫困、迈向文明、走向现代化。

一、基本情况

"十一五"期间，我县共有 3696 户民房需要进行改造和整修，2006 年，我们确保在完成地区下达的 524 户民房改造任务的基础上，又增加了 40 户的任务。截至 11 月 20 日，全县共有 564 户农牧民实施了农房改造，其中，主体工程已完工 561 户，在建 3 户，完成了县年度计划的 99%，完成了地区下达目标任务的 107%。为确保社会主义新农村建设稳步推进，切实解决农牧民建房资金紧缺问题，我县坚持配套设施完全由国家投资，整合社会各方力量，为农牧民安居工程积极筹资，主要采取国家补贴一点、农牧民群众自筹一点、银行贷一点的办法，成功解决了农户建房资金问题。截至目前，我县为农牧民安居工程累计投入资金 3814.8 万元。其中，自治区为我县农牧民安居工程建设下达补助资金 348.8 万元，我们已为主体工程完工的 336 户合格户兑付建房补贴 165.25 万元，投入援藏配套资金 502.5 万元，群众自筹资金 2292.93 万元，金融机构为农牧民发放贷款数额达 854.12 万元。

同时，为加快社会主义新农村建设进程，我县于 2005 年争取湖北省援藏资金 600 万元，在拉玉乡白那村、下水乡相达村分别选定 30 户农户实施小康示范村建设项目，共涉及农户 60 户 267 人。建设内容包括农户住房、打谷场、水、电、路、绿化、村委会(村文化室、村卫生室)等配套设施。建有 7 米宽的水泥路面主干道，并有 4 米宽的水泥路面通向各家各户；农户住房平均占地面积达 300 平方米，为两层石木结构；每个村委会建筑面积达 224.63 平方米；每村一个公用水泥地面打谷场 1200 平方米。

二、典型经验及做法

(一)提前谋划，资金项目向农牧区倾斜

我县专门成立了新农村建设领导小组。同时，为了进一步明确责任目标，我们指派担任县安居工程领导小组副组长的县级干部分别驻一个乡镇，负责日常管理协调工作。并与各乡镇签订目标责任书及安全生产责任书，切实做到了责任到人、管理到位，并提前谋划新农村建设事宜，确保农牧民安居工程建设能满足经济社会长远发展的要求。现已基本形成完善的农村公路网，等级公路通村率达 90% 以上，为方便农民出行，还实施水泥路面建设工程，在各示范村新建水泥路面，总长达 5.2 公里，并扶助修建了排水明沟。投资 58 万元，重点实施了县城给水和乡村人畜饮水工程，新建农村集中供水站 14 处，解决了 926 人、3328 头(只、匹)牲畜的饮水问题，90% 的农牧民喝上了清洁、卫生、安全的自来水。实施了总投资 706 万元的第三批农网改造项目，该项目的实施，解决了农牧区 20 个自然村 995 户 3912 人的通电问题，基本实现了全县通电。完善了村村通项目工程，中央 1 套、西藏 2 套节目已经实现了全县覆盖，为尽可能多的农牧民看上电视，我们正在实施"6+1"项目(即央视 6 个台+西藏 2 台)。投入援藏资金 259 万元，完成了 12 个行政村村委会、卫生室的建设任务，开展农村合作医疗工作，农牧民参加率达到 99.2%，已为农户报销医疗费用 28.5 万元，初步解决了基层组织建设和农牧区初级卫生保健问题。

(二)千方百计增加农牧民收入，积极培育新型农牧民

我县以建设社会主义新农村、改善农牧民生产生活条件和增加农牧民收入为根本，狠抓年初制定的《关于切实增加农牧民收入的意见》(琼委〔2006〕1 号)的落实，确保各项任务目标的圆满完成。

(1)加大培训力度，培育新型农牧民。一是举办农牧民适用技术培训班，集中培训农牧民。围绕优质高产作物种植、大棚蔬菜栽培、作物病虫害防治、药物拌种、家禽饲养管理、畜种改良、外出务工基本技能等实用技术共开展培训 16 次，培训农牧民达 2600 人次，着力建好农村经纪人、农牧民技术员、农牧民企业家和能工巧匠"四支"队伍。二是开展科技读书日活动，普遍提高农牧民素质。充分利用村委会文化活动室，将每月 27 日定为"科技读书日"，组织农牧民读书看报，开阔农牧民的视野，解答农牧民生产生活中的一些技术难题，实现了农牧民有困难由找寺庙向找村委会、找科技图书的转变。三是开展职业技术培训，培育新一代新型农牧民。在抓好九年义务教育的同时，为未能考入高中、大学的学生开展

了藏毯加工、绘画等传统实用技术培训班，切实提高了他们的劳动技能，拓宽了就业渠道。四是开展科技下乡活动。实行农牧技术人员联系村制度，加强对农牧民田间地头生产的指导，加快了特色作物的推广进程，增强了农牧民科技意识，为增加农牧民收入和提高农牧业科技含量起到了积极的推动作用。

(2)大力发展特色产业，增加农牧民收入。一是发展特色种植业。今年推广优良品种 6 个(山油 2 号、藏油 5 号、藏青 320、山冬 6 号、肥麦、藏冬 10 号)，推广面积达 13614 亩，占总播种面积的 50%，平均每亩增产 25 千克，增加农牧民收入 70 多万元；建立蔬菜种植培训示范基地，带动农牧民种植大棚蔬菜，年内实现收入 5 万元；首次试种大蒜 7.5 亩，获得了成功，收入达 2 万余元。二是发展特色养殖业。坚持走加快畜牧业发展、以畜牧业发展促进种植业、带动加工业的路子，大力发展以藏鸡养殖为重点的特色养殖业和以黄牛改良、短期育肥、绵羊改良等见效快的现代养殖业，实现藏鸡养殖数量达 15 万只，实施黄牛改良 2000 头，完成短期育肥 704 只。

(3)不断加大劳务输出力度，实现劳动力转移增收。从县到村层层成立劳务输出领导小组，专门负责劳务输出的组织领导工作。采取多种措施加大对农牧民的外出务工实用技术的培训，如绘画、木工、铁匠等，积极为剩余劳动力联系施工队伍、签订务工合同、收取劳务费用，并保护他们的合法权益，从而调动了农牧民群众的外出务工积极性。同时积极发挥县内施工队的作用，把县内可以由农牧民施工队承包的项目，全部交由他们来完成。1～9 月份，全县累计实现劳务输出 16978 人次，劳务输出总收入累计达 1800.03 万元，务工人员人均收入达 1060.2 元。

(4)努力推动农业产业化经营，提高农牧民转移就业。抓住青藏铁路通车的契机，以藏王墓景点为中心，以五世达赖出生地、达娃卓玛故居等为重点，多方协调，积极争取藏王墓保护开发、旅游一条街项目的实施，促进旅游业的发展，并积极引导第三产业与之相适应。目前，全县共注册登记个体工商户 251 户，从业人员达 381 人，注册资金达 537.5 万元。

(5)加快农牧业产业化龙头企业发展。我县建立工业园区，发展了液化气站、藏毯加工厂、西藏雅拉香布实业有限公司等工业企业，每年可为琼结县增加税收近 200 万元，同时还解决了 200 名富余劳动力的就业问题。今年又成功引进总投资 2600 多万元的青稞方便面建设项目，该企业一旦建成，不仅可带动大批农牧区富余劳动力就业，而且可解决琼结县乃至附近县的青稞销售难题；同时还投资 150 万元建设了琼结县良种仔猪繁育基地，该项目正在建设中。

三、下一步工作

在下一步工作中，我们将继续以相达、白那两个小康示范村为典范，整体推进农牧民安居工程建设，以安居建设为切入点，整体推进全县新农村建设工作的开展，在 2007 年计划选定 750 户进行安居工程建设，解决县内个别不通路自然村的行路难和个别自然村的人畜饮水难问题。确保在"十一五"末让全县农牧民住上安全、舒适、经济一体化的农房，真正实现"生产发展、生活宽裕、乡风文明、村容整洁、管理民主"的社会主义新农村新气象。

曲松县农牧民安居工程建设交流材料

2006 年 12 月

一、曲松县基本情况

曲松县面积 1967 平方公里，其中，耕地 2.5 万亩、林地 4.35 万亩、草场 250 万亩。现辖 3 乡 2 镇，21 个行政村，141 个自然村，全县总人口为 3896 户 15508 人，其中农牧业人口为 3270 户 14223 人，占总人口数的 91.7%。

二、安居工程目前建设进展情况

"十一五"期间我县计划完成 3270 户的安居工程任务，其中计划整修 981 户，新建 2289 户。今年计划完成的安居工程户数为 478 户，占地面积 68020 平方米。具体分类为民房改造 306 户、整乡推进 100 户、小康示范村建设 45 户、地质灾害搬迁 27 户。截至目前，已有 477 户主体完工，仅地质灾害搬迁还有 1 户在建中。

三、主要做法

(1)领导重视促运作。县委、县政府成立了曲松县建设社会主义新农村工作领导小组、曲松县农牧民安居工程建设指挥部，指挥部下设安居办，各乡镇也成立了相应的安居工程领导小组，各成员人人肩上有担子、个个心里有压力，在整体上形成了"主管领导抓全局，分管领导抓具体，各单位共同参与，一级抓一级，层层抓落实，齐抓共管"的领导机制。同时县安居办建立、健全了办公室工作制度和安居工程档案管理制度，确保了办公室工作的有序开展，使档案工作完整、准确、系统地为安居工程服务。

(2)政策支持来助燃。充分提高群众建房积极性，拉近干群感情。一是对当地农牧民施工队服务农牧民安居工程建设的，免除一切税收；二是在尊重群众意愿的前提下，在乡镇周边无偿划拨一定数量的土地，鼓励群众到乡镇定居发展，在实施好安居工程建设的同时，加快小城镇建设步伐；三是将县级干部及县直各单位进行了包乡分工，分片分点抓落实，建立了县级干部及县直各部门对口联系、帮扶制度，实行了"县级领导包干到乡镇，乡镇领导包干到村委会，村委会干部包干到户"的工作责任制。

(3)深入调研定方案。在前期开展调查摸底、统计分析、整理分类、规划设计等工作的基础上，制定了《曲松县农牧民安居工程实施方案》，还出台了《曲松县农牧民安居工程管理办法(暂行)》等文件，对安居工程补助标准(绝对贫困25000元/户，一般贫困户12000元/户，建房在农牧区的单职工和退休后在农村安家的家庭5000元/户+人口数/户×500元，就地改造8000元+人口数/户×500元，统一规划搬迁8000元+人口数/户×500+3000元)、安居工程面积标准、资金兑现办法、资金管理办法、借款办法、奖惩办法等内容做了细致、详尽的规定，对今年安居工程任务、目标进行了细化分解。

(4)广泛宣传营氛围。我们通过宣传实施农牧民安居工程和增加农牧民收入专题会议的主要精神、下乡检查调研、走访座谈、举例示范等形式，对农牧民群众做了深入的思想发动工作，向群众大力宣传农牧民安居工程建设的重要性和紧迫性，进一步向他们讲明了国家在实施农牧民安居工程上给予的优惠政策和在资金上给予的扶持措施。由内而外地组织引导他们将自己的力量拧成一股绳，充分发挥群众的投资主体作用，鼓励他们邻帮邻、户帮户和相互换工，让他们以团结一致的凝聚力、激情高昂的饱满精神投入到共建家园的伟大工程中。

(5)借鉴经验搞规划。今年2月，我县组成工作组赴贡嘎县参观学习，借鉴经验。我县利用半个月的时间按照因地制宜、分类指导的原则，深入到各乡镇、村组、农户中进行调查研究，了解掌握实际情况，根据农牧民安居工程规模要高标准、设计要合理、建设保质量、管理要跟上的要求，对地理环境好、备料充分的地区进行了选址规划，并参照琼结、贡嘎两县的民房改造设计图纸，在广泛征求农牧民群众意愿的基础上，结合各乡镇实际情况，为农牧民设计了9种建房图纸供群众选择。现已应用到各乡镇民房建设中，群众反映良好。同时，从县城建局专门抽调了建筑施工骨干人员，加强督促落实工作。

(6)整合资金保进度。整个"十一五"期间，我县农牧民安居工程国家投入补助资金为3291万元，其中，自治区补助资金2228万元，地区补助资金378万元，地区援藏资金477万元，县级援藏补助资金208万元。我县在这些资金的使用上打破条条框框的束缚，对其进行了有效的整合，做到通盘考虑，捆绑使用，以确保工程进度。整个安居工程由县财政局负责资金筹措和管理工作，设立农牧民安居工程补贴专账，由专人负责，要求各乡镇严肃财经纪律，并根据县安居办专设的明细账建立相应的明细账。资金的拨付使用上，根据工程进展情况，由安居办按照每户确定的建房资金按比例下拨给乡镇，各乡镇逐一兑现给建房户，以确保资金发放的透明度。截至目前，共兑现资金438.973万元(完成备料后兑现第一批补助资金和主体完工后的第二批补助资金)，其中，民房改造兑现资金 223.27 万元，整乡推进兑现资金 99.603 万元，地质灾害搬迁兑现资金 48.6 万元(民政投资 21.6 万元)，小康示范村兑现资金 67.5 万元。同时，协调金融部门加大对农牧民安居工程建设的支持力度，放宽贷款条件，采取灵活多样的形式解决贫困群众贷款问题，严防盲目贷款。目前全县共有 208 户贷款，贷款金额 237 万元，群众自筹 1243.849 万元。

(7)狠抓监管把质量。帮助群众树立精品意识，把好质量关，杜绝个别农户片面强调进度、不注重质量的"阑尾炎"工程现象。一是严格执行档案管理制。对每个项目户的家庭收入、现有人口、建房面积、建房结构等情况进行严格的登记造册，建立详细的建设档案，切实增强监督管理的针对性和有效性。二是县政府与各乡镇签订了《2006 年度农牧民安居工程指标合同》《农牧民安居工程安全生产责任书》，各乡镇又将责任书签到村、组、户，层层落实责任，切实做到了组织、责任、人员三落实。三是实行巡回监督检查制和建设情况定期通报制，对安居工程建设中地基不牢、建房材料不符合标准等现象给予及时纠正。对今年安居工程主体完工建房户进行了逐村、逐户的工程验收。针对每户建房的观感质量和使用功能质量存在问题的进行及时整改。四是实行领导监督和蹲点负责制。

(8)技能培训练内力。培养内力，借助外力，形成合力，努力提高农牧民参与工程建设的能力。"培养内力"就是通过举办培训班、现场技术指导等形式，使农牧民群众掌握必需的建筑技能，提高他们的劳动素质。我县安排了 2.82 万元培训经费，举办了两期安居工程建设技能培训班，对 5 个乡(镇)110 名农牧民进行了建筑技能培训。并组织县中学职教班为贫困户解决了绘画难的问题，同时也提高了画匠的职业技能，达到了双赢效果。

(9)建材采购省成本。针对安居工程建设过程中建材价格上涨，材料紧缺的问题，曲松县在抓紧落实自治区下达的木材指标的同时，积极组织人员与林芝市木材供应地协调，派专人前往林芝市集体采购，由县安居工程办公室牵头，从米林县调运木料大方 622.712 立方米(136 元/立方米)，椽子木 987 根(29.5 元/根)，确保了安居工程对木材的需求。同时，对钢筋、水泥等建材进行市场调查，详细掌握市场行情，及时将市场价格表下发各乡镇，为各乡镇群众采购建材提供了参考，并组织集体采购，争取价格优惠，减轻群众负担。

四、农牧民安居工程实施过程中存在的主要问题及困难

(1)我县地理环境较差，可用土地十分有限，土地使用率偏低，再加上农村基础设施建设比起沿江各县相对落后，给实施民房改造工程带来极大的不便。特别是在通电、通水、通路、通信工程上，要逐村统一规划、统一实施的难度巨大，

甚至大多数农户只能实行散户改造。

(2)近年来我县农牧民群众的居住条件有了一定的改善，但地区分配给我县的981户整修指标与实际调查了解户数相差较大，实际整修户数只占分配指标的15%，希望能够加以调整。

(3)地质灾害搬迁县财政已垫支27万元，民政投资27.6万元，恳请尽快解决有关补助资金。

(4)通过调查摸底，发现农牧民群众对"四通"的要求极为强烈，需要加快我县农牧区的"四通"建设。

(5)由于木料价格浮动较大，木料的供需问题是我县安居工程的棘手问题，虽然自治区林业厅下达了木料分配指标，但不能满足农牧民群众的建房需求，特别是椽子木紧缺。

五、下一步工作要点

根据今年目标任务和要求，今后我们将着力抓好以下几方面的工作。

(1)进一步加大宣传力度，广泛发动群众，依靠群众。

(2)积极发挥对口支援、对口帮扶单位及各相关部门的作用，加大帮扶力度，最大限度地争取对口单位在资金、物资等方面的支持，解决工程建设上资金不足的问题。

(3)克服等待、依赖、观望的思想，重点培养出一批优秀的技能人员，用好农牧民施工队，充分发挥群众的投资主体作用，同时妥善处理好安居工程与农牧民增收之间的关系。

(4)先规划后建设，为明年安居工程夯实基础。我们预计今年年底完成对明年安居工程的选址、规划任务，对集中搬迁的重点村予以优先规划，优先备工、备料，力求做到"六通八有五化六结合"。

(5)在下乡期间，我们看到群众建房的积极性很高，许多不在明年计划内的群众已经完成了备料工作。根据群众意愿，我们将为明年争取更多的建房指标。

(6)进一步做好环境保护工作和文物保护工作。以确保农牧民安居工程与自然和人文的和谐发展。

总之，在今后工作中我们将一如既往地把它当作惠及千家万户的得民心工程，当作加快农牧区脱贫致富的"顺民意工程"，当作全面建设社会主义新农村的基础工程，当作构建和谐西藏的"保障工程"，当作维护社会长治久安的"稳定工程"，总结经验，再接再厉，采取措施，弥补不足，勇于实践，狠抓落实，扎实有效地开展此项工作。

扎囊县农牧民安居工程建设交流材料

2006 年 12 月

一、基本情况

按照地区党委、行政公署的统一部署，今年 2 月以来，在区、地两级党委、政府及安居办的正确领导和指导下，我县以"政府引导、农户为主、政策推动、社会帮助"的形式，采取一系列切实有效的措施，推进全县农牧民安居工程顺利实施，目前，农牧民安居工程项目进展顺利，发展态势良好。今年安居工程建设任务为新建 1051 户，包括 70 户绝对贫困户搬迁，981 户改造，其中，新址新建 168 户，原址新建 883 户。截至目前，我县农牧民安居工程建设主体完工 830 户，完成年总任务的 78.9%，在建 178 户。

二、采取的主要措施及取得的经验

实施农牧民安居工程，是自治区党委、政府及山南地区党委、行政公署高瞻远瞩、运筹帷幄的选择和决定，是实现建设"生产发展、生活宽裕、乡风文明、村容整洁、管理民主"的社会主义新农村和全面建设小康社会的宏伟目标的有效举措。为切实把这一惠民工程、民心工程抓紧抓实，抓出成效，我们主要采取了如下措施。

(一)加强组织领导，认真做好准备工作

为确保农牧民安居工程的顺利实施、稳步推进、取得实效，一是成立了领导和工作机构。年初，县委、县政府及时召开了专题会议。会议讨论制定了我县"十一五"农牧民安居工程建设方案及规划；成立了以县长为组长，一名人民代表大会常务委员会副主任和两位副县长为副组长及各有关单位主要领导为成员的农牧民安居工程领导小组，下设办公室，领导小组办公室设在县财政局，并从五个乡(镇)抽调办事能力强、责任心强的干部充实到安居办。同时每个乡(镇)安排一名干部专门负责各乡镇的安居工程建设。目前，安居办共有工作人员 8 人。二是调查研究，确立重点。年初，根据地区农牧民安居工程领导小组的要求，组织有关单位对我县 101 沿线的羊嘎村、折木村、嘎杂村、蒙嘎如村、阿雪村、藏仲村的 492 户民房进行了实地调查，经过调查汇总有关数据，同时，把 101 省道沿线的羊嘎村、折木村、孟嘎如村、桑耶村作为农牧民安居工程建设的样板工程、亮点工程，重点实施。三是参观学习，借鉴经验。利用县经济工作会议时期，组织有关部门及各乡镇领导到贡嘎县参观学习有关农牧民安居工程建设的工作经验。要求把贡嘎县的成功经验运用到我县农牧民安居工程工作中来，结合我县的实际，取其长、补其短。四是加强宣传，营造良好的氛围。为充分发挥广大农牧民群众在安居工程中的主体作用，在组织实施安居工程项目的同时，我们加强了对全县干部职工及五乡镇的农牧民群众安居工程的宣传，强调了安居工程的重要性，力争做到宣传到户、政策到户。

(二)加强资金管理与筹措，保障工程建设顺利推进

一是结合本县实际，在调查了解的基础上，制订了《扎囊县民房改造资金落实方案》，为抓好资金的管理与筹措提供依据。二是本着为民办好事、办实事的原则，多方努力，多渠道筹措资金。县委、县政府对这项工作非常重视，把项目建设资金的落实作为一个重点来抓，通过多次召开资金专题会议，以统一思想，提高认识；多次组织工作组深入乡镇、村、户，认真做好宣传动员工作等，充分调动一切积极因素，群策群力，多形式、多渠道筹措资金。最后形成"农户投入为主，政府、社会帮助为辅，农民自筹一点，政府扶持一点、社会捐助一点，银行借贷一点"的办法解决农户建房资金。截至 9 月底，农牧民贷款 856.5 万元，其中，吉如乡贷款 99 万元，扎塘镇贷款 465 万元，扎其乡贷款 190.1 万元，桑耶镇贷款 102.4 万元。自治区财政已到位资金 380 万元(其中，扶贫搬迁资金 140 万元，支付木料款 116.7 万元)。根据我县安居工程实施方案，现已兑现 40%的资金，共 297 户 118.8 万元，已发放木料 910 户。三是为切实解决困难群众建房资金问题，县委、县政府号召机关和企事业干部及单位进行捐款，目前，县直机关单位捐款达 11.68 万元，个人捐款 7.63 万元，共捐款 19 万多元。通过多渠道的积极筹措资金，有力地保障了工程建设任务的顺利实施。

(三)加强安全生产管理，确保万无一失

为进一步贯彻落实安全生产工作的一系列方针和文件精神，切实把安全生产工作抓紧、抓好、抓出成效，坚决控制民居改造开展期间安全事故的发生，一是在工程建设开工之前，县政府与各乡(镇)签订了《扎囊县农牧民安居工程安全生产工作责任书》。要求各乡(镇)党政一把手为本单位本辖区的安全生产第一责任人，对本责任区社会安全生产工作负总责，要把安全生产工作纳入重要议事日程，

实行领导责任制，将责任逐级分解，落实到人，将责任书签到村、组、户，建立层层负责制，切实做到组织、责任、人员三落实。另外严格控制炸药管理和使用。各乡镇一把手与县公安局签订了安全责任书。对各乡镇的炸药库房管理制定了严格要求并实地检查验收。实行炸药出库日登记制，并由持有爆破证的专人进行爆破等，截至目前，没有出现任何安全事故。

(四)加强培训和劳务调配，确保工程建设需要

为保证建房质量，工程开工前期，我县城建局等部门专门针对农牧民安居工程项目技术部分进行了人员培训，以提高他们的技术水平，提高工程建设质量。同时，针对劳力紧缺的情况，明确了由乡一级政府主导，以村为单位，农户争取各劳力资源的方式，对劳力和技术人员进行调配，合理安排各开工户的建设日期，合理调配劳力和技术人员。

(五)尊重民意，加强协调

在农牧民安居工程建设上，我县按照政府引导，农户自主的方式，完全由农户根据自家承受能力和实际情况选择建设。规划由政府指导，建设完全自主。实行农牧民工程建设用材自筹，并要求建材准备充分的地区农户先期开工。实行原材料由农牧民自筹，政府适当调配。截至目前，通过政府组织从林芝调运锯材2276立方米，椽子木3614根，全部发放到建设户。同时，在拆迁、建设的过程中，强调不允许破坏环境，并及时制定相关规定。在协调农业生产、农牧民增收上，鼓励农牧民在农闲时间加紧建设，尽量不影响农业生产。对于在劳力多数已出外务工的乡镇，召集部分闲散劳力组成工程建设队伍，这样，既增加了他们的收入，又不影响外出务工人员的收入。

(六)严格土地管理，建档立卡

我县今年工程任务全部为新建，在工程实施计划中，重点安排以改造危旧房为主，在实际建设中亦是以危旧房改造为主，牵涉换地建设的情况采取以地换地方式，体现了“宜改则改、宜建则建、宜迁则迁”的原则。同时，在工程建设过程中，政府通过给每个建设农户建档建卡，并在工程完工后填写工程验收卡，做到随时跟踪和监督每个农户的建设情况。

(七)以工程建设为契机，促进农牧民增收

在加快安居工程建设的同时，把增加农牧民收入结合到安居工程建设上来，实现农牧民增收和安居双赢。

一是积极引导农牧民群众参加到安居工程的建设中来，在工程材料的筹集、

运输及工程建设上努力增加农牧民收入。据不完全统计，全县农牧民群众为安居工程建设筹集了 3153 万元（原材料折币）的工程建设用材，平均每人增加收入 200 余元；参加工程材料的运输，创收 15 万元，平均每人增加收入 500 元。

二是在工程建设中鼓励农牧民组成专业工程建设队伍进行工程建设，增加农牧民收入。据统计，全县共组织 10 个工程建设施工队，涉及 200 多人，创收 60 余万元。如扎其乡门嘎如村嘎玛拉珠组织的农牧民施工队，今年承包安居工程 8 户，创收 12 万元。

总体来看，自我县实施农牧民安居工程建设以来，按照"统筹规划、整体推进、分类指导、科学设计、综合配套、体现特色"的要求，农牧民安居工程建设，取得了明显成效。一是通过农牧民安居工程的建设，极大地提高了广大农牧民群众建设社会主义新农村的积极性，增强了农牧民创造新生活的意识。以往，农牧民建房都要求神拜佛，盖房要算卦，通过政策宣传教育，广大农牧民群众深刻领会到安居工程建设的好处，明白了通过建设受益的是他们自己，现在盖房也不算卦了，都积极备料建设。例如，我县嘎扎村民加措，是离 101 线公路最近的一户农民，根据要求需要搬迁，但该户开始拒绝搬迁，通过几次政策宣传教育，该户主目前领会了政策内容，积极要求搬迁。二是通过农牧民安居工程建设，农村面貌得到了极大的改善。目前，我县已有 566 户农牧民住上了崭新的新房，以前的平房变成了楼房，人畜混居的现象得到了彻底改善，脏、乱、差的现象得到了遏制，村路、村道规划整齐，村容得到了极大的改善，通过规划建设，农村住房体现了现代特色，也突出表现出了当地特色。三是通过农牧民安居工程建设，党群关系得到了极大的改善，广大农牧民群众对国家这项惠民政策举双手支持。基层干部通过安居工程建设在广大农牧民群众心中树立了良好的形象。在农牧民安居工程建设组织工作上，由村干部带头，村共产党员、村人大委员组成了村安居工程工作小组，具体操作本村的安居工程建设，把实践"三个代表"实实在在地运用到安居工程建设上来，带动了全村建设新农村的积极性，干群关系得到了极大的改善。

在取得一定成绩的同时，也存在一些困难，主要是孤寡老人及特困户没有任何贷款能力，政府补贴金不能满足住房改造需要，贷款难度大；资金只到位三分之一，开展工作难度大，目前只能兑现 40%的资金；建材价格上涨，增加了建房的困难，也影响了农牧民建房的积极性。

实施农牧民安居工程是践行"三个代表"重要思想，落实立党为公、执政为民的要求，是解决"三农"问题、建设社会主义新农村、构建和谐社会的重要举措，意义非常重大。下一步，我们将进一步坚定信心，把农牧民安居工程作为一项政治任务和经济任务，采取切实可行的措施确保项目建设顺利进行。

参 考 文 献

阿玛蒂亚森. 2002. 以自由看待发展[M]. 任赜，等，译. 北京：中国人民大学出版社.

艾俊涛. 2010. 西藏经济社会发展问题研究[M]. 北京：中国经济出版社.

艾思奇等. 1962. 辩证唯物主义与历史唯物主义[M]. 北京：人民出版社.

安东尼·吉登斯等. 2015. 社会学[M]. 赵旭东，等，译. 北京：北京大学出版社.

安七一，杨明洪. 2007. 公共产品供给与西藏农村和谐社会建设[J]. 财经科学，(4)：118-124.

巴合提娜孜·比克什. 2011. 游牧民定居是实现草原畜牧业现代化的保障[J]. 商品与质量，(4)：68.

白玛次仁. 1993. 谈谈西藏的农村教育[J]. 西藏研究，(2)：34-38.

白玛朗杰，等. 2012. 中国西藏农村扶贫开发报告，(2011)[M]. 拉萨：西藏藏文古籍出版社.

白玛朗杰等. 2012. 西藏农村发展报告，(2012)[M]. 拉萨：西藏藏文古籍出版社.

白涛. 2004. 从传统迈向现代——西藏农村的战略选择[M]. 拉萨：西藏人民出版社.

白涛. 2005. 西藏农牧区的变革[M]. 拉萨：西藏人民出版社.

包蓓蓓. 2010. 美国农民合作社发展的经验及其启示[J]. 甘肃农业，(2)：15-18.

保罗·萨缪尔森，威廉·诺德豪斯. 2004. 经济学(第十七版)[M]. 萧琛，译. 北京：人民邮电出版社.

毕华. 2008. 西藏社会主义新农村建设的新进展[J]. 中国藏学，(1)：145-150.

庇古 2007. 福利经济学[M]. 金镝，译. 北京：华夏出版社.

边巴. 2008. 西藏农村文化建设现状及发展试析[J]. 西藏科技，(2)：26-28.

边巴. 2012. 论西藏农村经济发展的制约因素及其对策[J]. 西藏发展论坛，(1)：33-37.

布尔迪厄. 1997. 文化资本与社会炼金术：布尔迪厄访谈录[M]. 包亚明，译. 上海：上海人民出版社.

布坎南，M. R. 费劳伦斯. 1991. 公共财政[M]. 北京：中国财政经济出版社.

布坎南. 1988. 自由、市场和国家[M]. 吴良键，等，译. 北京：北京经济学院出版社.

C. V. 布朗，P. M. 杰克逊. 2000. 公共部门经济学(第四版)[M]. 张馨，译. 北京：中国人民大学出版社.

才让. 1999. 藏传佛教民俗与信仰[M]. 北京：民族出版社.

陈伯君. 2007. 逆城市化趋势下中国村镇的发展机遇——兼论城市化的可持续发展[J]. 社会科学研究，(3)：53-57.

陈东. 2008. 我国农村公共品的供给效率研究[M]. 北京：经济科学出版社.

陈刚，方敏. 2005. 西藏经济增长中的技术进步因素[J]. 西藏科技，(2)：9-14.

陈国栋. 2011. 保障性安居工程供地的战略思考[J]. 中国地产市场，(11)：42-45.

陈文理. 2005. 区域公共产品的界定及分类模型[J]. 广东行政学院学报，(2)：34-37.

陈曦文，土乃耀. 2002. 英国社会转型时期经济发展研究[M]. 北京：首都师范大学出版社.

陈晓华，张小林，梁丹. 2005. 国外城市化进程中乡村发展与建设实践及其启示[J]. 世界地理研究，(3)：13-18.

陈宗烈. 2009. 纪念西藏百万农奴解放 50 周年(一)[J]. 军事历史, (2): 1.

程漱兰. 1999 中国农村发展: 理论和实践[M]. 北京: 中国人民大学出版社.

次顿. 2009. 推进西藏社会主义新农村建设研究[M]. 拉萨: 西藏藏文古籍出版社.

达瓦次仁, 次仁, 由元元, 等. 2014. 略论西藏扶贫搬迁与生态移民间的关系[J]. 西藏研究, (5): 45-53.

大卫·N. 海曼. 2001. 公共财政: 现代理论在政策中的应用(第六版)[M]. 章彤, 译. 北京: 中国财政经济出版社.

戴文标. 2005. 公共经济学新论[M]. 杭州: 浙江大学出版社.

单增卓扎. 2008. 民政 30 年(西藏卷)[M]. 北京: 中国社会出版社.

德芒戎. 1999. 人文地理学问题[M]. 北京: 商务印书馆.

邓燕云, 杨明洪. 2007. 西藏自治区农牧区医疗实践与模式分析[J]. 成都行政学院学报, (5): 65-68.

狄方耀, 程志碧, 罗华. 2006. 西藏经济学导论[M]. 拉萨: 西藏人民出版社.

丁恒杰, 绽永芳. 2010. 游牧民定居推动甘南牧区社会经济跨越式发展[J]. 草业与畜牧, (10): 44-46.

杜栋, 庞庆华, 吴炎. 2008. 现代综合评价方法与案例精选[M]. 北京: 清华大学出版社.

杜莉, 李亚娟. 2008. 西藏勒布乡以"安居工程"为突破口的新农村建设调研报告[J]. 西藏发展论坛, (5): 52-54.

多杰才旦, 江村罗布. 2003. 西藏经济简史[M]. 北京: 中国藏学出版社.

范柏乃. 2005. 政府绩效评估理论与实务[M]. 北京: 人民出版社.

傅立叶. 1997. 傅立叶选集[M]. 北京: 商务印书馆.

格桑塔杰. 1991. 解放前后西藏商品经济发展之比较[J]. 西藏研究, (2): 62-67.

贡桑卓玛. 2013. 西藏产业发展的现状及趋势分析[J]. 西藏科技, (12): 11.

顾朝林等. 2002. 中国城市地理[M]. 北京: 商务印书馆.

顾雪元, 王晓蓉, 顾志忙, 等. 2002. 稀土在土壤-植物系统中的分馏效应及影响因素[J]. 环境科学, (6): 74.

郭春明. 2008. 西藏农牧区民居工程特征分析[J]. 高原地震, (2): 45-48.

国家民族事务委员会. 1985. 藏族简史[M]. 拉萨: 西藏人民出版社.

国务院. 2016. 国务院关于整合城乡居民基本医疗保险制度的意见[EB/OL]. http: //www. gov. cn/zhengce/content/
    2016-01/12/content_10582. html[2016-1-13].

韩娟. 2012. 西藏农牧民专业合作社发展对策研究[J]. 西藏发展论坛, (6): 42-46.

韩俊. 2007. 中国农民专业合作社调查[M]. 上海: 上海远东出版社.

郝寿义, 安虎森. 1999. 区域经济学[M]. 北京: 经济科学出版社.

何森. 2010. 德政工程——国家安居工程正式启动[M]. 长春: 吉林出版集团有限责任公司.

贺雪峰. 2009. 土地与农村公共品供给[J]. 江西社会科学, (1): 19-24.

侯霞. 2012. 西藏发展生态经济的若干问题[J]. 西藏发展论坛, (2): 27-32.

胡红安, 常艳. 2007. 西方产业结构理论的形成发展及其研究方法[J]. 生产力研究, (21): 113, 114, 119.

胡庆康, 杜莉. 2001. 现代公共财政学(第二版)[M]. 上海: 复旦大学出版社.

胡树光, 刘志高, 樊瑛. 2011. 产业结构演替理论进展与述评[J]. 中国地质大学学报, (1): 29-34.

淮建峰. 2007. 国外城乡统筹发展理论研究综述[J]. 科技咨询导报, (5): 205, 206.

霍布斯. 1985. 利维坦(中译本)[M]. 黎思复, 等, 译. 北京: 商务印书馆.

霍华德. 2010. 明日的田园城市[M]. 金经元, 译. 北京: 商务印书馆.

姜长云. 2005. 统筹城乡发展需要协调处理三个关系[J]. 宏观经济管理, (2): 32-34.

孔祥利, 等. 2012. 西部农村公共产品和公共支出问题研究[M]. 北京: 中国社会科学出版社.

魁奈. 2009. 魁奈经济著作选集[M]. 吴斐丹, 等, 译. 北京: 商务印书馆.

黎熙元, 何肇发. 1998. 现代社区概论[M]. 广州: 中山大学出版社.

李柏年. 2007. 模糊数学及其应用[M]. 合肥: 合肥工业大学出版社.

李成威. 2005. 公共产品的需求与供给: 评价与激励[M]. 北京: 中国财政经济出版社.

李芳利. 2011. 走中国特色、西藏特点农业现代化道路的思考[J]. 西藏发展论坛, (5): 39-41.

李汉文. 2008. 对公共品性质的理论探讨及启示[J]. 云南行政学院学报, (4): 70-72.

李锦. 2006. 公共品供给: 西藏农牧民增收的社区环境改善[J]. 中国藏学, (3): 17-24.

李顺江, 李巍, 胡霞, 等. 2008. 西藏土壤-植物-动物 (人) 系统中硒含量与大骨节病的关系[J]. 生态学杂志, (12): 2168.

李顺江, 杨林生, 李永华, 等. 2006. 西藏地区粮食中硒水平与大骨节病的关系[J]. 中国地方病学杂志, (6): 673.

李西源. 2010. 西部城乡公共产品供给研究——基于经济利益协调的视角[M]. 成都: 西南财经大学出版社.

李燕凌, 李立清. 2005. 农村公共产品供给对农民消费支出的影响[J]. 四川大学学报(哲学社会科学版), (1): 5-11.

列宁. 1995. 列宁全集[M]. 北京: 人民出版社.

林毅夫. 2006. 关于社会主义新农村建设的几点建议[J]. 北方经济, (6): 5, 6.

刘鸿渊. 2002. 农村税费改革与农村公共产品供给机制[J]. 求实, (2): 92-94.

刘太刚. 2011. 公共物品理论的反思——兼论需求溢出理论下的民生政策思路[J]. 中国行政管理, (9): 22-27.

刘娴静. 2006. 城市社区治理模式的比较及中国的选择[J]. 社会主义研究, (2): 59-61.

刘小锋. 2009. 基于农户视角的农村公共产品需求研究[D]. 杭州: 浙江大学.

卢洪友. 2003. 中国公共品供给制度变迁与制度创新[J]. 财政研究, (3): 9-11.

陆大道, 刘毅. 2000. 1999年中国区域发展报告[M]. 北京: 商务印书馆.

吕恒立. 2007. 论公共产品的不可逃避性和民主政治[J]. 郑州大学学报(哲学社会学版), (3): 31-34.

罗莉, 拉灿. 2001. 西藏50年(经济卷)[M]. 北京: 民族出版社.

罗莉. 2001. 简析西藏扶贫攻坚及其伟大成就[J]. 西南民族大学学报(哲学社会科学版), (4): 18-22.

罗戎战堆. 2002. 西藏的贫困与反贫困问题研究[M]. 北京: 中国藏学出版社.

罗绒战堆. 2005. 西藏农牧民收入问题研究[J]. 中国藏学, (1): 3-9.

罗绒战堆. 2007. 沟域中生存的西藏人[J]. 中国西藏(中文版), (4): 17-23.

罗绒战堆, 杨明洪. 2006. 西藏农村经济发展研究[M]. 北京: 中国藏学出版社.

罗特. E. 帕克. 1987. 城市社会学[M]. 宋俊林, 译. 北京: 华夏出版社.

马克思, 恩格斯. 1995. 马克思恩格斯选集[M]. 北京: 人民出版社.

马戎. 1996. 西藏的人口与社会[M]. 北京: 同心出版社.

马戎. 1997. 西藏社会发展研究[M]. 北京: 中国藏学出版社.

马智利, 等. 2010. 我国保障性住房运作机制及其政策研究[M]. 重庆: 重庆大学出版社.

麦麦提亚森·赛丁，米娜瓦·斯拉木. 2012. 喀什地区牧民定居现状及其对策[J]. 草业与畜牧，(5)：60-62.

曼昆. 2006. 经济学原理[M]. 梁小民，译. 北京：北京大学出版社.

芒福德. 2009. 城市文化[M]. 宋俊岭，等，译. 北京：中国建筑工业出版社.

毛泽东. 1991. 毛泽东选集[M]. 北京：人民出版社.

穆勒. 2009. 政治经济学原理[M]. 金镝，等，译. 北京：华夏出版社.

尼玛扎西，古格·其美多吉. 2005. 西藏山区农村可持续发展研究[M]. 拉萨：西藏人民出版社.

倪帮贵. 2007. 小康西藏[M]. 拉萨：西藏人民出版社.

倪帮贵. 2009. 西藏特色经济与科技创新论[M]. 拉萨：西藏藏文古籍出版社.

欧泽高，冉光荣. 1999. 四川藏区的开发之路[M]. 成都：四川人民出版社.

潘久艳. 2009. 全国援藏的经济学分析[M]. 成都：四川大学出版社.

彭春凝，倪邦贵. 2011. 西藏农牧民专业合作社的发展与思考[J]. 西藏研究，(2)：45-51.

彭春凝. 2007. 论生态补偿机制中的政府干预[J]. 西南民族大学学报，(7)：105-109.

彭姣君，刘恒. 2014. 统筹城乡发展，提高西藏社区治理能力[J]. 西藏发展论坛，(1)：66-69.

彭泽军，绒巴扎西. 2008. 西藏二元经济结构的实证分析[J]. 贵州民族研究，(2)：156-164.

其昌. 2011. 从沧海到桑田：西藏和平解放 60 年[J]. 文史博览，(7)：1.

秦虹. 2007. 廉租房是保障性住房政策体系的基础[J]. 经济观察，(18)：59-61.

秦颖. 2006. 论公共产品的本质——兼论公共产品理论的局限性[J]. 经济学家，(3)：77-82.

冉光荣. 2003. 西部开发中西藏及其他藏区特殊性研究[M]. 哈尔滨：黑龙江人民出版社.

桑木旦，翟元娟，陈文博，等. 2014. 国内基础教育均衡发展问题研究对西藏基础教育研究的启示[J]. 西藏大学学
　　报(社会科学版)，(4)：147-152，171.

申新泰. 1998. 略谈西藏封建农奴制的形成[J]. 中国藏学，(3)：70.

申新泰. 1999. 西藏封建农奴制生产资料所有制和人身依附关系浅析[J]. 西藏民族学院学报(社会科学版)，(1)：
　　22-30.

沈开艳，陈建华. 2012. 西藏经济跨越式发展实现路径研究[J]. 社会科学，(5)：48-58.

圣西门. 2004. 圣西门选集[M]. 北京：商务印书馆.

师学萍，宋连久，龚红梅，等. 2012. 西藏城乡居民收入差距特征与农牧民增收对策[J]. 农业现代化研究，(5)：589.

斯蒂格利茨. 2000. 经济学(第二版上册)[M]. 梁小民，等，译. 北京：人民出版社.

斯蒂格利茨. 2005. 公共部门经济学(第三版)[M]. 郭庆旺，译. 北京：人民出版社.

宋田桂. 2009. 苏南城乡一体发展的新趋势[J]. 江南论坛，(7)：17，18.

宋月红. 2011. 当代中国西藏政策与治理[M]. 北京：人民出版社.

苏东水. 2005. 产业经济学[M]. 北京：高等教育出版社.

孙柏瑛，李卓青. 2006. 公民参与：社会文明程度和国家治理水平的重要标识[J]. 上海城市管理职业技术学院学报，
　　(3)：5-9.

孙继琼. 2007. 农村公共产品供给：基于农民和政府行为的研究[D]. 成都：四川大学.

孙英敏. 2010. 西藏产业结构研究[J]. 现代商贸工业，，(3)：97.

孙勇，倪帮贵，张跃. 2008. 西藏三产与一产发展论[M]. 北京：中国藏学出版.

孙勇. 1991. 西藏：非典型二元结构下的发展改革[M]. 北京：中国藏学出版社.

孙勇. 2012. 西藏：思考的维度[M]. 拉萨：西藏藏文古籍出版社.

汤晋苏. 2003. 新时期社区建设工作的基本思路[J]. 山东科技大学学报(社会科学版)，(6)：20-24.

陶勇. 2001. 农村公共产品供给与农民负担问题探索[J]. 财贸经济，(10)：74-77.

陶勇. 2005. 农村公共产品供给与农民负担[M]. 上海：上海财经大学出版社.

田国强. 2005. 现代经济学的基本分析框架与研究方法[J]. 经济研究，(2)：113-125.

土多旺久. 2006. 西藏社会主义新农村建设的难点与对策[J]. 西藏发展论坛，(3)：23-26.

万建国. 2011. 建材人工费上涨对巴州"富民安居工程""定居兴牧工程"建设的影响及对策建议[J]. 巴音郭楞职
    业技术学院学报，(3)：17，18.

王晨. 2010. 中国政府西藏白皮书汇编[M]. 北京：人民出版社.

王诚庆. 2003. 经济适用房的历史地位与改革方向[J]. 财贸经济，(11)：70-74.

王贵，喜饶尼马，唐家卫，等. 2003. 西藏历史地位辩[M]. 北京：民族出版社.

王鸿. 2006. 促进农民增收必须突破公共产品资源瓶颈[J]. 农村经济，(2)：49-51.

王丽娅. 2007. 对农村公共产品供给制度的研究[J]. 金融与经济，(1)：32-35.

王洛林，朱玲. 2005. 市场化与基层公共服务——西藏案例研究[M]. 北京：民族出版社.

王清先. 2006. 转轨、转型与发展跨越：西藏农牧民增收与农牧业发展研究[M]. 北京：中国藏学出版社.

王太福，王代远，王清先. 2004. 西藏经济跨越式发展研究[M]. 拉萨：西藏人民出版社.

王天津，罗绒战堆，格桑卓玛. 2002. 西部开发与西藏的可持续性发展[M]. 北京：中国藏学出版社.

王婷，陈朴，毛阳海. 2009. 改革开放30年以来西藏产业结构变迁及问题分析[J]. 西藏发展论坛，(6)：26-27.

王艳君，黎康. 2010. 西藏社会保障制度浅析[J]. 西藏大学学报，(5)：170-172.

威廉．配第. 2010. 政治算术[M]. 马妍，译. 北京：中国社会科学出版社.

魏刚，李霞. 2013. 西藏安居工程建设的理论研究综述与改革思考[J]. 西南民族大学学报(人文社会科学版)，(10)：
    130-132.

魏刚. 2013. 从经济增长到跨越式发展：关于西藏发展转型的理论思考[J]. 西藏大学学报(社会科学版)，(3)：44-49.

魏刚. 2013. 生态文明视角下的西藏发展模式转变研究[J]. 西藏发展论坛，(3)：45-49.

魏小文. 2010. 科学发展观下对西藏地区税收政策的再思考[J]. 西藏民族学院学报(哲学社会科学版)，(3)：42-46.

吴立武. 2006. 公私产品界定标准局限性分析[J]. 财经理论与实践，(3)：7-10.

《西藏经济体制改革和对外开放30周年回顾与展望》编委会. 2008. 西藏经济体制改革和对外开放30周年回顾与
    展望[M]. 拉萨：西藏人民出版社.

西藏统计局. 2015. 西藏统计年鉴，(2014)[M]. 北京：中国统计出版社.

西藏自治区人民政府. 2007. 西藏自治区人民政府工作报告，(2007年)[EB/OL]. http://www. e-gov. org. cn/ziliaoku/
    news002/200701/47897. html[2007-1-12].

西藏自治区人民政府. 2008. 西藏自治区人民政府工作报告，(2008年)[EB/OL]. http://www. china. com. cn/city/
    zhuanti/zfgzbg/2008-02/29/content_11107016_7. htm[2008-1-16].

西藏自治区人民政府. 2009. 西藏自治区人民政府工作报告,(2009年)[EB/OL]. http://www. gov. cn/test/2009-02/16/
    content_1232290. htm[2009-1-14].

西藏自治区人民政府. 2010. 西藏自治区人民政府工作报告,(2010年)[EB/OL]. http://www. tibet. cn/news/xzxw/
    szfl/201001/t20100128_541702. htm[2010-1-10].

西藏自治区人民政府. 2011. 西藏自治区人民政府工作报告,(2011年)[EB/OL]. http://local. china. com. cn/zhuanti/
    lhwd/2011-02/11/content_21894722. htm[2011-1-10].

西藏自治区人民政府. 2012. 西藏自治区人民政府工作报告,(2012年)[EB/OL]. http://www. gov. cn/test/2012-02/06/
    content_2059313. htm[2012-1-9].

西藏自治区人民政府. 2013. 西藏自治区人民政府工作报告,(2013年)[EB/OL]. http://www. gov. cn/test/2013-02/
    19/content_2335185. htm[2013-1-24].

西藏自治区人民政府. 2014. 西藏自治区人民政府工作报告,(2014年)[EB/OL]. http://xz. people. com. cn/n/2014/
    0118/c138901-20420602. html[2014-1-10].

西加端智. 2011. 高度重视民生工程狠抓游牧民定居建设——尖扎县游牧民定居工程实施体会[J]. 青海农牧业,(2):
    24,25.

西蒙. 1991. 现代决策理论的基石[M]. 北京:北京经济学院出版社.

西蒙·库兹涅茨. 1985. 各国的经济增长[M]. 常勋,等,译. 北京:商务印书馆.

席恒. 2006. 利益、权力与责任:公共物品供给机制研究[M]. 北京:中国社会科学出版社.

向亚克. 2012. 试论西藏区域经济的协调发展[J]. 西藏发展论坛,(2):52-56.

熊巍. 2002. 我国农村公共产品供给分析与模式选择[J]. 中国农村经济,(7):36-44.

熊卫国. 2011. 青海省格尔木市游牧民定居工程对策及建议[J]. 宁夏农林科技,(8):40-42,54.

熊英. 2011. 西藏科学发展的重点难点问题分析[J]. 西藏发展论坛,(6):32-35.

休谟. 1980. 人性论(下册)[M]. 关文运,译. 北京:商务印书馆.

徐平,顾安才,庄文伟. 2009. 游牧民定居推进工作中存在的问题及建议[J]. 经济纵横,(6):18-22.

徐永祥. 2000. 社区发展论[M]. 上海:华东理工大学出版社.

徐勇. 2007. 在社会主义新农村建设中推进农村社区建设[J]. 江汉论坛,(4):15.

徐宗威. 2005. 西藏人居[J]. 中国西藏,(6):32.

许涤新. 1988. 当代中国的人口[M]. 北京:中国社会科学出版社.

许云霄. 2006. 公共选择理论[M]. 北京:北京大学出版社.

亚当·斯密. 1981. 国民财富的性质的原因的研究[M]. 郭大力,等,译. 北京:商务印书馆.

亚当·斯密. 2005. 国富论[M]. 唐日松,译. 北京:华夏出版社.

杨斌,潘明清. 2010. 改革开放以来西藏产业结构演变及对经济增长的贡献分析[J]. 西藏大学学报(社会科学版),
    (2):33-38.

杨峰. 2013. 西藏农村公共产品供给效率研究——基于农牧民的视角[M]. 成都:四川大学出版社.

杨改河,等. 1996. 西藏土地资源生产能力及人口承载量[M]. 拉萨:西藏人民出版社.

杨静. 2008. 统筹城乡中农村公共产品供给理论与实证分析[M]. 北京:经济科学出版社.

杨明洪，安七一，郑洲.2007. 西藏"安居工程"建设：基于公共产品视觉的分析[J]. 中国藏学，(2)：25-34.

杨明洪.2006. 西藏经济社会跨越式发展的实证研究[M]. 北京：中国藏学出版社.

杨明洪. 2007. 公共产品供给与新农村建设：一个新的理论分析框架[J]. 西南民族大学学报(人文社科版)，(1)：124-127.

杨明洪.2013. 西藏农牧民的民生发展——基于田野调查的综合实证研究[M]. 成都：四川大学出版社.

杨明洪，等.2009. 西藏农村公共产品供给及相关问题分析[M]. 成都：四川大学出版社.

杨全红.2004. "安居工程"英译文是非辨[J]. 四川外语学院学报，(6)：120-124.

杨涛，柳应华.2012. 西藏产业互动的经济增长效应研究[J]. 西藏研究，(1)：39

杨吾扬，梁进社.1987. 地域分工与区位优势[J]. 地理学报，(3)：201-210.

叶兴庆.1997. 论农村公共产品供给体制的改革[J]. 经济研究，(6)：57-62.

俞可平.1998. 社群主义[M]. 北京：中国社会科学出版社.

原思明.1990. 西藏解放的历史特点[J]. 史学月刊，(2)：115，116，88.

约翰. 罗尔斯.2001. 正义论[M]. 何怀宏，译. 北京：中国社会科学出版社.

岳书铭.2007. 农村公共品供给均衡机制研究[D]. 泰安：山东农业大学.

藏旭恒，曲创.2002. 从客观属性到宪政决策——论公共物品概念的发展与演变[J]. 山东大学学报(人文社会科学版)，(2)：37-44.

扎西桑珠，白玛次旺，西绕若登，等.2007. 西藏自治区大骨节病防治试点效果观察[J]. 中国地方病防治杂志，(2)：130-132.

张舒婷.2011. 四川游牧民定居点社会管理组织模式创新探究[J]. 成都电子机械高等专科学校学报，(4)：43-46.

张文秀.2012. 西部少数民族牧区新农村建设研究[M]. 北京：中国农业出版社.

张雪绸.2005. 农村公共产品供给与农民收入问题研究[J]. 农村经济，(10)：62-65.

张志英.2008. 西藏农村公共产品供给多元途径的探索[J]. 西南民族大学学报，(3)：14-17.

赵儒煜. 1997. 产业结构演进规律新探——对传统产业结构理论的质疑并回答[J]. 吉林大学社会科学学报，(4)：1-10.

赵曦.2002. 21世纪中国西部发展探索[M]. 北京：科学出版社.

郑长德.2009. 中国西部民族地区的经济发展[M]. 北京：科学出版社.

郑生忠.2012. 社会转型时期我国西部少数民族宗教问题研究[D]. 西安：陕西师范大学.

郑洲.2007. 安居工程与西藏社会主义新农村建设[J]. 黑龙江民族丛刊，(5)：56-62.

郑洲.2009. 西藏农村公共产品供给研究——以农牧区"四基"供给为例[M]. 成都：四川大学出版社.

中共中央办公厅国务院办公厅.2005. 关于进一步做好西藏发展稳定工作的意见[EB/OL]. 新华网.

中共中央党史研究室. 1998. 中国新时期农村的变革(中央卷)[M]. 北京：中共党史出版社.

中共中央国务院.2005. 关于推进社会主义新农村建设的若干意见[EB/OL]. 新华网.

钟振明，房玉国.2010. 西藏公共基础设施建设研究[J]. 西藏科技，(10)：12.

仲月琴.2013. 专业合作社对地区牧民增收思考[J]. 湘潮，(1)：177-179.

周利平.2008. 构建农民需求主导型的农村公共产品供给制度[J]. 中共成都市委党校学报，(1)：58-60.

周猛. 2012. 经济发展理论演变及其对援藏工作的启示[J]. 西藏研究，(2)：65-75.

周炜，孙勇. 2007. 中国西藏农村安居工程报告[M]. 北京：中国藏学出版社.

周炜. 2001. 西藏农村基础教育的现状调查[J]. 西藏研究，(1)：118-126.

周炜. 2004. 21世纪西藏社会发展论坛[M]. 北京：中国藏学出版社.

朱金鹤. 2009. 中国农村公共产品供给：制度与效率研究[M]. 北京：中国农业出版社.

朱玲. 2004. 西藏农牧区基层公共服务与减少贫困[J]. 管理世界，(4)：41-50.

邹晓青. 2006. "理性"向"非理性"的飞跃——简论西方主流经济学方法论的演进[J]. 贵州教育学院学报，(3)：44-47.

Atkinson A B. StiglitzJ E. 1992. Lectures on Public Economics[M]. Trans. by Cai Jiangnan，et al. Shanghai：SDX Joint Publishing Company.

Barzel Y. 1969. The market for a semipublic good: the case of the American economic review[J]. The American Economic Review，61(4)：665-674.

Buchanan J M. 1965. An economic theory of clubs[J]. conomica，New Series，32(125)：1-14.

Clark C L. 1957. The Conditions of Economic Progress[M]. London：Macmillan.

Edward J. 2002. Minority education in inner Mongolia and Tibet[J]. International Review of Education，48(5)：337-401.

Fischer A. 2002. State Growth and Social Exclusion in Tibet[M]. Copenhagen：NIAS press.

Liu M，Huang Y. 2010. On the Definition of Public Goods on the Basis of Samuelson's Classic Definition. China Market.

Mankiw G. 2001. Principles of Economics[M]. China Machine Press.

Maomolo. 1999. A constitutional theory of public goods[J]. Journal of Economic Behavior&Organization，38(1)：27-42.

Goldstein M C，Jiao B，Beall C M，et al. 2003. Development and change in rural Tibet[J]. Asian Survey，43(5)：758-779.

Olson M L. 1995. The Logic of Collective Action：Public Goods and the Theory of Groups[M]. Trans. by Chen Yu，et al. ShangHai：SDX Joint Publish Company，ShangHai people Press.

Postiglione，Gerard A. 2005. Education in rural Tibet：development，problems and adaptations[J]. China：An International Journal，3(1)：1-23.

Samuelson P A. 1954. The pure theory of public expenditure[J]. Review of Economics and Statistics，36(14)：387-389.

Eecke W V. 1998. The concept of a "merit good" the ethical dimension in economic theory and the history of economic thought or the transformation of economics into social-economics[J]. Journal of Socio-Economics，27(1)：133-153.

索　引

后　记

西藏农牧民安居工程开始于 2006 年，结束于 2013 年底。在 2013 年初，由我作为负责人，以"新形势下西藏安居工程建设的优化研究"为题目，申请到了教育部人文社会科学青年项目。在项目研究过程中，课题组发现，西藏农牧民安居工程虽已完成，但是其效益评价及后续产业的发展仍是其中至关重要的问题。因此，课题组专门对"西藏农牧民安居工程的效益评价及后续问题"进行了重点研究。

经过近 4 年的努力，课题组不仅完成了教育部人文社会科学项目的研究工作，而且对"西藏农牧民安居工程的效益评价及后续问题"的研究也取得了重要成果。除这本 20 万字的专著以外，课题组还在 CSSCI 刊物上公开发表学术论文 5 篇，向有关部门提交多份咨询报告，其中一些报告得到四川省有关领导和部门的高度重视。如鉴于四川藏区与西藏在诸多方面存在的相似性，课题组将本书第 5 章关于西藏农牧民定居后续产业发展的理论思考和对策建议引用到四川藏区，并于 2016 年 9 月 18 日被四川省繁荣发展哲学社会科学协调小组办公室、四川省社会科学联合会主办的《重要成果专报》第 19 期刊载，得到了中共四川省委书记王东明，省委常委、常务副省长王宁，省委常委、省委秘书长王铭辉等多位领导同志签批，同时，省委责成四川省发改委在制定藏区项目规划时采纳提交的主要观点。

本书的最终完成，得益于四川大学杨少垒副教授、四川省商务厅尤力博士、西南财经大学袁程炜博士、四川省人力资源与社会保障厅李鹏博士、四川师范大学王萍博士、四川师范大学郑涛副教授等课题组成员的共同努力，感谢你们为课题理论框架、模型设计、实证分析、文献综述、报告撰写等各方面所做的工作。

在本书的撰写过程中，得到了四川师范大学杜伟教授，四川大学杨明洪教授、孙勇教授、罗绒战堆教授，西南财经大学陈建生教授等专家的指点和帮助。同时，本书的研究和出版得到了教育部社会科学司、四川省社会科学联合会、四川大学经济学院、四川师范大学经济与管理学院及科研处的大力支持，科学出版社的编辑杨悦蕾女士为本书出版给予了大力帮助，在此一并表示感谢！

本书引用并参考了大量的文献，十分感谢这些文献作者的辛勤劳动，对此，我们在书中力求做到一一注明，但如有遗漏，敬请谅解。

"新形势下西藏安居工程建设"是一个理论性和实践性都很强的课题，本书虽然即将付梓出版，但也仅为一个抛砖引玉之作，其中难免不足、缺点或错误之处，欢迎广大读者批评指正。

作者

2017 年 9 月于四川师范大学